中国花卉产业发展战略研究

中国花卉产业发展战略研究项目组　编

中国林业出版社

图书在版编目(CIP)数据

中国花卉产业发展战略研究/中国花卉产业发展战略研究项目组编．—北京：中国林业出版社，2013. 10

ISBN 978-7-5038-7243-3

Ⅰ. ①中… Ⅱ. ①中… Ⅲ. ①花卉－种植业－产业发展－发展战略－研究－中国 Ⅳ. ①F326. 13

中国版本图书馆 CIP 数据核字(2013)第 251203 号

责任编辑：贾麦娥
电话：(010)83227226

出版发行：中国林业出版社(100009 北京西城区德内大街刘海胡同 7 号)
网　址：http://lycb. forestry. gov. cn
印　刷：北京卡乐富印刷有限公司
版　次：2013 年 12 月第 1 版
印　次：2013 年 12 月第 1 次
开　本：889mm × 1194mm　1/16
印　张：10. 5
字　数：220 千字
定　价：98. 00 元

领导小组

组　长：江泽慧（中国花卉协会）

副组长：彭有冬（国家林业局科技司）

　　　　王祝雄（国家林业局造林司）

　　　　刘　红（中国花卉协会）

主　编：彭镇华

副主编：姜伟贤　王　雁　赵梁军　高俊平　蔡友铭

编　委：（按姓氏拼音排序）

包满珠（华中农业大学）
蔡友铭（上海市花卉协会）
陈　璋（福建省花卉协会）
陈发棣（南京农业大学）
戴　军（荷兰 NITA 公司）
杜建一（辽宁省花卉协会）
高俊平（中国农业大学）
葛　红（中国农业科学院）
和　葵（云南省花卉产业联合会）
胡军民（中国花卉园艺杂志社）
姜伟贤（中国花卉协会）
李　虬（广东先锋园艺有限公司）
刘晓静（中国农业大学）
刘照高（四川省花卉协会）
马　男（中国农业大学）
缪　崑（中国林业科学研究院）
裴海朝（河南省花卉协会）
彭镇华（中国林业科学研究院）
尚爱芹（河北农业大学）
宿友民（中国花卉协会）
唐道城（青海大学）
王　雁（中国林业科学研究院）
夏宜平（浙江大学）
徐金光（山东省花卉协会）
张常青（中国农业大学）
张启翔（北京林业大学）
张引潮（中国花卉协会）
赵梁军（中国农业大学）
赵五一（北京花卉协会）
郑勇平（浙江森禾种业有限公司）
钟志权（广州花卉研究中心）
周　军（江苏省花木协会）
周　琳（中国林业科学研究院）

前　言

改革开放三十多年来，我国经济社会发生了翻天覆地的变化。在这一历史性变革过程中，我国花卉产业经历了自然消长、有组织发展、初步建立市场体系、向现代花卉产业转型四个阶段，实现令国人自豪、令世界瞩目的伟大跨越。

2012年我国花卉种植面积已达112.03万hm^2，销售总额1207.71亿元（其中观赏苗木占51%，而鲜切花及花坛植物仅占约15%），花卉出口总额5.33亿美元；种植面积3hm^2或年营业额500万元以上的企业，全国已有14189家，从业人员493.53万人。形成云南鲜切花、广东观叶植物、江浙观赏苗木等特色明显优势产区；建立了由3276个市场、近8万家花店、2000多个网站构成的流通网络；完善国家、省地相结合的教学科研体系；丰富花卉文化内涵。具有中国特色的现代花卉产业雏形基本形成。

目前，我国正处于从工业文明向生态文明的过渡阶段。中国共产党十八大提出：建设中国特色社会主义，以经济建设、政治建设、文化建设、社会建设、生态文明建设"五位一体"的总布局，努力建设美丽中国，实现中华民族永续发展。把生态文明和建设美丽中国提高到国家发展战略的高度，是对人类社会发展规律的深刻把握，也是对科学发展观内涵的极大丰富，必将为中国自身发展和全球生态安全产生重大而深远的影响。

"美丽中国"建设既要自然美丽，也要人文美丽，二者缺一不可，生态文明的核心是注重人与自然协调发展。花卉既是物质文明也是精神文明，花卉产业既是农业也是艺术，花卉产业与生态文明建设紧密相关。建设"美丽中国"赋予我国花卉产业特殊地位和使命，同时也为花卉产业稳步、健康发展提供难得机遇。

在新的历史时期，社会经济发展对我国花卉产业提出更新更高要求。中国特色的社会主义国家，"以人为本"基本特征决定人民政府为人民服务的宗旨，因此政府非常注重人民公益性事业。为改善日益恶化的生态环境，各级政府加大林业生态工程项目建设；为改善城市人居环境，努力加快城市林业发展。城市是人口最为集中的地方，随着人们物质生活水平的不断提高，对花卉、环境的需求也日益突出。城市林业作为大环境的主要组成部分，木本花卉地位显得尤为重要，这明显有别于其他以鲜花、插花、草花为主的发达国家。中国地大物博，植被资源丰富，又是一块宝地，横跨多地带，城市林业建设具有巨大空间应用丰富多彩、多种多样的花卉资源，特别是经久、自然、经济的木本花卉资源是必然选择。因此，在中国特色社会主义大背景下，大力发展木本花卉在城市建设中的应用，对于美化城市自然景观，改善大生态环境，提高人民精神文化享受，具有重要的战略意义。

要实现我国花卉产业与经济社会协调发展，必须以市场为导向、以科技为支撑、以国家宏观调控为保障，制定一套既有前瞻性又切实可行的花卉产业发展战略规划。

“中国花卉产业发展战略”研究，从2007年4月开始启动，前后数年，项目组研究人员深入、系统开展国内外调查研究，通过召开专家研讨会、国际国内实地考察、与花卉企业座谈等形式，围绕主要国家经济社会发展与花卉产业的关系、世界花卉产业发展成功经验、中国花卉产业面临的机遇与挑战、中国花卉产业发展战略目标、中国花卉产业区域发展战略布局及中国花卉产业发展战略保障等6大问题进行充分、全面研究，并对战略报告反复修改锤炼。

现代花卉产业属于科技型大农业。今后我国花卉产业的发展，必须更加依靠科技进步来转变生产经营方式，以现代科技引领花卉产业，实现发展方式科学，产业结构合理，科技创新能力强，核心技术实力雄厚的产业体系。

我国耕地资源日益紧缺，花卉产业发展需要坚持稳定面积、提高效益的主导思想，鼓励高附加值产品，坚决压缩和摒弃资源消耗型、资源掠夺型、生态破坏型、环境污染型、劳动攫取型的产业方式。研究预估：2015年全国花卉销售额将达到1267亿元，2020年将达到1870亿元。这就要求我们在有关部门的大力支持下，确定以城市木本花卉、苗木为主，加快培育具有自主知识产权的花卉新品种，开发利用传统花卉及种质资源，集成以保护环境为核心，高效、优质、低能耗的花卉生产技术研究，完善组织管理体系，加强宏观指导，培育龙头企业，强化市场网络体系建设，拓宽投资渠道，推动我国现代花卉产业持续健康发展，为建设生态文明的“美丽中国”做出贡献。

编者
2013.9

目 录

第一章 主要国家经济社会发展与花卉产业的关系

花卉是人们追求生活品质和生活享受的精神文化消费品，与人们的生活密切相关。花卉的生产属于农业，其发展依赖于经济社会总体水平，依赖于人均 GDP 的刚性增长和全民生活的富裕程度。

研究主要花卉生产贸易国的经济社会发展与花卉产业的发展过程，探讨经济增长、社会变革、文化教育与花卉产业的相互关系，有助于正确认识花卉产业的发展规律，制定科学的花卉产业发展战略，保证我国花卉产业持续稳定发展。

第一节 主要国家社会经济状况

对于一个国家和地区而言，国内生产总值(GDP)可以衡量经济发展总量，农业占 GDP 的比重可以反映经济结构与工业化水平，人均 GDP 可以反映国民的富裕程度，城市化水平可以评价社会发展状况。

一、主要国家 GDP 状况

全球经济发展很不平衡。在 1970～2005 年间，美国、日本、德国、法国、英国、意大利、加拿大在世界经济中占有重要地位，其中美国、日本、德国的主导地位从未被动摇（见表 1-1-1）。2005 年以后世界经济结构有了很大变化，我国步入世界第四大经济体，当年美国占世界经济总量的 19.9%，日本占 7.5%，德国占 4.4 %，中国占 4.0%，这四个国家的 GDP 总和占到世界经济总量的 35.8%。到 2007 年，GDP 位于前 10 位的国家依次是美国、日本、中国、德国、英国、法国、意大利、加拿大、俄罗斯、西班牙。由于亚洲经济的快速增长，2010 年 GDP 位于前 10 位的国家变为美国、中国、日本、德国、英国、法国、意大利、加拿大、俄罗斯、印度，西班牙已经被排出世界前十位(见表 1-1-1)。特别是 2005～2010 年间我国经济增长强劲，2005 年 GDP 超过了英国，2008 年超过了德国，2010 年超过了日本。2010 年我国 GDP(57451 亿美元)占全球的 8.5%，从世界第六位上升至第二位，中国对世界经济发展的贡献明显加大。

根据 2012 年国际信息展望研究中心(CEPII)的报告，2008～2020 年间，美国年均经济增速为 1.6%，中国经济年均增速将从 7.2% 递减至

4.3%；到2020年中国将成为全球第一大经济体，到2030年中国的巨额外贸顺差将逐渐消失，到2050年中国经济总量可以达到世界经济总量的33%，相当于届时欧盟（12%）、美国（9%）、印度（8%）和日本（5%）的总和。报告还称，按照2005年的固定价格计算，从2008年到2050年期间，中国和印度的经济总量将分别增长8倍，同期美国和欧盟则分别增长80%和90%。所以，估计未来几十年亚洲将对全球经济带来巨大影响。

表1-1-1　1970年以来世界主要国家GDP情况（单位：亿美元，按当时汇率计算）

国家	年度								
	1970	1980	1990	2001	2005	2006	2007	2010	2050*
美国	10255	27956	58033	101714	124551	132217	139284	146241	351650
日本	2068	10279	30522	42451	46638	49114	50145	53908	66730
西德	2037	8261	15470	18738	27301	28582	30368	33058	36030
法国	1470	6824	12198	13027	19727	22273	23708	25544	31480
英国	1236	5367	9946	14063	22275	23575	25526	22585	37820
意大利	1077	4546	11045	11409	17096	18410	19498	20366	20610
加拿大	851	2689	5827	6771	10345	12731	13570	15636	–
荷兰	351	1784	2955	4010	6340	6709	7687	7703	–
中国	272	3015	3878	11590	22288	26140	30620	57451	444530
西班牙	390	2218	5115	5814	10190	12167	13252	13748	–
印度	–	–	–	4775	7198	10100	10948	14300	278030
俄罗斯	– –	–	–	3099	7658	9753	11589	14769	58700
哥伦比亚	–	–	–	824	977	1358	1717	2831	2119
肯尼亚	–	–	–	–	–	161	212	324	–

注：1）东西德统一后为德国数字；2）2050＊为预测值；3）哥伦比亚、肯尼亚为花卉新兴国家；4）2010年全球GDP为619634.29亿美元（国际货币基金组织数据）。美国占23.6%，中国占9.2%，日本占8.7%，德国占5.3%，世界四大经济体占世界GDP 46.8%。

二、主要国家农业GDP

统计资料显示，1979～2004年间，与世界花卉产业密切相关的13个国家的GDP总和占世界GDP的72%左右，其农业GDP总和占世界农业GDP的56%左右，多数发展中国家农业GDP占世界农业GDP的比例没有明显变化（见表1-1-2）。期间，多数国家的农业占其本国GDP的比重在下降，主要经济发达国家的农业占GDP比重由9.5%下降到5.7%，美国、日本等国仅为1%；极少数发展中国家的农业占GDP的比重下降很慢或略有上升，这些国家有肯尼亚、哥伦比亚等国；花卉大国荷兰基本维持了农业的稳定；最为明显的是，中国农业占GDP的比重由1979的29%降到2004年的10%，2010年已经下降到10%以下（见表1-1-3）。根据发达国家的经济社会发展历程可以预测，未来十年我国农业占GDP的比重还会持续下降，不断接近目前美国和日本的水平。

表 1-1-2　主要国家所占世界 GDP 和世界农业 GDP 的份额

国家或地区	各国 GDP 占世界 GDP 比例（%）					各国农业 GDP 占世界农业 GDP 比例(%)				
	1979～1981	1989～1991	1999～2001	2003	2004	1979～1981	1989～1991	1999～2001	2003	2004
美国	29.37	29.39	30.68	30.67	30.75	9.80	10.12	12.56	12.81	13.14
日本	15.85	17.13	14.95	14.46	14.26	11.73	9.52	5.77	5.39	5.31
德国	6.96	6.48	5.90	5.60	5.46	2.00	1.87	1.85	1.72	1.72
中国	1.36	2.37	4.34	5.14	5.42	9.50	12.86	15.89	16.40	16.71
英国	4.98	4.73	4.55	4.53	4.48	1.38	1.41	1.17	1.13	1.4
意大利	4.13	3.84	3.40	3.26	3.17	3.35	2.55	2.47	2.11	1.91
加拿大	2.32	2.23	2.24	2.27	2.25	1.55	1.49	1.34	1.43	1.41
西班牙	1.82	1.80	1.78	1.79	1.77	1.75	1.77	1.63	1.55	1.73
印度	0.87	1.11	1.46	1.61	1.66	7.68	8.36	9.35	9.45	9.15
荷兰	1.26	1.16	1.17	1.11	1.08	0.69	0.78	0.83	0.67	0.65
俄罗斯	–	–	0.81	0.91	0.94	–	–	1.33	1.50	1.34
法国	0.41	0.41	0.38	0.37	0.37	0.57	0.37	0.34	0.34	0.33
哥伦比亚	0.26	0.27	0.26	0.27	0.27	1.27	1.31	0.96	0.87	0.76
肯尼亚	0.03	0.04	0.03	0.03	0.03	0.16	0.17	0.16	0.16	0.15
合计	69.62	70.96	71.95	72.02	71.91	51.43	52.58	55.65	55.53	55.71

表 1-1-3　主要国家的农业 GDP 及其占本国 GDP 的比重(%)

国　家	农业 GDP（百万美元）					占本国 GDP 的比重(%)				
	1979～1981	1989～1991	1999～2001	2003	2004	1979～1981	1989～1991	1999～2001	2003	2004
中国	69097	120567	178155	192857	205001	29	12	13	11	10
美国	71260	94820	140748	150610	161150	1	1	1	1	1
印度	55819	78352	104802	111113	112294	37	30	23	20	19
日本	85264	89270	64730	63389	65101	3	2	1	1	1
法国	24396	27517	32550	30488	34730	3	3	3	2	2
西班牙	12690	16548	18232	18239	21167	4	4	3	3	3
德国	14546	17507	20788	20184	21095	1	1	1	1	1
加拿大	11271	13921	15019	16855	17344	3	3	2	2	2
英国	10026	13182	13062	13262	17321	1	1	1	1	1
俄罗斯	–	–	14944	17590	16440	–	–	6	6	5
哥伦比亚	9231	12301	10730	10265	9300	20	19	13	11	10
荷兰	5047	7335	9296	7826	7936	2	3	3	2	2
肯尼亚	1179	1638	1796	1841	1885	20	19	17	17	17
合计	369826	492958	624852	654519	690764					
占全球%	50.9	52.6	55.7	71.35	56.3	9.5	7.5	6.7	6	5.7
全球	727112	937318	1120959	1175709	1226704	4	4	4	3	3

三、主要国家人均 GDP

人均 GDP 代表一个国家的富裕程度。按照国际货币基金组织(IMF)公布的数据，2006～2010 年间，世界各国人均 GDP 普遍增加，GDP 排名也发生了变化。2006 年，主要国家人均 GDP(美元)排名为美国 43995、英国 38636、日本 38533、法国 35377、德国 34679、加拿大 32898、意大利 30689、西班牙 26763，俄罗斯 6826、中国 2042、印度 723。到 2010 年，主要国家人均 GDP(美元)排名为：美国 47284、加拿大 46215、日本 42820、法国 41019、德国 40632、英国 36120、意大利 34059、西班牙 30636、俄罗斯 10437、中国 4384、印度 1265，加拿大排名上升，英国下降(见表 1-1-4)。

数据显示，2006～2010 年间，世界主要国家的人均 GDP 虽然差异悬殊，但是差距在不断缩小。我国人均 GDP 增加很快，但人均 GDP 仍很低，2006 年人均 GDP 为 2042 美元，仅为美国的 4.6%；2010 年我国人均 GDP 为 4384 美元，仅为主要发达国家的 1/8～1/10(见表 1-1-4)，2006 年我国人均 GDP 在全球 80 个主要经济体中名列第 69 位，目前我国人均 GDP 仅为世界最高水平卢森堡(108832 美元)的 1/25，排在全球第 94 名，差距很大。

另外需要指出的是，我国经济发展很不平衡，稳定性也很不同，城乡居民收入差异普遍存在。例如，2010 年已有 11 个城市人均 GDP 超过 10000 美元，珠江三角洲地区人均 GDP 逼近 10000 美元，进入全球发达国家水平，但欠发达地区人均 GDP 很低；北京人均 GDP 从 2001 年的 26980 元直线上升到 2011 年的 80394 元，但是落后地区经济增长不稳定；全国城镇人口收入为农村居民的 3 倍以上，北京市城镇居民 2011 年人均收入 32903 元，而农村居民仅为 14736 元。

表 1-1-4　2006～2010 年世界主要国家人均 GDP 的比较

GDP 排名	国家	年度	人口(万)	GDP(亿美元)	相对 GDP(%)	人均 GDP(美元)	相对人均 GDP(%)
1	美国	2006	30053	132216	100	43995	100
		2010	31100	146578	100	47284	100
2	日本	2006	12746	49113	37.1	38533	87.5
		2010	12748	54588	37.2	42820	90.5
3	德国	2006	8242	28582	21.6	34679	78.8
		2010	8160	33156	22.6	40631	85.9
4	中国	2006	131457	26847	20.3	2042	4.6
		2010	133972	57451	39.2	4384	9.3
5	英国	2006	6060	23413	17.7	38636	87.8
		2010	6222	22474	15.3	36120	76.3
6	法国	2006	6088	21537	16.3	35377	80.4
		2010	6296	25825	17.6	41019	86.8

（续）

GDP 排名	国家	年度	人口（万）	GDP（亿美元）	相对 GDP（%）	人均 GDP（美元）	相对人均 GDP(%)
7	意大利	2006	5813	17839	13.5	30689	69.7
		2010	6034	20551	14.0	34059	72.0
8	加拿大	2006	3310	10889	8.2	32898	74.7
		2010	3406	15740	10.7	46215	97.7
9	西班牙	2006	4040	10812	8.2	26763	60.8
		2010	4602	14099	9.6	30639	64.8
10	印　度	2006	109535	8000	6.1	723	1.6
		2010	121594	14300	9.8	1265	2.7
11	俄罗斯	2006	14289	9753	6.0	6826	15.5
		2010	14037	14650	10.0	10437	22.0

注：人均 GDP 为国际货币基金组织发布的数据；相对 GDP 和相对人均 GDP 是以美国为 100 来计算的。

四、主要国家城市化水平

花卉销售与消费属于第三产业，主要集中在城市。一个国家的花卉消费与城市化水平具有密切关系，城市化率高时则第三产业发达，花卉消费也越多。联合国区域发展中心的研究指出，当城市人口超过临界值(25 万～30 万)之后，第三产业才会发达并成为推动城市增长的主要力量。因此，城市化与人口集中程度是衡量一个国家(或地区)的社会进步与花卉消费潜力的重要标志，推进城市化有利于拉动经济增长和花卉产业发展。

城市化是由传统的农村社会向现代城市社会转变的历史过程，是人口城市化和城市现代化的统一。工业化与城市化紧密地联系在一起，工业化带动了城市化。1780 年，世界城市化率为 3%，1900 年为 13.6%，1950 年为 28.2%，1980 年为 42.4%，1990 年为 43.6%，2000 年为 47.4%，2003 年为 48.7%。但是美国、德国、日本三个花卉消费大国的城市人口显著高于世界平均水平，2003 年城市人口均在 80% 左右，其中德国高达 85% 以上(见表 1-1-5)。各个国家的城市化过程和经历有所不同，但都有自己的发展规律与特点。

在德国，城市源自于工业化。德国工业革命从 19 世纪 30 年代开始，城市化进程也从其起始于 19 世纪初。当时，伴随着工业化的兴起，农村剩余劳动力开始从德国的乡村向城市转移，农民开始转型成为市民，成为产业工人，人口的流动使德国大城市和中小城市在各地逐步繁荣。到第一次世界大战之前，德国便快速完成了城市化。之后逐渐达到很高水平，1990～2003 年间，基本保持在 87% 左右(见表 1-1-5)。

在美国，1840 年城市开始发展，城市人口超过 10%，到 1970 年美国城市化率达到 70%，基本完成城市化，用时 120 年。城市化分为 3 个阶段：第一阶段是 1840～1920 年，城市人口占全国人口的比重达到 51.2%，超过农村人口；第二阶段是 1921～1940 年，美国成为一个大城市占主导的国家，城市化率达 56.5%；第三阶段是 1941～1970 年，城市的郊区人口超过城区人口，城市化率达 73.6%，基本完成城市化进程。之后直到 2003 年，城市化率维持在 77% 左右，变化很小(见表 1-1-5)。

在日本，自明治维新后开始城市化发展，一战前的 1908 年城市化率为 18%，1970 年基本完成城市化，用时接近 100 年，在其中战后 20 年间，城市化率翻了一番。城市化过程经历了 3 个阶段：第一阶段是明治维新后至二战结束，城市化率达到 33%，第二阶段是战后十年，城市化率达到 56%，城市人口首次超过农村人口，第三阶段至 1970 年日本城市化率超过 70%，基本完成城市化，直到 2003 年未突破 80%，变化很小(见表 1-1-5)。

在中国，城市化快速发展始于改革开放之后，1950 年城市化率仅 7.3%，经过 60 年的发展，2010 年城市化率达到 50%(常住人口口径)。城市化过程也经历了 3 个阶段：第一阶段1950～1957 年，城市化率达到 10.9%；第二阶段 1957～1978 年，城市化率达到 17.9%；第三阶段 1978 年至今，城市化率达到 50%。60 年间平均年城市化率增加1%，按照同样的速度发展，到 2030 年，中国城市化率将超过 70%，基本完成城市化，用时约为 80 年。因此，就城市化而言，目前中国和发达国家相比差距十分巨大。二战后的 1950 年(新中国建立时期)中国城市化率不到 10%，而美国已超过 60%，日本达到 50%。目前，中国城市化率只相当于韩国 1970 年、日本 1950 年、美国 1920 年的水平。根据联合国预测，到 2020 年世界城市化率将为 55%。1980～2010 年间我国人口城市化率由 19.4% 提高到 47.5%，2011 年超过 50%，达到了 2003 年的世界平均水平。按目前的发展态势，2020 年可望达到 60% 左右，超过世界平均水平。

表 1-1-5　1990～2010 年间世界三大花卉消费国的城市人口比重(%)的变化

国家/年度	1990	2000	2001	2002	2003	2010
德国	85.3	87.5	87.7	87.9	88.1	–
美国	75.2	77.2	77.4	77.7	77.9	–
日本	77.4	78.8	78.9	79.1	79.2	–
三个国家平均值	79.3	81.2	81.3	81.6	81.7	80
世界平均	43.6	47.4	47.8	48.3	48.7	–
高于世界平均	35.7	33.8	33.5	33.3	33.0	–

注：1)表中资料来源于世界银行数据库，以德国来代表欧盟。

注：2)2001～2011 年，我国城市化率分别为：36.71%、37.14%、38.56%、39.48%、40.4%、41.3%、42.2%、43.1%、46.6%、47.5%、50%，年均增长 1.4%。数据未列入表内。2020 年可望达到 60% 左右，届时将会超过世界平均水平，但仍然明显低于发达国家水平。预计，2030 年世界平均 60%，2050 年 70%。

城市化与经济发展密切相关。以美国为例，1900 年美国城市化率为 40%，人均 GDP 为 4096 美元；1929 年城市化率为 56.2%，人均 GDP 为 6000 美元以上；2006 年城市化率接近 80%，人均 GDP 为 43995 美元。2008 年我国城市化率为 43%，人均 GDP 2000 多美元，相当于美国建立社会保障和社会福利体制时的 1/3。2011 年我国人均 GDP 为 4000 美元，为美国的 10% 左右，而全国人口为 13.71 亿人，为美国的 3 倍。如果我国城市化率年增长 1.5 个百分点，到 2020 年我国城市化率将达到 62% 左右，将有 1.5 亿人口向城市转移。另外，我国城市人口收入水平普遍高于农村，2010 年农村居民人均纯收入 5919 元，城镇居民人均可支配收入 19109 元；农村居民家庭食品消费支出占消费总支出的比重为 41.1%，而城镇为 35.7%。因此，城镇化将使我国花卉消费人群不断增加。

随着城市化率的提高，人口不断向特大城市集中。进入 21 世纪，全球超过 100 万人的城市已有 360 个，其中 20 多座城市的人口达到 1000 万或超过 1000 万，目前东京和孟买的人口已接近 3000 万。联合国在《世界城市状况报告》中预计，到 2015 年甚至有 10 座城市的人口达到或超过 2000 万。我国人口基数大，很有可能形成多个特大城市，带来特殊的花卉需求。

第二节 主要国家花卉产业状况

从全球情况来看，花卉产业发展极不平衡。20 世纪 90 年代之前，花卉生产主要在发达国家进行。之后，花卉生产逐渐向气候优越和劳动力丰富的发展中国家转移，而花卉消费与贸易的主体变化不大，形成了花卉生产与消费地的分离，巩固和发展了世界花卉贸易。美国、日本和德国是三大消费中心，而贸易大国仍然是荷兰，2006 年花卉贸易额达到 62 亿欧元。目前中国已经成为世界花卉生产大国，2010 年，全国花卉种植面积 91.76 万 hm^2，销售额达到 862 亿元，分别是 2000 年的 6.2 倍和 5.4 倍。但是稳定出口额仅为花卉总产值的 2% ~3% 左右，花卉贸易占世界比重很小。

一、主要国家花卉生产和贸易状况

(一)花卉生产面积和产值

1. 切花和盆栽植物

根据国际园艺生产者协会(International Association of Horticultural Producers, AIPH)和世界花卉联盟(Union Fleurs, UF)2007 年联合编制的国际花卉和植物统计年册的不完全统计，荷兰、美国、德国、中国等 45 个主要花卉生产国的切花和盆栽植物生产总面积为 61 万 hm^2，产值超过 260 亿欧元。生产面积最大的国家依次为中国(11.8 万 hm^2，2008 年)、印度(6.5 万 hm^2，1999 年)和美国(2.5 万 hm^2，2005 年)。产值最多的国家依次为美国(43 亿欧元，2005 年)、荷兰(约 38 亿欧元，2006 年)和日本(约 30 亿欧元，2005 年)。中国花卉 2005 年销售额为 21.76 亿欧元，2008 年为 27 亿欧元。

2. 观赏苗木

观赏苗木生产面积最大的国家依次为中国(42.4 万 hm^2，2008 年)、德国(25.5 万 hm^2，2004 年)和美国(15.4 万 hm^2，2001 年)。产值最多的依次为美国(约89.5亿欧元，2001年)、中国(约30亿欧元，2008年)和德国(约12.7亿欧元，2004年)。

3. 花卉种球

荷兰、比利时、法国、德国、爱尔兰、英国、土耳其、日本、韩国、中国(含台湾)和美国等10个主要花卉种球生产国的种植面积总和为3.5万hm^2，其中荷兰、比利时、英国、以色列、日本、韩国、中国等国家的种球产值约为7.5亿欧元。生产面积最大的国家依次为荷兰(1.9万hm^2，2006年)、英国(5726hm^2，2005年)和中国(4680hm^2，2008年)。

(二)花卉贸易状况

1. 花卉进口

2005年世界切花和盆栽植物进口贸易总额约为97亿欧元，其中进口贸易额最大的国家依次为德国(14.93亿欧元)、英国(10.27亿欧元)和美国(8.93亿欧元)。其中，切花进口额最大的国家依次为英国(7.91亿欧元，2006年)、德国(7.56亿欧元，2006年)和美国(6.08亿欧元，2005年)；盆栽植物进口额最大的国家依次为德国(6.08亿欧元，2006年)、法国(3.7亿欧元，2006年)和荷兰(3.01亿欧元，2006年)。

2. 花卉出口

2005年世界切花和盆栽植物的出口贸易总额约为99.5亿欧元。2006年荷兰的花卉出口额约为39.4亿欧元，比2005年的40.8亿欧元略有减少，但仍高居世界首位；哥伦比亚位居第二，达7.7亿欧元；厄瓜多尔第三，为3.55亿欧元。

切花出口额最大的国家依次为荷兰(24.02亿欧元，2006年)、哥伦比亚(7.7亿欧元，2006年)和厄瓜多尔(3.54亿欧元，2006年)。盆栽植物出口额最大的国家依次为荷兰(15.36亿欧元，2006年)、丹麦(2.89亿欧元，2006年)和加拿大(2.6亿欧元，2005年)。

二、主要国家的花卉消费状况

一个国家的花卉消费状况，需要从人均花卉消费水平、花卉市场容量、人口与花卉消费总量以及花卉市场的发展潜力进行分析。

(一)花卉市场容量

在各国的人口数量、经济水平、社会因素、花卉文化等因素的综合作用下，当今世界已经形成了3个花卉消费中心。根据2008年荷兰的资料，2006年欧洲花卉(切花与植物)消费市场为260.6亿欧元，再加上日本和美国，世界花卉消费市场为393.98亿欧元。根据这些资料，花卉消费额占全球份额5%以上的国家有6个，其中德国占17.7%，日本占17.5%，美国占16.3%，英国占9.3%，法国7.8%，意大利占5.9%。而花卉贸易大国荷兰消费仅占全球的3.5%(见表1-2-1)。

表 1-2-1 2006 年世界主要花卉消费国家的花卉消费量

国家	人口（百万）	人均消费（欧元）			消费量（百万欧元）			占世界（%）
		切花	植物	切花与植物	切花	植物	切花与植物	
澳大利亚	8	40	38	78	320	304	624	1.5
比利时	10	39	29	68	390	290	680	1.7
克罗地亚	5	7	7	14	35	35	70	0.2
捷克	10	12	11	23	120	110	230	0.6
丹麦	5	46	41	87	230	205	435	1.1
芬兰	5	35	39	74	175	195	370	0.9
法国	62	30	20	50	1860	1240	3100	7.8
德国	83	36	48	84	2988	3984	6972	17.7
希腊	11	16	7	23	176	77	253	0.6
匈牙利	10	14	10	24	140	100	240	0.6
爱尔兰	4	38	14	52	152	56	208	0.5
意大利	59	28	12	40	1652	708	2360	5.9
荷兰	16	54	32	86	864	512	1376	3.5
挪威	5	62	62	124	310	310	620	1.6
波兰	38	8	3	11	304	114	418	1.0
葡萄牙	11	14	8	22	154	88	242	0.6
罗马尼亚	21	5	1	6	105	21	126	0.3
俄罗斯	143	5	1	6	715	143	423	1.0
斯洛伐克	5	10	5	15	50	25	75	0.2
斯洛文尼亚	2	17	20	37	34	40	74	0.2
西班牙	44	22	12	34	968	528	1496	3.8
瑞典	9	38	47	85	342	423	765	1.9
瑞士	7	82	43	125	575	301	875	2.2
乌克兰	46	5	3	8	230	138	368	0.9
英国	61	47	13	60	2867	793	3660	9.3
日本	128	54	–	54	6912	–	6912	17.5
美国	306	21	–	21	6426	–	6426	16.3
合计	1106						39398	100

注 1. 花卉资料来源：BBH、VBN、PT、HBAG(Duch Floricultural Wholesale Board), Netherlands

注 2. 人口资料来源：Stat. Bundesamt 2007 Statistisches Jahrbuch. Berlin.

注 3. 原资料未收集和计算除日本以外的亚洲国家、美国之外的美洲国家以及非洲国家。

在许多国际性统计资料中，缺乏我国的花卉数据，这反映出我国花卉统计滞后或参与国际交流方面的不足。目前一些发展中国家虽然花卉消费水平不高，消费额不大，但市场潜力很大，而主要发达国家花卉消费市场的可拓展空间很小，需要密切关注中国、印度、俄罗斯等经济增长快、人口基数大的潜在花卉市场。

（二）花卉消费水平

在全球范围内，花卉消费与经济发达程度及消费习惯密切相关。随着各国经济发展和消费观念的转变，花卉需求不断增长。目前，经济发达国家的花卉消费占到世界花卉消费总额的 80% 以上，花卉消费产品集中在鲜切花、盆花、观叶植物 3 大类。

各国的花卉消费水平差异很大，欧洲国家普遍较高，如 2005 年爱尔兰人均花卉消费为 205. 3 美元，瑞士、挪威、荷兰、德国、丹麦、瑞典、比利时的人均花卉消费高于 100 美元，其他西欧国家一般在 50 ~ 90 美元之间，东欧国家多在20 ~ 30 美元之间；美国虽然经济发达，但人均花卉消费 39. 14 美元，仅为爱尔兰的 19%；日本是世界经济强国，也是亚洲花卉消费大国，但人均花卉消费额为 45. 66 美元，不足爱尔兰的 23%。在这份统计数据中，中国的人均消费只有切花数据，为 1 美元(见表 1-2-2)。

另外，花卉消费具有年度变化的特点，2002 年间，瑞士人均年切花消费 94 欧元，而 2005 年人均花卉消费为 202. 20 美元(合 168 欧元)(见表 1-2-2)。另有统计数据显示，2004 年世界各国的人均切花和盆栽植物消费额最多的 3 个国家是瑞士 122 欧元、挪威 115 欧元、荷兰 88 欧元。我国的花卉消费水平与发达国家相比还相当低，以鲜切花消费数量为例，荷兰人均年消费 150 支，法国 80 支，英国 50 支，日本 50 支，美国 30 支，而我国城镇人口消费人均不足 10 支，全国人均尚不足 2 支。

影响花卉消费的因素较多。首先，花卉消费与经济有关，发达国家花卉消费高，东欧国家如俄罗斯、匈牙利、波兰、捷克、斯洛伐克等的花卉消费普遍较低；其次，花卉消费与历史文化背景和生活习惯有关，欧洲国家普遍消费欲望较高，日本等亚洲国家次之，北美国家再次，南美和非洲国家最低；最后，花卉消费与气候有关，一般寒冷地区花卉消费较高。

表 1-2-2　2002、2003、2005 年主要国家人均花卉消费额比较

国别	2005 年切花（美元）	2005 年盆栽（美元）	2005 年合计（美元）	2003 年合计（欧元）	2002 年合计（欧元）	2005 年各国比较（%）
爱尔兰	45. 21	160. 10	205. 31	–	–	100
瑞士	139. 35	62. 85	202. 20	83. 8	94. 0	98. 48
挪威	86. 42	83. 16	169. 58	59. 2	58. 3	82. 59
荷兰	88. 80	49. 51	138. 31	53. 1	59. 9	67. 36
德国	55. 89	67. 45	123. 34	36. 4	37. 7	60. 07
丹麦	59. 30	63. 45	122. 75	–	–	59. 78
瑞典	50. 25	63. 45	113. 70	–	–	55. 38
比利时	64. 63	39. 14	103. 77	–	–	50. 54
芬兰	50. 70	41. 06	91. 76	–	–	44. 69
英国	59. 15	18. 23	77. 38	41. 1	39. 9	37. 68
法国	48. 47	28. 91	77. 38	–	–	37. 68
波兰	65. 82	4. 74	70. 56	–	–	34. 36
意大利	49. 07	14. 23	63. 30	–	–	30. 83
斯洛文尼亚	36. 91	24. 31	61. 22	–	–	29. 81
奥地利	10. 53	50. 40	60. 93	–	–	29. 67

（续）

国别	2005 年切花（美元）	2005 年盆栽（美元）	2005 年合计（美元）	2003 年合计（欧元）	2002 年合计（欧元）	2005 年各国比较（%）
日本	45.66	0.00	45.66	29.9	30.8	22.23
西班牙	28.46	15.27	43.73	–	–	21.29
美国	39.14	0.00	39.14	21.5	26.4	19.06
葡萄牙	24.61	10.08	34.69	–	–	16.89
希腊	24.16	10.38	34.54	–	–	16.82
匈牙利	18.53	9.64	28.17	–	–	13.72
捷克	13.64	7.56	21.20	–	–	10.32
克罗地亚	9.93	10.53	20.46	–	–	9.96
斯洛伐克	10.92	3.26	14.08	–	–	6.85
俄罗斯	4.30	1.33	5.63	3.4	2.9	2.74
中国	1.04	0.0	1.0	0.8	0.7	0.48

注：资料来源：荷兰花卉协会（Flower Council of Holland）经过整理与计算。

综上所述（见表 1-2-2），从国际花卉发展的经验来看，花卉消费与经济发展、城市化水平、文化等因素有着密切关系。目前，国际花卉贸易格局已基本形成，并在经济比较发达、城市化较高的三个国家和地区（欧盟、美国、日本）形成了三个花卉消费中心。而自然资源丰富、劳动力便宜、交通运输方便的国家和地区则逐渐发展成为生产区域。欧洲是鲜切花消费量最大的市场，荷兰花卉 86% 的出口额面对欧盟国家；美国的花卉市场尤其是鲜切花，基本上被哥伦比亚等中美洲国家占领；日本是亚洲经济最发达国家和最大的花卉消费市场，年花卉消费总额在 5000 亿日元（约 42.37 亿美元）左右，但市场开放度不够，进口花卉占日本市场的不足 8%。

从全球情况看，花卉消费量与 GDP 呈现出正向的关联，但是主要花卉生产国的花卉生产与其 GDP 增长关系不完全一致。花卉是农业的重要组成部分，发达国家的农业 GDP 有的维持平稳，有的在下降，但是各国农业占 GDP 的比重均在下降，全球平均值为 3%，而美国、日本、德国、英国等国家仅为 1%，发展中国家为 10% 以上，我国目前为 10%，位于发展中国家的平均水平。另外，各国花卉在国民经济中所占比重较小，其规模化生产有赖于技术进步、经济发展水平与自然气候条件，导致全球花卉生产呈现出多元化发展的倾向。美国、日本、荷兰是生产与消费大国，主要依赖于技术进步与国家综合实力，热带高原的发展中国家的 GDP 较低，农业技术和资金缺乏，花卉消费较差，但是依靠自然气候与劳动力资源优势，发展出口型花卉生产，形成了比较稳定的供需关系。目前国际花卉产业突出表现为：鲜切花与高档盆花集中于热带高原的小国家或大国家的温暖地区进行规模化生产与全球性供应；苗木与花坛花卉围绕城市消费中心就近生产供应；国际花卉产业开始细致分工，发达国家逐渐放弃生产而注重发展种苗产业、花卉贸易、开拓花卉消费市场；花卉生产逐步向热带高原地区的发展中国家转移，花卉的高效益生产主要依赖于先进的品种、温暖的气候、低廉的劳动力成本的资源有效配置。而花卉消费主要受制于经济发展水平与消费习惯。

我国人口众多，幅员辽阔，经济发展迅速，发展花卉产业需要综合考虑自然条件、GDP 增长、人均 GDP 的提高、劳动力成本变化等，特别应该重视花卉消费与花卉市场。我们应该清醒地认识到：全球经济发展与花卉产业极度不平衡，全球花卉供求关系基本定格，全球对花卉产品的需求增长非常有限。为了持续发展花卉产业，必须首先关注和占领国内外花卉市场，正确定位国内花卉产业，着力发展优势领域。在分析花卉消费市场时，不仅要关注人均花卉消费水平，更重要的是看一个国家和地区的花卉消费总量，还要考虑花卉市场发展潜力。在很长一段时期内，保证我国花卉产业健康发展的基础是持续、稳定、强有力的花卉内需增长，国际市场是我国花卉产业发展的市场补充。

在全球化时代，我国花卉信息在国际花卉信息平台上的缺失，无异于中国花卉产业的失语。花卉是短寿命的、寡用途的、不可加工与贮藏的特殊产品，生产经营的风险很大，需要全面、准确、时效的信息与有效的调控系统来支撑。花卉统计是获得产业信息的基本途径，花卉统计数据是产业运行的晴雨表，是引导与决策花卉产业的基础，是决定花卉产业整体效益的第一要素。目前，亟需建立国际花卉统计平台，完善统计制度，统一花卉产品分类与统计口径，建立专门机构来及时整理与分析，及时发布全球花卉信息，中国必须首先建立与完善国内统计制度，并在国际平台上扮演领导角色。

发展我国花卉产业要立足长远，从我国花卉产业持续发展的战略高度出发。必须兼顾当前利益和长远利益，必须重点关注德国、美国、日本的现实市场，必须深入持久地研究与开拓中国、印度、俄罗斯等人口大国的潜在市场，必须完善统计制度，准确把握花卉产业信息并及时发布，必须特别重视和发展以扩大内需为主体的花卉产业，力求稳步实现生产和消费的协同增长。

第三节　主要国家经济增长与花卉生产消费的关系

2004 年，GDP 前四位国家（美国、日本、德国、中国）经济之和占到世界 GDP 总量的 55.9%，同时这些国家花卉消费量也大（德国占世界 17.7%、日本占世界 17.5%、美国占世界 16.3%）。荷兰虽然是小国，但控制世界花卉贸易的 50%，花卉消费额占世界的 3.5%。

2005 年以后世界经济结构有了很大变化，我国步入世界第四大经济体。2010 年，全球 GDP 为 619634.29 亿美元（国际货币基金组织数据），GDP 位于前 10 位的国家变为美国、中国、日本、德国、英国、法国、意大利、加拿大、俄罗斯、印度（见表 1-1-1）。其中美国占 23.6%，中国占

9.2%，日本占8.7%，德国占5.3%，世界四大经济体占世界GDP的46.8%。但是，世界的花卉市场格局尚未发生很大的变化。

世界上人均花卉消费量最多的国家是瑞士，2003年每人为83.3欧元，其次是荷兰53.1欧元，中国则不足1美元/人。按照种植面积来说，我国已经是花卉生产大国，虽然目前消费水平低，但具有巨大的潜在消费市场。考虑到花卉生产、贸易、人口数量、花卉市场容量、花卉贸易历史以及未来发展等因素，本报告重点分析和比较美国、德国、荷兰、日本、中国的经济发展与花卉产业之间的关系。

一、美国经济增长与花卉生产消费

美国是世界上经济最发达国家，也是农业大国和花卉生产消费大国。2003年，美国园艺产品销售总额为450亿美元，花卉和苗木占1/3。根据美国农业部2008年资料，在过去20年，美国各类农场的数量一直呈减少趋势，但花卉苗圃和温室生产农场呈增加趋势。

美国花卉苗圃和温室作物产业是美国种植业的第三大行业，是农场净收入最高的商品类别。苗圃和温室作物排名前7位的有，加利福尼亚(占24%)、得克萨斯(占11%)、佛罗里达(占9%)、北卡罗莱纳(占9%)、俄勒冈(占7%)、俄亥俄(占4%)和马里兰(占3%)，7个州的苗圃作物产值占全美国近2/3。

根据美国农业部发布的数据，2007年美国15个主要花卉生产州的销售额在1万美元以上的花卉生产企业，其全部花卉产品(不含观赏苗木)的批发销售总额约为41亿美元。花卉产值排在前五位的依次是：加利福尼亚州、佛罗里达州、密执安州、得克萨斯州和纽约州，其中加利福尼亚州的销售额为10亿美元，居全国首位，其次是佛罗里达州，9.15亿美元，这两个州的销售额占15个州销售总额的47%。前五个州的花卉批发销售总额为27.5亿美元，占15个州花卉销售总额的67%。

(一)美国GDP与人均GDP变化

最新资料显示，1987~2007年的20年间，美国GDP保持了5%以上的年增长率，2007年GDP达到139284亿美元，其占世界经济总量20%左右；人均GDP从1.85万美元增长到4.63万美元，增长了1.5倍，保持了4%以上的年增长率；人口从24284万增加到30200万，净增5916万多人，年均增长1%左右。2010年全国GDP 14624.2亿美元，人口增加到31595万，人均GDP 47132美元(见表1-3-1)。

1920年城市化率为51.2%，1950年为64%，1960年为70%，1970年为74%，1990年为75.2%，2000年为77.2%，2003年为77.9%(见表1-1-5)。目前城市人口占85%~90%。

表 1-3-1　美国宏观经济指标与人口变化(1987～2007 年)

年度	全国 GDP（百万美元）	GDP 增长率（%）	人口总数（万人）	人口增长率（%）	人均 GDP（万美元）	人均 GDP 增长率(%)
1987	4496574	-	24284	-	1.85	-
1988	4853962	7.9	24506	0.91	1.98	7.0
1989	5204500	7.2	24734	0.93	2.10	6.0
1990	5489600	5.5	24991	1.04	2.20	4.7
1991	5656400	2.9	25264	1.09	2.24	1.8
1992	5937301	4.9	25542	1.10	2.32	3.6
1993	6259899	5.4	25814	1.06	2.43	4.7
1994	6722900	7.4	26060	0.95	2.58	6.2
1995	7033600	4.6	26276	0.83	2.68	3.8
1996	7390600	5.0	26528	0.96	2.79	4.1
1997	7834036	6.0	26790	0.99	2.92	4.7
1998	8728800	11.4	27489	2.61	3.18	8.9
1999	9237000	5.8	27823	1.22	3.32	4.4
2000	9764800	5.7	28222	1.43	3.46	4.2
2001	10049000	2.9	28532	1.10	3.52	0.2
2002	10434800	3.8	28837	1.07	3.62	2.8
2003	10951300	4.9	29081	0.85	3.77	4.1
2004	11711800	6.9	29366	0.98	3.99	5.8
2005	12455100	6.3	29650	0.97	4.20	5.3
2006	13221685	6.1	30053	1.36	4.40	4.7
2007	13980000	5.7	30200	0.49	4.63	5.2
2010	14624184	-	31595	-	4.71	-

1. 1987－1993 年：《国际统计年鉴》1996

2. 1994－2005 年：《国际统计年鉴》1999，2002，2005，2006，2007

3. 2006 http：//space. taobao. com/8785ffc66592619e7ac9a87546a2af71/show_ blog－12240452. htm

4. 2007 年：由http：//www. cn1n. com/economy/wnp/200827/2258786415. htm 查得，全国 GDP 为 139800 亿美元，人均 GDP 为 46280 美元，经计算得，2007 年人口数为 30200 万

5. 2010 年没有计算增长率。

(二)美国 GDP 增长与花卉生产

美国花卉生产具有地域间不平衡的特点，主要集中在加利福尼亚、佛罗里达等 15 个州。2007 年加州占全美花卉总产值的 24%，加利福尼亚、佛罗里达、密执安、得克萨斯、纽约 5 个州的花卉产值占到全美花卉总产值的 27.6%。1998～2007 年的 20 年间，美国花卉生产与 GDP 保持了同步增长，GDP 年均增长 5.3%，花卉生产年均增长 4.1%。虽然美国的国内花卉生产总值在增长，但花卉产业在其国民经济中的比例呈现下降趋势。2002 年美国花卉产值占其 GDP 的 0.038%，2007 年仅为 0.029%（见表 1-3-2）。

表 1-3-2 美国 GDP 与花卉生产总值的关系

年度	GDP（亿美元）	GDP 增长率（%）	花卉总产值（亿美元）	花卉总产值增长率(%)	花卉总产值/GDP(%)
1998	87288	-	30.4	-	0.035
1999	92370	5.8	31.2	2.6	0.037
2000	97648	5.7	35.6	14.1	0.036
2001	100490	2.9	37.6	5.6	0.037
2002	104348	3.8	39.5	5.1	0.038
2003	109513	4.9	39.5	0	0.036
2004	117118	6.9	41.1	4.0	0.035
2005	124551	6.3	41.5	0.9	0.033
2006	132217	6.1	40.3	2.9	0.030
2007	139800	5.7	41.0	1.7	0.029
平均		5.3		4.1	

资料来源：花卉生产总值根据 Floriculture Crops 2007 Summary Agricultural Statistics Board，April 2008，NASS，USDA。

在 2006～2007 年间，美国除了室内观叶植物增长 19%、切花增长 0.8%之外，其余所有花卉类型均有所减少（见表 1-3-3）。

表 1-3-3 2006～2007 年美国花卉产品结构与花卉总产值（单位：万美元）

花卉种类	2006 年	2007 年	2007/2006(%)	各种花卉所占比例(%)
一年生地被或园林植物	131017.4	121658.5	92.85	32.0
多年生草本园林植物	51309.1	50269.3	97.99	12.8
一年生与多年生园林植物	182326.5	176427.8	96.76	-
盆栽开花植物	62146.0	6062.8	97.55	16.8
室内观叶植物	52791.2	62958.1	119.26	16.0
切　花	41230.8	41565.9	100.81	10.5
切枝切叶	9760.8	9245.8	94.72	2.3
繁殖材料	38394.8	37916.5	98.75	9.6
其他	33.6	11.1	33.04	0
总　计(A)	386650.1	394176.9	101.95	100
(B)	403000.0	410000.0	101.74	-

注 1. 资料来源：Floriculture Crops 2007 Summary Agricultural Statistics Board，April 2008，NASS，USDA；
注 2. 花卉总产值：美国国内 15 个主要花卉生产州所产花卉的批发总额；
注 3. 总计 A：年生产值大于 10 万美元生产者的统计值；总计 B：年生产值大于 1 万美元生产者的统计值。

美国花卉统计资料初见于 1966 年，1984 年之前资料不完整，1982～1983 年的资料缺失，2000 年才有完整的花卉生产统计，并且美国采取重点花卉企业的统计数字。

（三）美国 GDP 增长与花卉消费

美国是花卉消费大国。分析美国 1995～2004 年鲜切花消费总数量、消费总额、GDP 三者之间的关系后发现（见表 1-3-4），10 年间，美国 GDP

增长了66.5%，保持了5.7%的年增长率；人均GDP增长了48.9%，保持了4.3%的平均年增长率。由此可见，美国GDP增长与人均GDP协同增长，但人均GDP的增长率比GDP增长率偏低。

1995~2004年间，美国切花消费量由7亿支增长到7.8亿支，保持了平稳增长。鲜切花消费金额为4.25亿美元左右(见表1-3-4)。与GDP的刚性增长相比，切花消费增长与经济增长不同步，10年间消费量徘徊在7.8亿支左右，消费额基本徘徊在4.2亿美元左右，并且年度间的消费额很不稳定。

1998~2007年间，美国花卉批发总额由30.4亿美元增长到41亿美元，10年间增长了34.86%，平均年增长3.5%(见表1-3-4)。但是2005~2007年的3年间，花卉批发总额分别为41.4、40.3和41亿美元，表现出缓慢减少的趋势。

表1-3-4　1995~2004年美国经济增长与鲜切花消费量及消费额的关系

年份	切花消费量（亿支）	切花消费额（百万美元）	切花消费额同比增长(%)	全国GDP（亿美元）	GDP同比增长(%)	人均GDP（万美元）	人均GDP同比增长(%)
1995	7.0	423.6	-	70336.0	4.6	2.68	3.8
1996	6.2	412.7	-0.27	73906.0	5.0	2.79	4.1
1997	6.5	471.6	14.3	78340.3	6.0	2.92	4.7
1998	5.4	411.6	-12.8	87288.0	11.4	3.18	8.9
1999	4.3	431.6	4.8	92370.0	5.8	3.32	4.4
2000	8.3	429.9	-0.4	97648.0	5.7	3.46	4.2
2001	7.9	418.1	-2.8	100490.0	2.9	3.52	0.2
2002	8.3	427.1	2.2	104348.0	3.8	3.62	2.8
2003	8.0	422.9	-0.1	109513.0	4.9	3.77	4.1
2004	7.8	421.6	-0.4	117118.0	6.9	3.99	5.8
平均值	6.97	427.1	0.5	93135.7	5.7	3.0	4.3
极　差	4.0	60.0	27.1	46782.0	8.5	1.37	8.7
变幅%	57.4	14.0	5400.2	50.2	33.3	43.6	202.3

注1：极差=最大值减去最小值；变幅=极差/平均值*100%。

注2：美国1995~2004年切花消费量依次为6.2、6.5 、5.4、4.3、8.3、7.9、8.3、8.0、7.8亿枝。

注3：美国2005、2006、2007年花卉批发总额为41.4、40.3、41.0亿美元。

注4：花卉消费的资料来源：Floriculture Crops 2004, Summary Agricultural Statistics Board , April 2005, NASS, USDA。

1985~2006年间，美国花卉生产增长了1.37倍，其中鲜切花仅增长11%，盆花增长1.13倍，绿植增长1.23倍，一年生草本(地被1)增长1.78倍，多年生草本(地被2)增长18.1倍，切枝切叶增长64%（见表1-3-5)。这说明近20年来美国用于环境建设的地被植物增长显著，而切花基本没有增长。

表 1-3-5 1966～2006 年间美国花卉生产变化(单位：1000 美元)

年度	切花	盆花	绿植	一年生草本(地被 1)	多年生草本(地被 2)	切枝切叶	繁殖材料	合计
1966	142702	—	23988	—	—	—	—	182565
1967	147519	—	26079	—	—	—	—	191774
1968	167209	—	26412	—	—	—	—	213183
1969	198843	—	29158	—	—	—	—	249939
1970	198559	—	27073	—	—	—	—	250157
1971	203710	—	37586	—	—	—	—	268099
1972	221230	—	48428	—	—	—	—	300326
1973	227604	—	67982	—	—	—	—	329682
1974	234420	—	113503	—	—	—	—	386595
1975	193264	—	184898	—	—	—	—	420399
1976	209136	144274	243427	94094	—	—	—	690931
1977	213490	156403	275300	114976	—	—	—	760169
1978	230655	172473	281919	129739	—	—	—	814786
1979	242701	182603	283928	148996	—	—	—	858228
1980	250093	209931	312968	180294	—	—	—	953286
1981	252759	232346	329160	207922	—	—	—	1022187
1984	271317	226517	429641	345123	—	—	—	1272598
1985	371509	291334	468495	460736	26553	66733	—	1685360
1986	359826	388727	521374	536772	23354	76884	—	1906937
1987	439473	511169	515332	706634	32370	88471	—	2293449
1988	457854	507731	481631	723867	31394	90761	—	2293248
1989	482531	538227	488851	857767	38769	98851	—	2504996
1990	467720	550176	474930	788855	40248	106584	—	2734522
1991	471556	686944	447567	898415	44034	110039	—	2910213
1992	458455	645989	427009	1066505	51666	111524	—	3022388
1993	423911	683346	417049	1114266	55745	115979	—	3073126
1994	442297	662490	489306	1222164	57923	119247	—	3246912
1995	423630	681107	498969	1291966	65001	113124	—	3328632
1996	412700	684340	508947	1359055	69078	118185	—	3407320
1997	471569	722896	499964	1668643	78316	116184	—	3905532
1998	411595	736837	502510	1778823	93787	117689	—	3964666
1999	431624	758838	511999	1839575	103564	126675	—	4096560
2000	429963	799599	560174	1661427	433933	126168	242638	4576498
2001	418103	824750	650590	1680770	495732	112358	313922	4802555
2002	427081	843940	622560	1789783	611166	113773	345871	5089514
2003	422982	803462	649681	1788854	643872	102065	367971	5082172
2004	412431	800535	685264	1868084	687578	102976	428540	5284643
2005	413962	812358	709512	1897365	696898	107444	441288	5361877
2006	413370	619925	542533	1281113	507346	109338	363270	3995847
增长率	1.11	2.13	1.16	2.78	19.11	1.64	-	2.37

资料来源：USDA，National Agricultural Statistics Service，*Floriculture Crops* ，Economic Research Service；. Floriculture data for 2006 are from 15 program States.；Estimated sales of growers with ＄10000 or more in floriculture sales per year.

统计数字：来源于年花卉批发额大于 10 万美元的种植商(Sales at wholesale of growers with ＄100000 or more in annual floriculture sales)。

1982～1983 年花卉统计未见到。

增长率为 2006 年与 1985 年的数字之比。

二、德国经济增长与花卉生产消费

德国总人口 8231 万(2006 年底)，面积为 357114km^2(2008 年 1 月)。德国经济高度发达，经济实力居欧洲首位，目前属世界第四大经济强国。德国农业发达，机械化程度很高。农业用地约占德国国土面积的 50%，农产品可满足本国需要的 80%。

(一)德国 GDP 与人均 GDP

1987~2007 年的 20 年间，德国 GDP 由 11074 亿美元增长到 32800 亿美元，增长了 1.96 倍；人均 GDP 由 1.68 万美元增长到 3.95 万美元，增长了 1.78 倍；总人口由 7774 万增加到 8300 万，增长了 6.7%，人口增长极为缓慢。因此，德国 GDP 与其人均 GDP 保持了同步增长(见表 1-3-6)。

表 1-3-6　1987~2007 年德国宏观经济指标与人口变化

年度	全国 GDP(亿美元)	GDP 同比增长率(%)	人口总数(万)	人口同比增长率(%)	人均 GDP(万美元)	人均 GDP 同比增长率(%)
1987	11074.28	-	7774	-	1.42	-
1988	11934.61	7.7	7809	0.4	1.53	7.7
1989	11831.87	-1.0	7869	0.7	1.50	-2.0
1990	15014.88	26.9	7950	1.0	1.89	26.0
1991	17195.12	14.5	7998	0.6	2.15	13.7
1992	19694.55	14.5	8057	0.7	2.44	13.5
1993	19107.61	-3.0	8119	0.7	2.35	-3.7
1994	20509.07	7.3	8142	0.3	2.52	7.2
1995	24140.12	17.7	8166	0.3	2.96	17.5
1996	23535.10	-2.6	8190	0.3	2.87	-3.1
1997	20923.20	-11.9	8206	0.2	2.55	-11.2
1998	21506.00	2.8	8205	-0.1	2.62	2.7
1999	21120.00	-1.8	8209	0	2.57	-2.1
2000	19002.00	-11.1	8221	0.1	2.31	-10.2
2001	18557.00	-2.4	8233	0.1	2.25	-2.6
2002	20222.00	8.9	8251	-0.1	2.45	8.8
2003	24434.00	20.8	8254	0	2.96	20.8
2004	27406.00	12.1	8252	-0.1	3.32	12.2
2005	27819.00	1.5	8249	-0.1	3.37	1.5
2006	28582.34	2.7	8242	-0.1	3.47	2.9
2007	32800.00	14.8	8300	0.7	3.95	13.8
2007/1987	2.96		1.07		2.78	

注 1：1987~1993 年：《国际统计年鉴》1996。

注 2：1994~2005 年：《国际统计年鉴》1999，2002，2005，2006/2007。

注 3：2006 年：http：//space.taobao.com/8785ffc66592619e7ac9a87546a2af71/show_ blog-12240452.htm。

注 4：2007 年：http：//www.cn1n.com/economy/wnp/200827/2258786415.htm 查得，全国 GDP 为 3280000 百万美元，人均 GDP 为 39710 美元，经计算可得，2007 年人口数为 8300 万。

注 5：1987~1990 年的人口数为原联邦德国和原民主德国的人口数之和。1970 年：原联邦德国人口数为 6071 万，原民主德国人口数为 1706 万，人口总和为 7777 万；1980 年原联邦德国人口数为 6156 万，原民主德国人口数为 1674 万，人口总和为 7830 万；1990 年：原联邦德国人口数为 6325 万，原民主德国人口数为 1625 万，人口总和为 7950 万。

(二)德国 GDP 增长与花卉生产

据统计资料，德国将花卉分为露地花卉、温室花卉、苗木三大类。2004 年，露地花卉总面积为 5768hm²，温室花卉总面积为 3440hm²，苗木生产总面积为 25520hm²。在苗木中，观赏树木占 44.3%，圣诞树占 9.9%，造林苗木占 9.8%，果树占 4.1%，其他用途的占 29.5%。如果将圣诞树归为观赏树木，则 2004 年德国用于观赏苗木的栽培面积为 13847hm²，占德国苗木总面积的 54.2%。

另有资料显示(Debbie Hmm rick，Floriculture International)，1996 ~ 2000 年间，德国从事花卉的企业数减少 15%，保护地面积减少 2.6%。2006 年德国有 1.2 万家花卉生产企业，生产面积 7000hm²，年产切花 1.2 亿枝，花坛苗 12 亿株，盆栽植物 2.5 亿盆(株)。德国有 4100 家苗圃，面积 2.7 万 hm²，年产值 12 亿欧元。德国的灌木和苗木自给率 80%，花坛植物自给率 64%，盆栽植物自给率 43%，切花自给率 19%。德国花卉种植者在逐步减少种植面积，通过扩大产品直销来提高经济效益，目前国产花卉的直销率达到 75%。

1. 露地花卉生产

露地栽培面积由 1996 年的 4434hm²增加到 2004 年的 5768hm²，8 年间增加 30.1%。在露地花卉中，以切花切叶类和地被植物为主，各占栽培面积的 42.7% 与 29.5%。在切花生产中，栽培面积最大的是一二年生花卉，露地生产占切花总面积的 30.7%，其次是月季和菊花，各占露地切花面积的 10% 和 2.5%(见表 1-3-7)。

表 1-3-7　德国的露地花卉栽培面积(单位：hm²)

花卉类别 \ 年度	1988	1992	1996	2000	2004	2004 年各类花卉面积(%)
栽培面积合计		(3661)	4434	4567	5768	100
地被植物	-	1069	567	543	1701	29.5
盆栽植物	756	934	1106	1020	283	4.9
Calluna vulgraris(帚石楠)	-	-	-	-	636	11.0
Erica gracilis(细叶欧石楠)	-	-	-	-	351	6.1
多年生与水生	-	-	-	-	336	5.8
切花切叶类小计	1034	1746	1546	1847	1577	42.7
其中：月季	172	218	187	189	263	(10.7)
菊花	195	178	124	78	61	(2.5)
一二年生	-	638	700	1018	756	(30.7)
干花	253	253	193	77	65	(2.6)
切枝	414	459	342	485	432	(17.5)
其他	-	-	-	-	-	

注：资料来源：Statistisches Bundesamt，2004；栽培面积包括一年多作；表中花卉栽培面积比重由计算得出，括号中的数据表示占切花切叶类的比例。

2. 温室花卉生产

德国温室生产中，地被与垂吊植物所占比例较大，为 56.5%；切花切叶类仅占总面积的 12.7%。切花以月季和菊花为主，两者占温室切花面积的 54.6%（见表 1-3-8）。

表 1-3-8 德国的温室花卉栽培面积（单位：hm^2）

花卉类别＼年度	1984	1992	2004	2004 年各类花卉面积（%）
栽培面积合计	–	–	3440	100
地被与阳台植物	733	1612	1943	56.5
盆栽开花植物	–	–	992	28.9
盆栽绿植	–	–	64	1.8
多浆植物	–	–	4	0.1
切花切叶类小计	923	843	454	12.7
其　中：　郁金香	64	49	24	(5.5)
月季	228	241	175	(40.0)
菊花	299	219	64	(14.6)
非洲菊	–	–	26	(5.9)
夏季花卉与多年生花卉	–	–	56	(12.8)
切叶类	36	41	26	(5.9)
其他切花	296	293	83	(18.9)

注：资料来源于 Statistisches Bundesamt，2004；栽培面积包括一年多作；表中花卉栽培面积比重由计算得出，括号中的数据表示占切花切叶类的比例；原资料中记载的 2004 年切花切叶类面积为 437hm^2，各种切花面积的实际累计值是 454hm^2，问题不明。本文引用了原表的数据。

3. 苗木生产

1990～2004 年间，德国观赏苗木栽培面积经历了先增后减的过程，1990～1996 年间，由 11499hm^2 增加到 13990hm^2，增加了 21.7%，但 1996～2004 年间又降低到 11310hm^2，比 1990 年还减少了 180hm^2，降低了 1.7%。

如果将狭义的花卉与观赏苗木生产面积合计，构成广义的花卉（类似中国），则 2004 年德国花卉总栽培面积为 34728hm^2。其中狭义的花卉占 26.5%，观赏苗木占 73.5%，苗木与花卉之比大致为 3∶1（见表 1-3-9）。

表 1-3-9 1990～2004 年德国苗木生产面积变化（hm^2）

苗木类别＼年度	1990	1994	1996	2000	2004	2004 年各类苗木面积%
面积合计	21381	27133	26947	24691	25520	100
果　树	1263	1699	1577	1359	1049	4.1
观赏树木	11499	13942	13990	12341	11310	44.3
圣诞树	–	–	–	–	2537	9.9
造林苗木	3205	4183	4073	3349	2519	9.8
其他	5414	7309	7307	7642	7535	29.5

注：花卉资料来源于 Statistisches Bundesamt，2004；2004 年的面积合计数有出入，情况不明。

分析德国的GDP与花卉生产的关系后发现，1996～2004年间，德国的GDP增长了1.16倍，人均GDP增长了1.2倍，但露地观赏植物面积仅增加1.16倍，露地切花面积增加1.19倍，温室观赏植物增加1倍，温室切花面积减少了34%，观赏苗木面积也减少了19%（见表1-3-10）。尽管表1-3-10的资料不够完整，但可看出德国花卉生产增长滞后于其GDP增长速度。观赏苗木生产得到保持，其他露地花卉与室内盆栽植物增长缓慢，温室切花生产极度萎缩，切花主要依靠进口。这与美国的情况相似。

表1-3-10　德国GDP增长与花卉生产面积的关系（1984～2004年）

年度	全国GDP（亿美元）	GDP同比增长率（%）	人均GDP（万美元）	露地观赏植物面积（hm^2）	露地切花切叶面积（hm^2）	温室观赏植物面积（hm^2）	温室切花切叶面积（hm^2）	观赏苗木面积（hm^2）
1984	-	-	-	-		1747	1014	-
1988	11934.6	7.7	1.53	-	1624	-	-	-
1990	15014.8	26.9	1.89	-	-	-	-	11499
1992	19694.5	14.5	2.44	3661	1658	2498	886	-
1994	20509.0	7.3	2.52	-	-	-	-	13942
1996	23535.1	-2.6	2.87	4434	2077	3378	662	13990
2000	19002.0	-11.1	2.31	4567	2614	4705	663	12341
2004	27406.0	12.1	3.32	5768	2462	3440	437	11310
2004/1996	1.16		1.16	1.30	1.19	1.02	0.66	0.81

注：德国的花卉统计资料不齐全，难以将GDP与花卉生产进行系统分析；用2004/1996年的有关资料，来简单分析GDP与花卉生产的关系，结果仅供参考。

（三）德国GDP增长与花卉消费

资料显示，2006年德国人均花卉消费84欧元，仅次于瑞士、挪威、荷兰。但由于德国人口有8300多万，花卉市场容量大约为70亿欧元，占到全球的17.7%（见表1-3-11）。德国花卉生产在世界所占份额不大，但花卉贸易和消费十分活跃，分析花卉进口状况是解读德国花卉消费的最好方法。

表1-3-11　2006年德国在世界主要花卉消费国家中的地位（百万欧元）

国家	人口（百万）	人均消费（欧元）			市场量（百万欧元）			占世界（%）
		切花	观赏植物	切花与观赏植物	切花	观赏植物	切花与观赏植物	
全球合计	1106	-	-	-	-	-	39398	100
德国	83	36	48	84	2988	3984	6972	17.7
日本	128	54	-	54	6912	-	6912	17.5
美国	306	21	-	21	6426	-	6426	16.3
法国	62	30	20	50	1860	1240	3100	7.9
荷兰	16	54	32	86	864	512	1376	3.5
瑞士	7	82	43	125	575	301	875	2.2
挪威	5	62	62	124	310	310	620	1.6
7国合计	607	339	205	544	19935	6347	26281	66.7

注1：花卉资料来源：BBH、VBN、PT、HBAG（Duch Floricultural Wholesale Board），Netherlands。

注2：人口资料来源：Stat. Bundesamt 2007 Statistisches Jahrbuch. Berlin.

注3：原资料未收集和计算除日本以外的亚洲国家、美国之外的美洲国家以及非洲国家。

德国绝大多数花卉由荷兰进口，其花卉消费支撑着荷兰花卉贸易。资料显示，德国花卉进口占到欧洲贸易量的22%，而其出口额仅占欧洲花卉贸易的4%，并且德国 Landgard 市场年交易量仅次于荷兰的花荷市场与阿斯米尔市场，该市场2007 花卉交易额为8.83 亿欧元，比2000 年增长54.6%，年均增长7%（见表1-3-12）。同时，在2000～2007 年间，荷兰4个花卉市场上批发总额也呈现刚性增长，8 年间平均增长了24.1%，年均增长3%。这反映出德国花卉市场与荷兰花卉市场的关系。分析德国花卉进口与GDP 的关系发现，德国花卉消费稳定增长，花卉消费增长与GDP增长保持同步。

表1-3-12　2000～2007 年间德国花卉交易额、德国花卉贸易与其GDP 的关系

年度	德国GDP（百万美元）	德国 Landgard 花卉市场交易额（百万欧元）
2000	1900200	571.1
2001	1855700	-
2002	2022200	-
2003	2443400	715.0
2004	2740600	808.0
2005	2781900	820.0
2006	2858234	845.0
2007	3280000	883.0
2007/2000	1.726	1.546

三、荷兰经济增长与花卉生产消费

荷兰是一个经济强国，也被誉为“花卉王国”。荷兰位于欧洲西部，西北部濒临北海，海岸线长约1075km，地势低平，国土面积41528km^2，2008 年人口1634 万人，是世界上人口密度最高的国家之一。

荷兰自然资源贫乏，依靠外向型经济，商业发达。早在15 世纪末就奠定了荷兰的商业帝国的地位，从1627 年到16 世纪末，荷兰逐步垄断了欧洲的海上贸易。到17 世纪中叶，荷兰的联合东印度公司已经拥有15000个分支机构，控制了世界贸易额的50% 以上。目前，荷兰仍然是世界贸易大国，具有发达的交通运输体系和运输能力，2003 年货运量15.22 亿吨，其中国际运输8.8 亿吨。

荷兰也是一个园艺大国，园艺业占农业的38%，高度集约化经营。2003 年农业从业人员27.3 万，仅占全国人口的1.7%。全国有11000 多个园艺场（公司），花卉园艺栽培面积8000hm^2，世界花卉贸易中2/3 的鲜花由荷兰控制，年出口约50 亿～60 亿欧元。

雄厚的贸易基础和园艺生产技术，为花卉贸易提供了保障，使荷兰成为当今世界最大的花卉产品供应国和贸易国，占世界花卉贸易总额的50%左右。

(一)荷兰 GDP 与人均 GDP 变化

荷兰以贸易立国，GDP 变化较大，增长也不稳定，进入 21 世纪以来，GDP 总体增长明显。由表 1-3-13 可见，1987 年荷兰 GDP 为 2175 亿美元，2007 年达到 7560 亿美元，20 年间大约增长了 2.5 倍，年均增长 12.5%。

荷兰人均 GDP 持续增长较快，1987 年荷兰人均 GDP 为 1.49 万美元，2007 年达到 4.62 万美元，1987～2007 年的 20 年间增长了 2.1 倍，年均增长 10%。由此可见，荷兰的 GDP 与人均 GDP 保持了同步增长。

1987 年荷兰人口 1461.5 万，2007 年为 1635.7 万，近 20 年来间，人口增长 11.9%，年增长率大致维持在 0.5% 左右，近 4 年下降到 0.2% 左右(见表 1-3-13)。由于人口增长缓慢，未来荷兰国内花卉消费不可能有较大增长。

表 1-3-13　荷兰宏观经济指标与人口变化 (1987～2007 年)

年度	全国 GDP (百万美元)	GDP 同比增长(%)	人口总数 (人)	人口同比增长(%)	人均 GDP (万美元)	人均 GDP 的同比增长(%)
1987	217495	–	14615125	–	1.49	–
1988	231415	6.4	14714948	0.7	1.57	5.4
1989	229538	–0.8	14805240	0.6	1.55	–1.3
1990	294800	28.4	14892574	0.6	1.98	27.7
1991	290196	–1.6	15010445	0.8	1.93	–2.6
1992	321928	10.9	15129150	0.8	2.13	10.4
1993	313067	–2.8	15239182	0.7	2.06	–3.3
1994	337512	7.8	15341553	0.7	2.20	6.8
1995	397577	17.8	15424122	0.5	2.58	17.3
1996	396015	–0.4	15493889	0.5	2.56	–0.8
1997	360278	–9.0	15567107	0.5	2.31	–9.8
2000	370600	2.9	15863950	0.6	2.34	1.3
2001	384000	3.7	15987075	0.7	2.40	2.6
2002	418900	9.1	16105285	0.7	2.60	8.3
2003	512700	22.4	16192572	0.8	3.17	21.9
2004	579000	12.9	16258032	0.7	3.56	12.3
2005 **	594800	2.7	16305526	0.5	3.65	2.5
2006 *	612713	3.0	16334210	0.4	3.75	2.7
2007	756000	23.4	16357992	0.3	4.62	23.2

资料来源/Source：CBS Central Bureau of Statistics Netherlands，《国际统计年鉴 1996》；《国际统计年鉴 2006/2007》；荷兰人口年变化为每年元旦统计资料。

(二)荷兰 GDP 增长与花卉产值

1980～2007 年的 27 年间，荷兰花卉产值持续增长，由 1494 百万欧元增长到 5327 百万欧元，增长了 2.57 倍，年均增长 10% 以上。欧元实施以后的 17 年间(1990～2007 年)，荷兰花卉产值增长了 0.8 倍，年均增长

5%以上。另外，荷兰花卉贸易主要是切花，占总交易额的45%以上，其次是观赏植物占32%以上，种球、种苗各占12%和11%（见表1-3-14）。

表1-3-14 1980～2007年荷兰花卉产值与产品结构（单位：百万欧元）

年　度	1980	1990	2000	2003	2004	2005	2006	2007*	2006年各类产品比（%）
花卉总产值	1494	2952	4394	4694	4700	4822	5047	5118	100
观赏植物与花卉	1079	2204	3241	3533	3558	3711	3901	3901	77.29
其中：切花	840	1480	2085	2138	2137	2199	2277	–	45.12
其中：观赏植物	239	724	1155	1395	1421	1512	1624	–	32.17
花卉种球	267	406	603	583	563	559	597	607	11.82
苗　木	148	342	550	578	579	552	549	610	10.87

资料来源：PT（Horticultural Product board），1980年与1990年的资料按照1991年的汇率折算；2007年数字来源于AIPH统计资料。

另外，荷兰花卉产业在国民经济中的地位重要，占GDP的1%以上。尽管近年来荷兰花卉产值所占其GDP比例有所下降，但仍与GDP增长同步（见表1-3-15）。

表1-3-15 1990～2007年荷兰花卉产值占其GDP的比例

年度	GDP（百万美元）	GDP同比增长（%）	花卉总产值（百万欧元）	花卉总产值同比增长（%）	花卉总产值/GDP（%）
1990	294800	–	2952	–	1.00
2000	370600	2.87	4394		1.18
2001	384000	3.62	–	–	–
2002	418900	9.09	–	–	–
2003	512700	22.39	4694	–	1.10
2004	579000	12.93	4700	0.12	1.08
2005**	594800	2.73	4822	2.59	1.07
2006*	612713	3.01	5047	4.66	1.07
2007	756000	23.39	5327	5.54	1.03
平均		10.0			1.12

1.2007年底欧元汇率为1美元=0.683欧元（http：//www.simic.net.cn/news/detail.jsp？id=19895），根据相关资料计算。

2.经计算，2007年荷兰GDP为516348百万欧元。

3.1999年1月欧元开始发行。

4.花卉总产值/GDP，按照美元与欧元1∶1估算。

（三）荷兰花卉拍卖

拍卖是荷兰花卉交易的主要方式。2007年，荷兰“花荷”等四大花卉拍卖市场的交易总额达到41.6亿欧元，比2000年增长24.9%，年均增长3.5%（见表1-3-16），拍卖交易的花卉产品主要销往国外。这四大花卉拍卖市场交易总额的刚性增长，反映出世界花卉交易的繁荣与消费的增加。

表 1-3-16 2003～2005 年荷兰各大市场的花卉拍卖交易情况(单位：百万欧元)

年度 市场	2000	2003	2004	2005	2006	2007	2007/2000(%)
花荷市场 flora holland	1805.100 (54.3%)	1919.476	1909.330	2004.515	2136.200	2240.200 (53.9%)	124.1
阿斯米尔市场 Aalsmeer	1468.600 (44.1%)	1597.652	1630.427	1689.664	1755.700	1823.400 (43.8%)	124.1
东荷市场 Oost Netherlands	25.700 (0.8%)	62.351	59.457	58.862	56.900	63.300 (1.5%)	246.3
Vlenten 市场 Vlenten	25.200 (0.7%)	23.527	25.163	26.039	26.700	28.500 (0.6%)	113.1
合　计	3324.6	3603.006	3624.377	3779.08	3975.5	4155.4	124.9

1)资料来源：荷兰花卉拍卖协会(VBN)，2008 年统计；按照资料计算各市场所占比例；

2)阿斯米尔：是单体交易量最大的市场，有 5000 多家供货商和农户，产品主要销往国外；

3)花荷市场：2001 年 1 月 1 日，荷兰的 Flora 花卉市场与 Holland 花卉市场合并，2002 年又合并了荷兰南部的 ZON 花卉拍卖市场。目前有 5 个拍卖市场，26 座拍卖钟，4500 名采购商，占交易额 75% 的产品销往国外。

四、日本经济增长与花卉生产消费

日本是当前世界上第三大经济体，经济在 1955 年已经全面恢复到二战前水平，占世界经济总量的 2.5% 左右。此后经过 15 年的发展，1970 年达到 2037.36 亿美元，1970～1980 年间经济高速发展，1980 年日本 GDP 达到 10592 亿美元，占世界经济总量的 10% 以上。2007 年 GDP 达到 52900 亿美元，人均 GDP 达到 41500 美元。2010 年 GDP 为 53908 亿美元，人均 GDP 为 42325 美元(国际货币基金组织按照国际汇率计算)。

日本也是世界上花卉生产与消费最发达的国家，是世界三大花卉消费中心之一，年消费花卉 5000 亿日元左右 ，进口花卉 400 亿日元，约占消费总额的 8% 。日本花卉生产技术、消费量、进口量均居亚洲第一，切花和庭园花木类，已成为人们日常生活的必需品。切花除了用于婚丧嫁娶、喜庆节日、家庭装饰等场合外，还有一个重要用途就是祭祀，基本上家家户户需要。根据荷兰的资料估计，日本人均年消费切花 54 欧元，切花市场容量为 69.12 亿欧元。

(一)日本 GDP 及人均 GDP 变化

1970～2007 年，日本人均 GDP 由 0.2 万美元增长到 4.15 万美元，37 年间增长了 20.57 倍。但 1970～1980 年间，GDP 在增长最快之后增长缓慢，但在 2006～2007 年间又一度出现了快速增长的迹象(见表 1-3-17)。2000～2010 年间，GDP 年增长低于 1% 。

日本人口增长主要是在 1970～1980 年间实现的，10 年增长了 11.95% 。1987～2007 年的 20 年间仅增长了 4.8% ，年均增长 0.3% 。但

1988 年后，增长率低于 0.2%，2006 年一度出现负增长(见表 1-3-17)。2007～2010 年间，人口减少 1%。

表 1-3-17　日本宏观经济指标与人口变化(1987～2007 年)

年度	全国 GDP（百万美元）	GDP 同比增长(%)	人口总数（万人）	人口同比增长(%)	人均 GDP（万美元）	人均 GDP 同比增长(%)
1987	2408961	4.2	12209	-	1.97	-
1988	2898339	20.3	12261	0.4	2.36	19.8
1989	2871742	-0.9	12312	0.4	2.33	-1.3
1990	2932055	2.1	12354	0.3	2.37	1.7
1991	3350211	14.3	12392	0.3	2.70	13.9
1992	3656859	9.2	12432	0.3	2.94	8.9
1993	4190471	14.6	12467	0.3	3.36	14.3
1994	4689076	11.9	12518	0.4	3.75	11.6
1995	5137385	9.6	12547	0.2	4.09	9.1
1996	4595194	-10.6	12576	0.2	3.65	-10.8
1997	4190233	-8.8	12607	0.3	3.32	-9.0
1998	3940500	-6.0	12641	0.2	3.12	-6.0
1999	4499600	14.2	12665	0.2	3.55	13.8
2000	4746100	5.5	12687	0.2	3.74	5.4
2001	4162400	-12.3	12704	0.1	3.28	-12.3
2002	3970800	-4.6	12740	0.3	3.12	-4.9
2003	4291100	8.1	12757	0.1	3.36	7.7
2004	4622800	7.7	12776	0.1	3.62	7.7
2005	4505900	-2.5	12796	0.1	3.52	-2.8
2006	4911362	9.0	12746	-0.4	3.85	9.4
2007	5290000	7.7	12800	0.4	4.15	7.8
2010	5390897	1.9	12737	-1	4.2325	7.8

1. 1970～1993 年：《国际统计年鉴》1996 资料。

2. 1994～2005 年：《国际统计年鉴》1999，2002，2005，2006/2007。

3. 2006 年资料来源：http://space.taobao.com/8785ffc66592619e7ac9a87546a2af71/show_blog-12240452.htm.

4. 2007 年资料来源：http://www.cn1n.com/economy/wnp/200827/2258786415.htm.

5. 2011 年国际货币基金组织公布的 2010 年各国 GDP 和人均 GDP 资料。

6. 查得全国 2007 年 GDP 为 52900 亿美元，2010 年为 53908.97 亿美元。

7. 1970～1986 年间，日本的 GDP 同比增长依次为 10.59、4.65、8.47、8.20、-1.32、2.95、4.24、5.21、5.53、2.77、3.16、3.02、2.25、3.93、4.44、2.83。

(二)日本农业 GDP 增长与花卉生产

统计资料显示，在经济发展过程中，日本农业占 GDP 的比重持续下降，1979～1989 年约占 3%，1989～1999 年约占 2%，1999～2000 年约为 1%，2000～2003 年间不足 1%。

在 1955～2000 年的 45 年间，日本花卉产值由 79 亿日元增长到 4466

亿日元，增长 56.5 倍，花卉产值占农业 GDP 的比例由 0.3% 上升到 4.9%，累计增长了 16.3 倍。其中，1955～1980 年的 25 年间增长缓慢，1980～1990 年间增长最快，1990～1999 间稳步增长，2000 年之后开始进入缓慢衰退期（见表 1-3-18），仅有 2007 年花卉总产值为 4632 亿日元，基本与 1997 年（4586 亿日元）持平。

表 1-3-18　日本花卉业占其农业 GDP 的变化过程（1955～2002 年）

年度	农业 GDP（亿日元）	花卉总产值（亿日元）	花卉同比增长（%）	花卉占农业 GDP（%）	花卉/GDP（‰）
1955	16617	79	-	0.3	-
1960	19148	87	10.0	0.4	-
1965	31769	192	120.6	0.6	-
1970	46643	425	121.3	0.9	-
1975	90514	792	86.3	0.8	-
1980	102625	1211	52.9	1.1	0.033
1985	116295	2302	90.1	1.9	0.057
1986	114234	2337	1.5	2.0	0.060
1987	105814	2616	11.9	2.5	0.075
1988	105165	2892	10.5	2.7	0.081
1989	110526	3187	10.2	2.9	0.087
1990	114927	3845	20.6	3.3	0.066
1991	114869	4171	8.4	3.6	0.072
1992	112418	4241	1.6	3.8	0.076
1993	104472	4293	1.2	4.1	0.082
1994	113103	4269	-0.5	3.8	0.076
1995	104498	4360	2.1	4.1	0.082
1996	103166	4437	1.7	4.3	0.086
1997	99113	4586	3.2	4.6	0.092
1998	99264	4734	3.2	4.8	0.096
1999	93638	4612	-3.4	4.9	0.049
2000	91295	4466	-3.2	4.9	0.049
2001	88813	4460	-0.2	5.0	0.050
2002	89261	4443	-0.4	4.9	0.049
2007	-	4632	-	-	-

资料来源：1）根据日本农林水产省资料（1955～2002）；2）部分年份的资料被删减；3）2002 年资料为概算；4）表中数值为依据相关资料计算，5）花卉占 GDP 的比例按农业 GDP 占 GDP 的比重计算。

根据日本农林水产省统计，2007 年花卉销售市场调查资料计算，日本 1998 年花卉栽培面积为 6346hm²，2007 年为 6021hm²，减少 325hm²（约 5.2%）。另外，1998～2007 年间，日本花卉种植结构在调整，切花种植面积减少 13.5%，产量减少 14.2%；球根类种植面积减少 47.8%，产量减少 46%；盆栽植物种植面积增加 1.4%，产量增加 4.7%；花坛用苗种植面积增加 31.8%，产量增加 25.4%（见表 1-3-19）。花卉生产由切花与种球(容易长距离运输)向盆栽植物与花坛花卉(不易运输)的方向转变。这可能与日本的劳动力成本上升、从业人员老龄化，以及因居住条件改善而兴起的家庭园艺热潮有关。

表 1-3-19　1998～2007 年间日本花卉栽培面积、产量、种植结构状况

年度＼种类	切花类		盆栽植物		花坛用苗		球根类	
	栽培面积(hm^2)	产量(百万枝)	栽培面积(hm^2)	产量(万盆)	栽培面积(hm^2)	产量(万株)	栽培面积(hm^2)	产量(万球)
1998	1970	5629	2009	28100	1287	63200	1080	3105
1999	1980	5661	2096	29430	1545	78270	1040	2724
2000	1970	5593	2154	30480	1691	85870	995	3064
2001	1940	5499	2133	31320	1767	89630	883	2615
2002	1905	5413	2185	32080	1768	90260	778	2401
2003	1865	5301	2191	31950	1740	87280	703	2035
2004	1826	5102	2195	32430	1709	84010	636	1843
2005	1791	5022	2145	31030	1728	82180	597	1710
2006	1744	4934	2094	30160	1700	80370	582	1662
2007	1724	4835	2037	29410	1696	79280	564	1677
2007/1998(%)	87.5	85.89	101.39	104.66	131.78	125.44	52.22	54.01

注：根据日本农林水产省统计，2008 年 5 月 29 日发表的 2007 年花卉销售市场调查资料计算；1998 年花卉栽培面积为 6346hm^2，2007 年为 6021hm^2，减少 325hm^2，合 5.2%。

(三)日本 GDP 增长与花卉消费

2007 年日本 GDP 为 5290000 亿日元(合 5312 亿美元)，人口 1.28 亿，人均 GDP 达到 4.15 万美元。2007 年花卉销售额为 4632 亿日元，比 2002 年的 4443 亿元增长了 4.25%，年均增长 0.8%。但是与 2006 年销售额相比，切花降低 1%，盆栽植物降低 2%，花坛用苗降低 8%，在所有的花卉中，仅有菊花增长 1%，花木与上年持平。在日本，花卉产品以切花为主，占总销售额的 72.8%，盆花占 21.6%，花坛用苗占 5.6%(见表 1-3-20)。

表 1-3-20　2007 年日本花卉销售额与产品结构情况

花卉类别	销售量(万)	销售额(亿日元)	销售额比(%)	销售单价(日元)	同比销售额(%)
花卉合计	-	4632	100		
切　花	581441	3374	72.84	58	99
(菊花)	(295309)	(1615)		(52－61)	(101)
盆栽植物	29176	999	21.56	343	98
(绿植)	(4911)	(162)		(2270)	(95)
(花木)	(4319)	(156)		(360)	(100)
花坛用苗	45490	259	5.59	57	92

注 1)2007 年资料来源：日本农林水产省统计，2008 年 5 月 29 日发表的 2007 年花卉销售市场调查；

注 2)计算得出 2006 年日本花卉销售总额为 4808.98 亿日元，切花 3408.08 亿日元，盆栽植物 1019.38 亿日元，花坛用苗 281.25 亿日元。

根据荷兰的资料估计，日本人均年消费切花 54 欧元，切花市场为 69.12 亿欧元。日本家庭消费花卉量大，2003～2007 年日本每个家庭年均购买花卉 10 次，年消费额为 10764 日元，年度之间变化很小，这说明日本花卉消费市场非常成熟。另外，日本花卉消费主要在城市，从事农、林、渔业的国民的花卉消费很少，在日本不列入花卉统计(见表 1-3-21)。由于花卉价格每年在提高，家庭消费的花卉数量在不断减少。与 2006 年相比，2007 年日本切花价格上升 4%，销售量减少 5%；盆花价格上涨 5%，销售量减少 7%。由于日本人均 GDP 变化不大，花卉消费量下降可能与花卉价格上涨有关。

表 1-3-21 2003～2007 年间日本每户花卉消费情况

年度	购花次数	消费金额(日元)	消费额同比增长(%)	人均 GDP(万美元)
2003	10	11036	-	3.36
2004	9.8	10669	-3.37	3.62
2005	9.9	10562	-1.11	3.52
2006	9.8	10625	0.59	3.85
2007	10.1	10929	2.86	4.15
平均	9.9	10764	-1.51	3.36

注：2007 年资料来源：日本农林水产省统计，2008 年 5 月 29 日发表的 2007 年花卉销售市场调查；调查 2 人以上的家庭，不包括农、林、渔家庭。

五、中国经济增长与花卉生产消费

中国是世界上人口最多的国家。据统计，2011 年全国总人口为 13.71 亿人。其中：普查登记的大陆 31 个省、自治区、直辖市和现役军人的人口 1339724852 人；香港特别行政区人口为 7097600 人；澳门特别行政区人口为 552300 人；台湾地区人口为 23162123 人。

1985 年国务院批准采用 GDP 对国民经济进行核算，GDP 成了我国最为重要的经济指标。1985 年我国 GDP 为 2740.1 亿美元，人均 GDP 为 262.1 美元(中国宏观经济与政策，1988)，2011 年达到 74970 亿美元(国家统计局数字)，最近 27 年间增长了 27.36 倍。

随着经济发展，我国产业结构不断调整。2002 年中国的第一产业(农业)用 50% 的就业人数仅创造了 15.4% 的 GDP，其生产力水平非常低下；第二产业(主体是制造业)以 21.4% 的就业人数创造了 51.1% 的 GDP；第三产业以 28.6% 的就业人数创造了 33.5% 的 GDP。2006 年第一产业占 11.7%，第二产业占 48.9%，第三产业占 39.4%。2010 年 GDP 为 397983 亿元，第一产业增加值占国内生产总值的比重为 10.2%，第二产业增加值比重为 46.8%，第三产业增加值比重为 43.0%。

中国花卉产业恢复与发展得益于改革开放。1984 年全国花卉生产面积仅为 1.4 万 hm^2，产值 6 亿元，出口额不到 200 万美元。经过 30 多年的发展，我国已成为世界最大的花卉生产基地和重要的花卉消费国，花卉产业竞争力在不断增强。2010 年，全国花卉种植面积 91.76 万 hm^2，销售额 862.00 亿元，分别是 2000 年的 6.2 倍和 5.4 倍。

(一)中国 GDP 与人均 GDP 变化

1. GDP 增长

1978～2007 年，我国 GDP 由 3645.2 亿元增长到 246619 亿元，增长 67 倍，年均增长 16.4%；人均 GDP 由 381 元增长到 18665 元，增长 48 倍，年均增长 14.3%。人口由 96259 万增加到 132129 万人，增加了 37.2%，年均增长 1.1%(见表 1-3-22)。

表 1-3-22　中国宏观经济指标与人口变化(不含香港、澳门、台湾地区)

年份	总人口(万人)	人口同比增长(%)	GDP(亿元)	GDP 同比增长(%)	人均 GDP(元)	人均 GDP 同比增长(%)
1978	96259	-	3645.2	-	381	-
1979	96959	0.72	4062.6	11.4	419	9.9
1980	98705	1.80	4545.6	11.8	463	10.5
1981	99423	0.72	4891.6	7.6	492	6.2
1982	100822	1.40	5323.4	8.8	528	7.3
1983	102276	1.44	5962.7	12.0	583	10.4
1984	103713	1.40	7208.1	20.8	695	19.2
1985	105851	2.06	9016.0	25.0	858	23.4
1986	106697	0.79	10275.2	13.9	963	12.2
1987	108435	1.62	12058.6	17.3	1112	15.4
1988	110117	1.55	15042.8	24.7	1366	22.8
1989	111863	1.58	16992.3	12.9	1519	11.2
1990	114333	2.20	18667.8	9.8	1644	8.2
1991	115823	1.30	21781.5	16.7	1893	15.1
1992	117171	1.16	26923.5	23.6	2311	22.0
1993	118517	1.14	35333.9	31.2	2998	29.7
1994	119850	1.12	48197.9	36.3	4044	34.8
1995	121121	1.06	60793.7	26.2	5046	24.7
1996	123389	1.87	71176.6	17.1	5846	15.8
1997	123626	0.18	78973.0	10.9	6420	9.8
1998	124761	0.91	84402.3	6.9	6796	5.8
1999	125786	0.82	89677.1	6.2	7159	5.3
2000	126746	0.76	99214.6	10.6	7858	9.7
2001	127627	0.69	109655.2	16.4	8622	5.2
2002	128453	0.64	120332.7	10.5	9398	9.0
2003	129227	0.60	135822.8	23.86	10542	11.2
2004	129988	0.58	159878.3	17.7	12336	17.0
2005	130756	0.59	183084.8	14.5	14040	13.8
2006	131448	0.53	210821.0	15.1	16038	14.2
2007	132129	0.52	246619.0	17.3	18665	16.3
2010	133975	与 2007 年比 1.39	397983.0	与 2007 年比 61.3	29706	与 2007 年比 59.15

资料来源：1)历年国家统计局发布的 GDP 核算；2)GDP、人均 GDP、人口的同比增长按照有关资料计算；3)根据 2008 年 4 月 28 日，国家统计局发布的 2007 年国民经济和社会发展统计公报，2007 年末全国总人口为 132129 万人，比上年末增加 681 万人；4)2010 年国民经济和社会发展统计公报。

但是，我国经济发展极不平衡。全国有600多个城市，2007年上海、北京、广州等前5位城市对我国GDP的贡献率为14%，前20位的城市占全国GDP的31.92%；2010年上海、北京、广州等前5位城市对我国GDP的贡献率为15.07%，前20位的城市占全国GDP的33.5%。这表现出我国经济继续向大城市集中(见表1-3-23)。

2007年我国人均GDP仅为世界平均值的1/5，是西方七国平均水平的1/20，2011年人均GDP仅为美国的1/10，广大城乡居民生活尚未达到富裕水平。

表1-3-23　2007年和2010年中国GDP前20位的城市及其占全国GDP比例(不含香港、澳门、台湾地区)

2007年(全国GDP 246619亿元)				2010年(全国GDP 397983亿元)			
序号	城市	GDP(亿元)	占全国GDP(%)	序号	城市	GDP(亿元)	占全国GDP(%)
1	上海	10296.97	4.18	1	上海	16872.42	4.23
2	北京	7870.00	3.19	2	北京	13777.94	3.46
3	广州	6068.41	2.46	3	广州	10604.48	2.66
4	深圳	5684.39	2.30	4	深圳	9510.91	2.39
5	苏州	4820.26	1.95	5	苏州	9277.30	2.33
6	天津	4337.73	1.75	6	天津	9108.83	2.29
7	重庆	3486.20	1.41	7	重庆	7894.24	1.98
8	杭州	3440.99	1.39	8	杭州	5946.77	1.49
9	无锡	3300.00	1.34	9	无锡	5758.25	1.45
10	青岛	3206.58	1.30	10	佛山	5651.52	1.42
11	佛山	2926.72	1.19	11	青岛	5636.19	1.41
12	宁波	2864.50	1.16	12	武汉	5515.76	1.38
13	南京	2774.00	1.12	13	成都	5508.35	1.38
14	成都	2750.00	1.11	14	宁波	5121.18	1.28
15	东莞	2624.63	1.06	15	南京	5100.65	1.28
16	武汉	2590.00	1.05	16	大连	5100.25	1.28
17	大连	2569.70	1.04	17	沈阳	5012.26	1.26
18	沈阳	2482.50	1.00	18	长沙	4547.69	1.14
19	烟台	2402.10	0.97	19	烟台	4358.76	1.09
20	唐山	2362.00	0.95	20	唐山	4300.66	1.08
合计		*78857.68*	*31.92*	*合计*		*133330.4*	*33.50*

2. 人口及构成变化

人口基数是花卉消费的重要因素之一，社会保险制度的完善和城市化进程加快可以扩大花卉消费，拉动花卉产业发展。

1978~2007年间，我国人口由9.63亿增加到13.21亿人，增长了37.2%，年均增长1.1%(见表1-3-24)。根据2008年国家统计局公报，2007年末全国城镇人口5.94亿人，占总人口比重44.9%。根据2010年第六次全国人口普查主要数据公报[1](第1号),2010年我国人口13.40亿,城市化率接近50%,城市人口达到6.66亿。另外,预计2050年我国城市化率可达65%,全国15亿人口中,将有9.75亿人居住在城市。

表1-3-24 我国人口数及构成变化(不包括香港、澳门、台湾地区)(单位:万人)

年份	总人口	男性(%)	女性(%)	性比(男/女)	城镇(%)	农村(%)	城镇/农村
1978	96259	51.49	48.51	1.061	17.92	82.08	0.218
1980	98705	51.45	48.55	1.060	19.39	80.61	0.240
1985	105851	51.70	48.30	1.070	23.71	76.29	0.310
1990	114333	51.52	48.48	1.062	26.41	73.59	0.358
1991	115823	51.34	48.66	1.055	26.94	73.06	0.368
1992	117171	51.08	48.92	1.044	27.46	72.54	0.378
1993	118517	51.02	48.98	1.042	27.99	72.01	0.388
1994	119850	51.10	48.90	1.045	28.51	71.49	0.398
1995	121121	51.03	48.97	1.042	29.04	70.96	0.410
1996	123389	50.82	49.18	1.033	30.48	69.52	0.438
1997	123626	51.07	48.93	1.044	31.91	68.09	0.469
1998	124761	51.25	48.75	1.051	33.35	66.65	0.500
1999	125786	51.43	48.57	1.058	34.78	65.22	0.533
2000	126746	51.63	48.37	1.067	36.22	63.78	0.568
2001	127627	51.46	48.54	1.060	37.66	62.34	0.604
2002	128453	51.47	48.53	1.061	39.09	60.91	0.642
2003	129227	51.50	48.50	1.618	40.53	59.47	0.681
2004	129988	51.52	48.48	1.062	41.76	58.24	0.717
2005	130756	51.53	48.47	1.063	42.99	57.01	0.754
2006	131448	51.52	48.48	1.062	43.90	56.10	0.782
2007	132129	–	–	–	44.90	55.10	0.815
2010	137053	51.27	48.73	1.052	49.68	50.32	0.987

注:1)《中国统计年鉴2007》,中国统计出版社,105页计算;2007年资料根据2008年4月28日,国家统计局发布的2007年国民经济和社会发展统计公报数据。2)2011年4月28日,国新办发布的《2010年第六次全国人口普查主要数据公报(第1号)》。全国总人口为1370536875人。比2000年增长5.84%,年平均增长率为0.57%。

3. 城市人口收入水平

城市人口收入水平会直接影响花卉消费。表1-3-25的资料显示,2006年我国从事三类产业(高收入产业)的职工仅占全国职工总数的9.5%,从事二类产业(中等低收入产业)的职工占全国职工总数的40.2%;从事一类产业(低收入产业)的职工占全国职工总数的48.8%(见表1-3-25)。

表 1-3-25　2006 年我国按照登记注册的各行业职工人数分布(单位：万人)

行　业	总人数	国有单位人数	城镇集体单位人数	其他单位人数	行业/全国(%)
全　　国	11160.6	6170.5	726.0	4264.1	100
一类(低收入产业)	5443.3	1581.7	479.6	3382.2	48.8
农、林、牧、渔业	402.1	382.0	6.9	13.3	3.6
批发、零售业	485.6	178.0	73.4	234.2	4.3
住宿、餐饮业	169.9	60.1	12.2	97.6	1.5
水利、环境、公共设施管理业	175.6	155.9	9.1	10.7	1.6
建筑业	909.8	242.9	171.3	495.6	8.2
制造业	3250.3	539.3	197.7	2513.3	29.1
居民服务与其他服务业	50.0	23.5	9.0	17.5	0.4
二类产业(中等收入产业)	4466.2	3892.1	174.3	593.1	40.2
教　　育	1466.3	1414.3	34.9	17.1	13.1
房地产业	140.4	41.4	7.5	91.5	1.2
公共管理与社会组织	1235.4	1229.6	3.1	2.6	11.0
租赁与商务服务业	21.5	110.8	32.2	71.9	0.2
卫生、社会保障、社会福利业	505.8	450.4	46.5	8.9	4.5
采矿业	518.1	235.1	24.5	258.5	4.6
交通运输、仓储、邮政	578.7	410.5	25.6	142.6	5.2
三类(高收入产业)	1057.6	696.7	72.3	288.7	9.5
文化、体育、娱乐业	116.6	105.3	2.2	9.1	1.0
电力、燃气、供水业	296.4	204.2	5.9	86.4	2.7
科研、技术服务、地质勘查业	219.7	183.8	3.0	32.9	1.9
金融业	299.9	143.3	60.1	96.5	2.7
信息、计算机服务、软件业	125.0	60.1	1.1	63.8	1.1

注：根据《中国统计年鉴 2007》，中国统计出版社，170 ~ 172 页资料，加以整理和计算；其他职工 193.8 万人。

从表 1-3-26 可见，我国经济发展不平衡的又一个因素是行业之间的收入差异非常显著。花卉产业属于大农业，仍然是弱质产业。从事高于全国平均收入 20% 以上的行业主要是城镇人群，我国花卉消费人群的比重仍然较小。

表 1-3-26　2006 年我国不同行业职工平均工资比较(单位：元/年・人)

行　业	平　均	国有单位	城镇集体单位	其他单位	行业/全国(%)
全国平均	21001	22112	13014	20755	100
一类(低收入产业)	15974	17211	11142	17301	71.9
农、林、牧、渔业	9430	9315	9861	12516	44.9
批发、零售业	17736	18758	9275	19629	55.9
住宿、餐饮业	15206	14892	11513	15864	72.4
水利、环境、公共设施管理业	16140	16047	12323	20734	76.9
建筑业	16404	18511	11608	16996	78.1

（续）

行　业	平 均	国有单位	城镇集体单位	其他单位	行业/全国(%)
制造业	17966	20317	11012	18008	85.5
居民服务与其他服务业	18935	22637	12402	17363	90.2
二类(中等收入产业)	23299	23160	14728	23516	111.1
教育	21134	21274	15442	21157	101.6
房地产业	22578	22174	15869	23318	107.5
公共管理与社会组织	22883	22918	15042	15945	108.9
租赁与商务服务业	23648	21771	14285	30848	112.6
卫生、社会保障、社会福利业	23898	24638	17416	20554	113.8
采矿业	24335	25098	13689	24684	115.8
交通运输、仓储、邮政	24623	24252	11352	28107	117.2
三类(高收入产业)	34169	31538	21008	40201	162.7
文化、体育、娱乐业	26126	26703	14239	22279	124.4
电力、燃气、供水业	28765	28535	20010	29898	136.9
科研、技术服务、地质勘查业	31909	30459	23969	41003	151.9
金融业	39280	37667	22068	52691	187.0
信息、计算机服务、软件业	44763	34328	24756	55135	213.1

注：根据《中国统计年鉴2007》，中国统计出版社，170～172页资料，加以计算。

4. 人均可支配收入及恩格尔系数

花卉是非生活必需品，消费者的经济能力是消费花卉的限制因素。据1998～2005年间武汉居民人均可支配收入及人均花卉消费额的相关分析，花卉消费相关方程为：

$Y=0.0029X$（Y为人均花卉消费额，X为居民人均可支配收入，相关系数$r=0.9105$，$R^2=0.8290$）。结果说明，武汉市民消费花卉为其可支配收入的万分之三，这可以作为测算我国城市居民花卉消费力的参考。

1979～2007年间，我国城乡居民收入基本保持了较高水平的增长率，恩格尔系数普遍下降，这为花卉消费奠定了基础。但我国城乡差距明显扩大，城市增长率高于农村，城乡人均收入绝对值的差异由1979年的227元上升到2007年的9646元。城市居民收入从387元上升到13786.0元，增长了35.6倍，恩格尔系数由57.2%降低到36.3%，减少20.9%；而农村居民收入从160.2元上升到4140.0元，增长25.8倍，恩格尔系数由64.0%降低到43.1%，减少了20.9%。

2007年，我国农村居民人均纯收入4140元，城镇居民人均可支配收入13786元，差异3.32倍；农村居民家庭恩格尔系数为43.1%，城镇居民家庭恩格尔系数为36.3%。2011年我国农村居民人均纯收入5919元，城镇居民人均可支配收入17175元，农村居民与城镇居民收入差异为3.33倍，城乡差异仍然很大(见表1-3-27)。

表 1-3-27　1978～2010 年间我国城乡居民家庭人均收入及恩格尔系数变化

年度	农村居民人均纯收入(元)	城镇居民人均可支配收入(元)	农村居民恩格尔系数(%)	城镇居民恩格尔系数(%)
2010	5919.0	19109.0	–	–
2009	5153.2	17175.0	–	–
2008	4761.0	15781.0	–	–
2007	4140.0	13786.0	43.1	36.3
2006	3587.0	11759.5	43.0	35.8
2005	3255.0	10493.0	45.5	36.7
2004	2936.4	9421.6	47.2	37.7
2003	2622.2	8472.2	45.6	37.1
2002	2475.6	7702.8	46.2	37.7
2001	2366.4	6859.6	47.7	38.2
2000	2253.4	6280.0	49.1	39.4
1999	2210.3	5854.0	52.6	42.1
1998	2162.0	5425.1	53.4	44.7
1997	2090.1	5160.3	55.1	46.6
1996	1926.1	4838.9	56.3	48.8
1995	1577.7	4283.0	58.6	50.1
1994	1221.0	3496.2	58.9	50.0
1993	921.6	2577.4	58.1	50.3
1992	784.0	2026.6	57.6	53.0
1991	708.6	1700.6	57.6	53.8
1990	686.3	1510.2	58.8	54.2
1989	601.5	1373.9	54.8	54.5
1988	544.9	1181.4	54.0	51.4
1987	462.6	1002.2	55.8	53.5
1986	423.8	899.6	56.4	52.4
1985	397.6	739.1	57.8	53.3
1984	355.3	651.2	59.2	58.0
1983	309.8	564.0	59.4	59.2
1982	270.1	526.6	60.7	58.7
1981	223.4	491.9	59.9	56.7
1980	191.3	477.6	61.8	56.9
1979	160.2	387.0	64.0	57.2

资料来源：1）中国统计年鉴 2007，中国统计出版社，345 页；2）2007、2008、2009、2010 国民经济与社会发展公报。

根据表 1-3-27 的资料可见，我国城乡差异很大。参考各国的花卉消费规律可知，我国花卉消费主要集中在中心城市；城镇居民为我国花卉消费主体；三类行业（高收入）的从业人员（约 1000 万人）是我国花卉消费的核心群体。随着经济社会的发展、产业结构的调整、城市化进程的加快，我国的花卉消费人口将会不断扩大。

(二)中国 GDP 增长与花卉生产

随着国民经济的发展，我国花卉业健康有序发展。1984～2008 年间，我国 GDP 增长了 67 倍，同期我国花卉生产面积增长 55.3 倍，花卉销售额增长 92.7 倍。花卉销售额的增长远超 GDP 增长的速度(见表 1-3-28)。1990～2010 年间，我国花卉面积增加了 27.8 倍，花卉销售额增长了 47.9 倍，切花销售量增长 86.5 倍，盆花销售量增长 32.8 倍，盆景销售量增长 14.0 倍，花卉市场增长 5.9 倍，出口增长 20.2 倍，仍然超过经济增长的速度。但是，2006 年以后，花卉增长速度放慢，约为 10% 左右，与 GDP 增长保持同步(见表 1-3-28)。

表 1-3-28　1984～2010 年中国花卉业统计资料

年份	生产面积（万 hm^2）	花卉销售额（亿元）	鲜切花（亿枝）	盆花（亿盆）	盆景（亿盆）	花卉市场（个）	创汇（万美元）
1984	1.4	6.0	–	–	–	–	–
1985	–	–	–	–	–	–	200.0
1986	2.0	7.0	0.1	–	–	–	744.0
1987	3.7	7.4	0.1	–	–	–	–
1988	–	–	–	–	–	–	–
1989	3.9	–	0.1	–	–	–	–
1990	3.3	18.0	2.2	1.5	0.1	487	2285.0
1991	4.0	12.0	2.2			202	3800.0
1992	4.3	21.2	3.7	2.8	0.2	487	3661.9
1993	7.0	30.0	5.0	–	–	–	–
1994	5.8	38.9	7.1	1.6	0.4	687	6565.0
1995	6.2	43.3	8.2	2.5	0.4	921	1651.0
1996	6.9	59.9	10.9	2.5	0.3	946	12640.4
1997	8.7	93.8	18.9	10.1	–	827	9245.2
1998	9.1	105.3	20.3	11.4	–	989	7850.4
1999	12.3	154.9	27.2	9.1	8.5	2065	2865.8
2000	14.8	158.2	32.2	4.7	0.7	2002	2830.1
2001	24.5	215.8	67.1	7.0	1.1	2069	7970.9
2002	30.7	194.0	90.1	9.7	1.4	2397	8283.2
2003	43.0	353.1	67.1	16.8	12.2	2185	9756.8
2004	63.6	430.6	81.0	25.2	2.5	2354	14434.0
2005	81.0	503.3	95.3	18.5	2.1	2586	15425.8
2006	72.2	556.2	106.7	12.2	5.2	2547	60913.0
2007	75.0	613.7	285.9	40.6	1.9	2485	32754.5
2008	77.5	666.9	130.5	45.1	2.0	2928	39896.1
2009	83.4	719.7	183.5	33.1	3.1	3005	40617.7
2010	91.8	861.9	190.2	49.2	1.4	2865	46307.6
2010/1990	27.8	47.9	86.5	32.8	14.0	5.9	20.2

数据来源：各年度的农业部花卉统计资料。

(三)中国 GDP 增长与花卉消费

城镇居民是花卉主要消费群体。1990～2010 年间，我国花卉销售额增加了 5.15 倍，而我国城市居民的人均可支配收入增加了 12.65 倍，恩格尔系数由 57.2% 降低到 39.76%，降低了 17.44 个百分点(见表 1-3-29)。但是，我国与美国 1980 年以来的 16.45% 以及日本 1990 年以来的 24.12% 相比，恩格尔系数很高。分析城镇居民可支配收入、恩格尔系数、花卉销售额的关系可以认为，我国城镇居民的个人花卉消费较少，今后需要挖掘花卉文化，开拓和培育我国城镇居民的个人花卉消费市场；更要增加居民收入，降低恩格尔系数。

表 1-3-29　中国 GDP 与城镇居民可支配收入、恩格尔系数与花卉销售的关系

年度	花卉销售额(亿元)	花卉销售额同比增长(%)	人均可支配收入(元)	人均可支配收入同比增长(%)	恩格尔系数(%)
1980	–	–	477.6	23.2	56.9
1990	18.0	–	1510.2	316.6	54.2
1991	12.0	–33.3	1700.6	12.6	53.8
1992	21.2	76.6	2026.6	19.1	53.0
1993	30.0	41.5	2577.4	27.1	50.3
1994	38.9	29.6	3496.2	35.6	50.0
1995	43.3	11.3	4283.0	22.5	50.1
1996	59.9	38.3	4838.9	12.9	48.8
1997	93.8	56.6	5160.3	6.6	46.6
1998	105.3	12.2	5425.1	5.1	44.7
1999	154.9	47.1	5854.0	7.9	42.1
2000	158.2	2.1	6280.0	7.2	39.4
2001	215.8	36.4	6859.6	9.2	38.2
2002	194.0	–9.8	7702.8	12.3	37.7
2003	353.1	82.0	8472.2	9.9	37.1
2004	430.6	21.9	9421.6	11.2	37.7
2005	503.3	16.9	10493.0	11.3	36.7
2006	556.2	10.5	11759.5	12.0	35.8
2007	613.7	10.3	13786.0	17.2	36.3
2008	666.9	8.7	15781	14.5	37.9
2009	719.7	7.9	17175	8.83	37.3
2010	861.9	19.7	19109	11.3	39.8
2010/1990	47.88	–	12.65	–	0.73

注：据联合国粮农组织划分标准，恩格尔系数 60% 以上为贫困；50% ～59% 为温饱；40% ～49% 为小康；30% ～39% 为富裕；30% 以下为最富裕。

第四节　主要国家文化与花卉消费的关系

花卉是物质与精神文化消费品的特点，渗透到人们生活的方方面面。每一种花都有自己的花语，各种花卉的不同花色乃至不同花枝数均有其独特的含义。另外，人们习惯于以花为媒、以花会友、以花传情达意，寄托人们美好的祝愿和感情，在节日庆典与婚丧嫁娶之时用花更多。目前，人们创造出许多专门展示花卉的节日（主题花节），用来丰富文化生活，拉动经济发展。一个国家的花卉消费与其历史文化、教育水平、生活习惯、宗教信仰等有着密切的关系，每个国家都选出特定的花卉来作为民族精神的象征。

花卉消费水平，是指居民在一定时期内所获得花卉产品及服务的实际满足程度，通常用年人均花卉消费额或年人均花卉消费量来综合反映。花卉消费水平的高低受社会经济发展状况制约，地理区位、社会文化背景、人们的消费习惯和意识等也对其产生重要影响。随着社会的进步和人民生活水平的提高，花卉日益成为人们在社会交往、礼仪庆典及日常生活中不可缺少的消费品。

在长期的社会进步与文化交往过程中，各国逐渐形成自己具有特色的花卉消费行为与消费方式，影响着花卉消费量和消费走势。探讨影响主要国家花卉消费的社会因素，对于开拓国内外花卉市场，有序地发展花卉生产与国内外贸易具有重要意义。本节以美国、德国、荷兰、日本、中国为例，分析各自的社会发展与花卉生产消费的特点。

一、美国的文化与花卉消费

（一）美国的历史文化

美国是一个由移民组成的国家。二战后，美国吸引了大批来自全球、特别是贫穷国家的优秀科技人才，苏联解体后，美国又吸收了大量的顶尖极优秀前苏联专家，使美国获得实现科技创新的最重要人才群，让美国的科学技术遥遥领先全球，继而使其经济得以较长时间的持续快速发展，成为世界上经济文化最发达的国家。

2007 年，全美人口 30200 万。白人约占 84%，黑人约占 13%，亚裔约占 3.3%，华人约 160 多万，多已加入美国籍。56% 的居民信奉基督教新教，28% 信奉天主教，2% 信奉犹太教，4% 信奉其他宗教，不属于任何教派的占 10%。移民型国家营造了一种高度尊重个人权利的法律基础，也为国民个性化和创造性的发挥提供了环境；多民族、多人种、多元文化的共存有助于发育丰富多彩的花卉文化；另外，宽松的住宅与庭院，使得美国花卉消费具有了形式多样的特点，花卉文化比较发达，花卉消费市场广阔。

(二)美国花卉消费特点

美国的集团花卉消费较少，礼品、个人、家庭消费较多。家庭花园消费量大，种类多，具有特色。美国花卉消费方式多样，年销售总额195亿美元。美国大约有花卉批发商1000家，但数量在不断减少，因为花卉种植企业和进口商越来越多地参与花卉直销。美国切花销售渠道主要靠花店，占47%，其次是超市，占27%；而盆花主要销售渠道是由超市(占22%)、园艺中心(占18%)、零售花商(占16%)、家居市场(占13%)、仓储式俱乐部/折扣店(占12%)和互联网零售商(5%)、其他销售方式(占14%)构成。全

表1-4-1　美国切花和盆花的主要销售渠道与比例(%)

切　花		盆　花	
销售渠道	比例(%)	销售渠道	比例(%)
零售花商 Retail Florists	47	超市 Supermarkets	22
超市 Supermarkets	27	园艺中心 Garden Centers	18
互联网零售商 Internet Retailers	7	零售花商 Retail Florists	16
仓储式俱乐部/折扣店 Warehouse Clubs/Discounters	6	家居市场 Home Improvement	13
家居市场 Home Improvement	1	仓储式俱乐部/折扣店 Warehouse Clubs/Discounters	12
其他 Other	12	互联网零售商 Internet Retailers	5
		其他 Other	14

美花店数为22750个，每花店平均雇员5人，所服务人口规模为13186人，人均年花卉消费额31美元(见表1-4-1)。

据调查，美国40~50岁女性是最典型的花卉购买人群，购买的花卉有67%用于送礼，33%由自家享用。最畅销的花卉依次为：月季、康乃馨、菊花 、百合、六出花、郁金香、非洲菊、紫菀、洋兰、唐菖蒲。

美国日常花卉消费不很多，主要是节日庆典消费。美国有22个节日(见表1-4-2)，其中圣诞节、元旦、情人节最重要。花卉最畅销的节日排序为：圣诞节、母亲节、情人节、复活节/逾越节、秘书节、感恩节、万圣节。各个节日的庆祝内容见表1-4-2 。

表1-4-2　美国的节日及其文化特点

序号	节日名称	文化特色
1	圣诞节(Christmas Day)	每年12月25日，基督徒庆祝基督诞生的日子，是美国最隆重的节日
2	元旦 (New Year's Day)	每年1月1日庆祝新的一年开始。人们举办各种各样的新年晚会，到处可以听到“辞旧迎新”的钟声，为美国的联邦假日
3	林肯诞辰(Abrahmm Lincoln's Birthday)	每年2月12日，庆祝林肯诞辰，为大多数州的节日

（续）

序号	节日名称	文化特色
4	情人节，圣瓦伦丁节（St. Valentine's Day）	2月14日，是3世纪殉教的圣徒圣瓦伦丁逝世纪念日。情人们在这一天互赠礼物，故又称"情人节"（the lovers day）
5	华盛顿诞辰（George Washington's Birthday）	每年2月22日，庆祝华盛顿诞辰，为美国的联邦假日
6	圣帕特里克节（St. Patricks Day）	每年3月17日，是悼念爱尔兰的守护神圣帕特里克的节日
7	复活节（Easter Day，Easter Sunday）	在每年春分后月圆第一个星期天，约在3月7日左右。该节是庆祝基督（Jesus Christ）的复活，人们吃复活节彩蛋（Easter Eggs），是美国的联邦假日
8	愚人节（April Fools' Day）	每年4月1日。该节出自于庆祝"春分点"（Venal equinox）的来临，在4月1日受到恶作剧愚弄的人称为"四月愚人"（April Fools）
9	母亲节（Mother's Day）	每年5月份的第2个星期日，政府部门和各家门口悬挂国旗，表示对母亲的尊敬。在家里，儿女们和父亲给母亲买些礼物或做些家务
10	阵亡烈士纪念日（Memorial Day）	每年5月份的最后一个星期一，纪念为美国献身的阵亡烈士，为美国的联邦假日
11	国旗日（National Flag Day）	每年6月14日，庆祝国旗的升起
12	父亲节（Fathers Day）	每年6月份的第3个星期天，表示对父亲的尊敬。在家里，儿女们和母亲给父亲买些礼物
13	独立日（Independence Day）	每年7月4日，庆祝美国1776年建国，为美国的联邦假日。相当于国庆节
14	劳动节（Labor Day）	每年9月份的第一个星期一，表示对劳工的敬意，为美国的联邦假日。与国际劳动节不同
15	哥伦布日（Columbus Day）	每年10月12日，纪念哥伦布在北美登陆，为美国的联邦假日
16	万圣节（Hmlloween；Eve of All Saints Day）	每年10月31日，孩子们多化装成鬼，打着灯笼或点燃篝火尽情地玩耍
17	万灵节（All Souls Day）	每年11月2日，是祭奠所有死者灵魂之日
18	退伍军人节（Veterans Day）	每年11月11日，表示对退伍军人的敬意
19	感恩节（Thmnks Giving Day）	每年11月最后一个星期四，感谢上帝所赐予的秋收，为美国的联邦假日
20	美国大选日（Election Day）	每年11月份的第二个星期的星期二，为美国总统选举日
21	清教徒登陆纪念日（Forefathers Day）	每年12月21日，纪念清教徒在美洲大陆登陆
22	春节（The Spring Festival）	每年农历正月初一，是美国亚裔特别是华裔最隆重的节日。随着中国的强大，其他人种和民族也开始庆贺春节。逐渐成为美国全民性节日

另外，美国各州还有自己的花卉节日，极大地促进了花卉消费与文化发展。美国各州在法规的制定上基本自成一体，各州自己的节日或各地区的节日更加琳琅满目。如：新泽西州的志愿消防队员日（1月的第二个星期日）和新泽西大洋城可爱的婴儿节（8月）；犹他州的拓荒者日（7月24日）；加利福尼亚的加入合众国日（9月9日）；阿拉斯加的阿拉斯加日；

芝加哥的湖滨节（10月8日）以纪念密执安的湖水救了芝加哥大半个城市，使之免被大火烧尽；新墨西哥州哈奇城有独具一格的辣椒节庆祝活动（9月5日）；俄勒冈州的围牛节（9月），地处美国西陲边缘的俄勒冈是牛仔之乡，围牛节为期4天，人们赛马、骑牛，不亦乐乎；纽约曼哈顿伊萨库阿城的马哈鱼节（10月5～6日）。还有，洛杉矶的玫瑰花节，科罗拉多州的音乐节，蒙特罗市的诚实节，荷兰人在密歇根兴起的郁金香节。

二、德国的文化与花卉消费

德国位于欧洲中部，东邻波兰、捷克，南接奥地利、瑞士，西接荷兰、比利时、卢森堡、法国，北与丹麦相连并临北海和波罗的海，是欧洲邻国最多的国家，号称欧洲走廊。地势北低南高，可分为4个地形区：北德平原，平均海拔不到100m；中德山地，由东西走向的高地块构成；西南部莱茵断裂谷地区，两旁是山地，谷壁陡峭；南部的巴伐利亚高原和阿尔卑斯山区，其间拜恩阿尔卑斯山脉的主峰祖格峰海拔2963m，为全国最高峰。

（一）德国的历史文化

2006年，德国人口8300多万，主要是德意志人，有少数丹麦人和索布族人。有728.8万外籍人，占人口总数的8.8%。通用德语。居民中31.75%的人信奉基督教，32.06%的人信奉罗马天主教。

德国境内在公元前就居住着日耳曼人，公元2～3世纪逐渐形成部落。10世纪形成德意志早期封建国家；13世纪中期走向封建割据；18世纪初奥地利和普鲁士崛起，1815年组成了德意志邦联；1871年建立了统一的德意志帝国；1914年挑起第一次世界大战，1918年战败崩溃；1933年希特勒发动第二次世界大战，1945年5月8日战败，德国分别由美、英、法、苏四国占领，1948年6月西部占领区成立了德意志联邦共和国，同年10月7日，东部的苏占区成立了德意志民主共和国，分裂为两个主权国家；1990年德国重新统一。

德国是一个极富特色的国家，战败后的经济奇迹般的崛起更是比日本具有戏剧性。在历史饱经战火和蹂躏，又疯狂践踏过无数生灵的德国，反而有很大的花卉消费市场，其花卉文化根源、花卉消费方式的产生、花卉消费的动力来源值得探究。

（二）德国花卉消费特点

德国购买花卉主要用于个人消费，节日期间花卉最畅销。德国的重要节日有8个，其中圣诞节、元旦、情人节、狂欢节最重要，花卉消费也最多。各种节日期间花卉消费特点如下：

（1）圣诞节　圣诞节是德国最重要的节日。圣诞节的假期是12月25～26日，但很多的企业和政府机关从12月24日放到1月2～3日。每年进入12月，各地的商店和街道就开始披上节日的盛装，城市的议会门前或广场总要做一棵大的圣诞树，各种圣诞节的时令商品堆满货架。节前人们忙着采购鲜花、家庭圣诞树、圣诞礼物和各种“年货”。

(2)元旦　元旦的庆祝活动主要在除夕，即12月31日夜晚举行。晚上很热闹，人们燃放鞭炮(不过现在管理很严)，迎接新年的到来。为了欢庆新年，很多大的城市都要放烟火，举办音乐会。很多学生在元旦之前给教师和亲朋好友寄送祝福的贺卡。

(3)狂欢节　2月10日左右是狂欢节。这一节日在科隆、美因茨等沿莱茵河流域的城市流行，庆祝规模盛大。这一天人们着盛装，戴上各种假面具，载歌载舞到街上游行。各种花卉与其他装饰物装扮的彩车驶上街头，站在车上的人们向街道两旁的人群撒糖果、巧克力和玩具等。狂欢节不分男女老少，脸上化妆，穿奇装异服，翩翩起舞，场面壮观热烈。很多地方结束游行后到酒店举行传统的鱼宴狂欢节。

(4)复活节　复活节是德国的第二大传统节日，它是最古老的基督教节日。复活节在每年过春季月圆后第一个星期日和星期一，日期不固定，一般在3月底4月初。复活节放假两天，与花卉消费有关。

(5)国庆节　10月3日是德国的国庆节，过去在东德和西德同庆这一节日，放假一天，花卉消费量较大。

(6)慕尼黑啤酒节　慕尼黑啤酒节是一个地方性的传统节日，也称十月节，特别受旅游者欢迎。每年都有世界各地的游客云集慕尼黑，在当地各大啤酒厂的节日帐篷内畅饮啤酒，啃着烤鸡，气氛热烈。十月节举行庆祝活动，披节日盛装的巴伐利亚人载歌载舞，几匹大马拉着啤酒桶缓缓经过闹市，揭开十月节的序幕。游人的增加，带动花卉消费。

(7)大学开门日　德国的大学冬季学期开学前或后，很多大学都要举办庆祝活动，庆祝新学年的开始和欢迎新同学。庆祝活动有学习咨询服务，优惠价出售图书，风味小吃和演唱会。有很多的学生会出售自己有意义的作品，还有的会送鲜花。

(8)爱情游行　在柏林，爱情游行已成为年轻人的盛大节日，同时也有中年人参加。街道充满激动的人群，激情的音乐，动感的舞姿，游人也会加入庆祝活动中。

三、荷兰的文化与花卉消费

荷兰全称为“荷兰王国”，国土总面积为41864km^2，全国划分为12个省，省下设489个市镇，首都阿姆斯特丹(Amsterdam)，政府所在地海牙(The Hague)。荷兰，位于欧洲西部，东面与德国为邻，南接比利时，西、北濒临北海，地处莱茵河、马斯河和斯凯尔特河三角洲，海岸线长1075km。全境为低地，25%土地的海拔不到1m，25%的土地低于海面，沿海有1800km的海坝和岸堤。13世纪以来共围垦约7100km^{2}的土地，约相当于全国陆地面积的20%。

(一)荷兰的历史文化

荷兰于1463年正式成为国家，16世纪前处于封建割据状态，16世纪初受西班牙统治，1648 年西班牙正式承认荷兰独立。荷兰在 17 世纪曾为海上殖民强国，是继西班牙之后世界上最大的殖民国家。18 世纪后，荷兰殖民体系逐渐瓦解，1848 年成为君主立宪国，1940 年 5 月被德国军队侵占成为流亡政府，1945 年恢复独立加入北约和欧共体及欧盟。近几十年来，荷兰成为西方十大经济强国之一。荷兰是最早承认中华人民共和国的西方国家之一，但中荷交往始于 17 世纪初。近 20 年来，两国友好交往与经贸得到较大发展。

荷兰自然资源相对贫乏，但陆海空各类运输占欧盟交通市场总额的 30%。荷兰农业发达，跻身于世界畜牧业最发达国家的行列，控制着世界种球贸易量的一半以上。荷兰是花卉生产、消费、贸易大国，享有“欧洲花园”的美称。花卉出口占国际花卉市场的 40% ~50%。2006 年人均花卉消费为 86 欧元，全国花卉消费总额为 13.76 亿欧元。荷兰花卉发展得益于其雄厚的农业基础、便利的交通、发达的贸易、巨大的欧洲市场，也借助于其农业文明和历史文化。

荷兰人口 1860 万，90% 以上为荷兰族，此外还有弗里斯族。官方语言为荷兰语，弗里斯兰省讲弗里斯语。居民 31% 信奉天主教，21% 信奉基督教。镌刻在荷兰国徽上的“坚持不懈”字样，恰如其分地刻画了荷兰人民的民族性格。在文化建设方面，荷兰巧妙地将荷兰四宝(风车、郁金香、奶酪、木鞋)与花卉产业结合，相得益彰，成为了荷兰的国家商标和名片，充分展现了荷兰人对外来文化的态度和创造力。

郁金香是荷兰的国花，但非荷兰原产，部分产于中国。荷兰人非常爱郁金香，在他们的生活中郁金香已经是必不可少。每逢集市、花展，郁金香总可以充当主角。除了鲜花之外，还有干花制品。郁金香从播种到开花需要 7 年，除非有毅力的民族之外，从事郁金香的品种培育是不可想象的，如今荷兰育出数以千计的郁金香品种，成为了荷兰精神的重要象征。

(二)荷兰的花卉消费特点

荷兰具有完整的社会保障体系，居民福利水平较高，贫富差距不明显。2001 年 GDP 为 22317 亿欧元，全年国民消费总支出为 2129.05 亿欧元。2000 年生活舒适的家庭占 53%，收支大体相等的占 38%，生活困难的占 9%。2000 年家庭耐用消费品普及率也很高，汽车 72%，彩电 99%，录像机 79%，冰柜 71%，洗衣机 95%，洗衣烘干机 53%，摩托车 8%，自行车 200%，电话 100%，家用电脑 64%。这些社会保障为荷兰的花卉消费奠定了坚强的基础。

荷兰个人花卉消费较多，花卉文化成熟，一部分为节日消费。荷兰的主要节日有 11 个，但是花卉最热销的是新年、郁金香节、圣尼古拉斯前夜、解放日(二战期间盟军解放荷兰日)。

表 1-4-3　荷兰的主要节日

序号	节日名称	由来与庆祝内容
1	新年 Nieuwjaar	1 月 1 日，最重要的节日
2	郁金香节	3 月末至 5 月 20 日左右，在荷兰著名的霍克霍夫(keukenhof)公园举行，吸引很多人前去观赏郁金香和其他花展，门票 12.5 欧元
3	情人节 Valentines Day	2 月 14 日，是 3 世纪殉教的圣徒圣瓦伦丁逝世纪念日。情人们在这一天互赠礼物，故又称"情人节"(the lovers day)
4	复活节 Pasen	4 月 1 ~3 日，复活节放假两天
5	女王日 Koninginnedag	也叫国庆日，4 月 30 日。是为了庆祝女王的生日，现在的女王日是现女王母亲的生日，因为这时气候比较适宜
6	死难纪念日 Dodenherdenking	5 月 4 日，纪念二战死难者
7	解放日 Bevrijdingsdag	5 月第二个周二，庆祝 1945 年荷兰从德国占领中解放（二战期间盟军解放荷兰日）
8	Ascension Day，Hemelvaartsdag	复活节后第 40 天
9	Pentecost Pinksteren	复活节后第 7 周，放假两天
10	圣尼古拉斯前夜 Sinterklaas	12 月 5 日，荷兰传统节日，俗称荷兰圣诞节。一般给孩子带来礼物
11	圣诞节 Kerstmis	12 月 25 日，12 月 26 日，放假两天

四、日本的文化与花卉消费

日本位于太平洋西岸，是一个由东北向西南延伸的弧形岛国。陆地面积 377880km^2。

(一) 日本的历史文化

总人口约 1.28 亿(截至 2006 年 2 月)。主要民族为大和族，北海道地区约有 2.4 万阿伊努族人，少量人会阿伊努语。主要宗教为神道教和佛教，信仰人口分别占宗教人口的 49.6% 和 44.8%。人种、民族、文化比较单一。

日本是世界上最富有的国家之一。日本在第二次世界大战中战败，之后奉行"重经济、轻军备"的路线，20 世纪 60 年代末成为西方第二经济大国。目前，日本 GDP 约占世界总量的 15%。日本是世界上最大的债权国，外汇储备为世界第二，民间金融资产雄厚，拥有海外总资产约 1.5 万亿美元。但是，国外资本进入日本很少，外资金额仅占日本 GDP 的 2%。日本与中国的关系密切。1972 年 9 月 29 日，中日两国政府发表《联合声明》，实现邦交正常化，两国民间交往日益密切，缔结友好城市 228 对。目前中国则是日本的第一大贸易对象国。

日本资源贫乏，90% 以上依赖进口，其中石油完全依靠进口。森林面积约为 2512 万 hm^2，占国土总面积的 2/3，是世界上森林覆盖率最高的国家之一。而木材自给率仅为 20% 左右，是世界上进口木材最多的国家。另外，日本的专属经济区面积约相当于其国土的 10 倍，渔业资源丰富。日本农业构成中花卉具有重要地位，如日本主要农产品的自给率较低

(2005 年)，水稻 95%、小麦 14%、大豆 5%、蔬菜 79%、水果 41%、牛肉 43%、猪肉 50%、鸡肉 67%、牛奶 60%、鸡蛋 94%、水产 50%，但花卉自给率约 82%，位于所有发达国家之首。

(二)日本花卉消费特点

日本是花卉文化高度发达的国家之一，周年消费花卉。日本花卉流通以交易市场为主，95% 的切花、75% 的盆花和花坛苗经交易市场流通。日本花店 70% 的花卉销售额来自于礼品用花，自家用花很多从超市购买。日本平均 4600 人有一家花店，是英、法等国人均花店数的 20 倍。在花店买花的基本是女士，年龄在 17 ~ 50 岁之间为多，男士大多通过网络购买鲜花。

日本花卉消费的普及和多样化明显，一个家庭年园艺产品消费额为 2.3 万日元，人均鲜切花消费量 1992 年为 40 支，仅次于荷兰、德国、丹麦、英国，居第 5 位。传统的消费方式为家庭用、祭古和业务用，现在家庭用数量增加，而祭古和业务用的数量减少，而且家庭用和祭古用有高级化倾向，邮送祝贺用花也较普遍。另外，各种观光花园也是消费的一大特色，仅静冈县就有又可生产又可对外开放观光的花卉场 35 家之多。花卉消费普及的原因，一是人们对身心健康的追求，二是有赖于形式多样的消费文化宣传。

目前，日本约有 30% 的家庭参与花卉消费，市场开发潜力还很大；其次是日本老龄化社会的到来，参与家庭园艺等活动使其“老有所为，老有所用”意识提高，能有效降低老年痴呆症，因此老年人的园艺需求增加；另外，日本政府和有关行业团体大力推动“家庭园艺热”的升温，将成为家庭消费和住宅消费的增长点。

日本统计的花卉是最终需求消费，花木类总额为 1.2 百万日元。但是，其中不包含花坛用材料。将肥料、农药和木制品加起来有 1.8 百万日元左右的市场规模。业务用和家庭用切花和 盆花(含花坛苗)的比率在变化，10 年前为 8∶2；现在为7∶3。经济的不景气导致花卉业务用花减少，但礼品需求增加。

日本花卉消费需求随月份发生变化，花卉消费与节日有密切关系。与花卉消费密切相关的主要节日有：在春分、3 月的毕业季节，4 月份入学仪式期间，5 月份的母亲节前后，鬼节(BON 节，农历八月十三日)，老人节(9 月 15 日)，清明节，元旦。在母亲节购买花束送给母亲，以康乃馨为主；在老人节消费敬老花束，以玫瑰为主；在鬼节，要非常隆重地纪念去世第一年的人；在清明节不赠送鲜花，以自购自用为主，品种主要是百合、菊花、白月季等。在 12 月的圣诞节、新年节日期间，用花量骤增。元旦临近的 12 月下旬，公共机构、商家的礼品用花增加，以消费高价格的花卉为主。日本有 12 天法定的国民节日，在这些日子里学校、机关、企业都放假，能够带动花卉消费(见表 1-4-4)。

表 1-4-4　日本法定节日与花卉消费

序号	节日	日期	内容
1	元旦	1 月 1 日	是人们为祈求在新的一年能幸运、幸福，拟定一年计划的日子，多到神社或附近的寺庙去做第一次的参拜
2	成人节	1 月 15 日	各地在这一天把成为成年人的青年集中起来，举行庆祝活动，勉励他们要依靠自己勇往直前
3	建国纪念日	2 月 11 日	追思建国之日，纪念公元前 660 年第一代天皇即位的日子
4	春分	日历上的春分日	歌颂自然，爱护生物
5	天皇诞生日	12 月 23 日	天皇、皇后在皇宫接受国民进宫朝贺
6	宪法纪念日	5 月 3 日	纪念日本国宪法的实施(1947 年 5 月 3 日施行)
7	儿童节	5 月 5 日	尊重孩子人格，谋求孩子幸福，同时也感谢母亲
8	敬老节	9 月 15 日	各地把老年人召集在一起，举行演艺会，馈赠纪念品，向他们祝贺长寿
9	秋会	日历上的秋分日	敬祖先、思亡灵
10	体育节	10 月 10 日	热爱体育活动，培养健康的身体，这是为纪念 1964 年 10 月 10 日举行的东京国际奥林匹克运动会而设立的
11	文化节	11 月 3 日	1945 年以前，这一天作为明治天皇的生日举行庆贺活动。战后，它的主题被定为“爱自由，爱平等，促进文化发展”
12	感谢勤劳节	11 月 23 日	提倡勤劳，庆贺生产发展，国民之间相互感谢

表 1-4-5　日本民间节日与花卉消费

序号	节日	日期	内容
1	女孩节	3 月 3 日	祝愿女孩子将来幸福的节日。这一天，人们模仿昔日宫廷的风俗，把漂亮的木偶和桃花摆在一起，喝糯米酿成的甜酒
2	端午节	5 月 5 日	也叫男孩节，祝愿男孩子健壮成长的节日。这一天，人们装饰起武士木偶，还在屋檐上插菖蒲、竖起鲤鱼旗、吃柏饼
3	七夕	7 月 7 日	这一天庆祝在银河两岸的牵牛星与织女星一年一度的相会。人们在庭院前供上玉米和茄子，把写有歌词的五彩诗笺装饰在细竹上，祈祷女孩子的手艺像织女一样灵巧
4	盂兰盆会	8 月 15 日左右	这一天在城里工作的人都要回到家乡，在祖先灵前供上许多食品，祈祷祖先亡灵冥福。在小镇和农村生活的人还要穿着夏季的单和服跳盂兰盆舞
5	赏月	阴历八月十五日和九月十三日夜晚	月圆之时，用麦芒装饰门窗，以酒和团子供奉月神，祈祷度过顺利、美好的秋天
6	彼岸	春分、秋分前后 7 天	这期间祭祀先祖亡灵，举行佛事，前往扫墓
7	七、五、三节	11 月 15 日	3 岁和 5 岁的男孩、3 岁和 7 岁的女孩穿上鲜艳的和服去参拜神社，以此保佑他们在成长道路上一帆风顺。日本人认为奇数是吉利的数字，故从中选了这三个年龄

另外，日本还有许多乡土传统活动，也可能带动花卉消费。代表性的有秋田县横手地区的“做雪屋”（新年期间），入夜后孩子聚集在雪屋里，喝甜酒、吃甜饼；札幌的雪祭(2 月第一个星期五至星期天)，以动物、神

话及传说等为题材，排列着大小各种雪像，通常是在札幌的大街公园里举行；博多的"顿达节"(5 月 3 日至 15 日)，是荷兰语 Zondag 之误传，休假的意思，人们化装成神仙骑着马或者让穿着盛装的孩子站在彩车上，成群结队、热闹非凡地通过街市，此外还举行形形色色的文艺演出。

五、中国的文化与花卉消费

我国有着 5000 年的悠久历史与光辉灿烂的文化，在诗词歌赋中涉及花的很多。同时，我国自古以来就是一个统一的多民族国家，被中央政府确认的民族共有 56 个，各民族结成了平等、团结、互助的社会主义民族关系。中国 13 亿人口，构成巨大的潜在花卉市场。

(一)中国历史文化

中国少数民族人口少，分布广，主要分布在边远地区。中国少数民族地区地域辽阔，截至 1997 年，民族自治地方总面积达 616.29 万 km^2，占全国总面积的 64.2%；草原面积 3 亿 hm^2，占全国草原面积的 75%，中国著名的 5 大天然牧区，都在少数民族地区；森林面积 5648 万 hm^2，占全国的 43.9%；林木蓄积量 52.49 亿 m^3，占全国的 55.9%；水力资源蕴藏量 4.46 亿 kW，占全国总量的 65.9%。此外，民族地区还有丰富的旅游资源和花卉文化资源。

新中国成立后，中国政府对少数民族实行了宽于汉族的生育政策，使得少数民族人口的增长速度高于全国平均水平。全国五次人口普查结果表明，中国少数民族：1953 年 7 月 1 日为 3532 万人，2000 年 11 月 1 日为 10643 万人。另外，中国各民族分布特点是大杂居、小聚居、相互交错居住。这种分布格局是长期历史发展过程中各民族间相互交往、流动而形成的，这为文化交流提供了保证，使得我国的文化底蕴极为丰厚。

中国还是一个多种宗教国家，主要有佛教、道教、伊斯兰教、天主教、基督教等，公民有宗教信仰自由，可以进行一切正常的宗教活动。少数民族群众大多有宗教信仰，有的民族群众性地信仰某种宗教，如藏族群众信仰藏传佛教。各种宗教文化的交流与渗透，也促进了花卉文化的发展。

(二)中国花卉消费特点

我国花卉消费的特点是，公共环境消费多、礼品消费量大、个人消费较少。但是，最近在北京等发达城市开始出现转机，个人家庭消费增长较快，2007 年集团消费与个人消费持平。1998 年以来的各类花卉销售结构(见表 1-4-6)显示出我国花卉产业以传统的绿化苗木和集团采购为主。近 15 年来，我国花卉产业格局没有很大改变，即以观赏苗木、盆栽植物和切花切叶三大类为主，以草坪、种子、种球、种苗、食用药用及其他为辅。1988～2010 年间各类花卉产品销售额比重的平均值为：观赏苗木 45.56%；盆栽植物 27.21%；而主要用于个人消费的切花切叶仅占

13.3%；工业食用花卉约占6.79%；种子、种球、种苗约占4.22%；草坪约占2.63%(见表1-4-6)。

表1-4-6　1998~2005年间我国花卉产品结构变化情况(比例%)

年　份	1998	2000	2002	2004	2006	2008	2010	平均
销售总额(亿元)	105.3	158.2	194.0	430.6	556.2	666.9	861.9	-
切花切叶	15.43	15.09	16.34	11.40	10.88	11.71	12.28	13.30
盆栽植物	25.58	32.83	27.11	24.15	28.41	29.25	23.17	27.21
观赏苗木	43.77	38.93	42.70	50.06	47.99	45.69	50.44	45.65
种子种球种苗	3.62	5.88	3.74	6.16	4.38	3.46	2.34	4.22
草　坪	3.81	0.77	3.64	2.97	2.78	2.47	2.03	2.63
食药工业用花卉	7.78	6.49	6.48	5.2	5.56	7.07	8.9	6.79
合　　计	100	100	100	100	100	100	100	100

注：资料来源于1998~2010年《中国农业统计资料》，数据按各类花卉销售额计算出的比例。

在我国，18~35岁的男性是典型的花卉购买人群，所购花卉的80%作为礼品，很少购买自用花卉。随着经济发展，自用花卉销售会增加。另外，花卉消费有明显的季节性。最畅销的节日排序是：情人节(St. Valentine's Day)、春节(The Spring Festival)、母亲节(Mother's Day)、中秋节(Mid-Autumn Festival)、国庆节(National Day)、劳动节(Labor Day)、圣诞节(Christmas Day)。另外，在不同节日需要用不同的花卉。

1. 中国的传统节日

中国重大的传统节日有以下9个，按照农历来分，顺序如下。农历正月初一春节(The Spring Festival)；农历正月十五元宵节(Lantern Festival)；清明节(Tomb-sweeping Day)(阳历4月5日前后的清明节气)；农历五月初五端午节(the Dragon-Boat Festival)；农历七月初七乞巧节(中国情人节)(Double-Seventh Day)；农历八月十五中秋节(Mid-Autumn Festival)；农历九月初九重阳节(Double Ninth Festival)；农历腊月初八腊八节(Laba Rice Porridge Festival)；农历腊月二十四传统扫房日。

目前，我国多数传统节日用花种类尚未确定，应该特别重视与这些节日相适应的花卉文化的开发与建设，在花卉消费上需要正确引导。其中，重点是春节。这是我国民间最隆重、最热闹的一个传统节日。春节的历史很悠久，它起源于殷商时期年头岁尾的祭神祭祖活动。按照我国农历，正月初一古称元日，民国时期改用公历，把公历的1月1日称为元旦，农历的一月一日叫春节。春节主要消费高档盆花与绿植。目前，我国春节花卉文化已基本成熟，并形成了我国独特的"年宵花"文化现象。需要进一步培养与弘扬。

2. 中国法定节日

中国的法定节日有：元旦(1月1日)，全国放假1天；春节，全国放假3天；国际妇女节(3月8日)；植树节(3月12日)；清明节，全国放假1天；国际劳动节(5月1日)，全国放假1天；中国青年节(5月4日)；国际护士节(5月12日)；国际儿童节(6月1日)；端午节，全国放假1

天；中国共产党诞生纪念日（7月1日）；中国人民解放军建军节（8月1日）；教师节（9月10日）；国庆节（10月1日），全国放假3天；中秋节（农历八月十五），全国放假1天；记者节（11月8日）。这些节日中除了春节外，绝大多数还没有确定节日用花，花卉消费文化需要培养。

3. 中国少数民族节日

我国有56个民族，除了汉族之外的各少数民族也都保留着自己的传统节日，诸如傣族的泼水节、蒙古族的那达慕大会、彝族的火把节、瑶族的达努节、白族的三月街、壮族的歌圩、藏族的藏历年和望果节、苗族的跳花节，等等。许多节日与花卉有关，需要发扬光大。

①彝族插花节。插花节是一个颇具特色的彝族传统节日，又叫“马缨花节”。插花节每年农历二月初八举行，一般要持续3天，以云南大姚县昙华山区的插花节最为隆重盛大。插花节的来历说法很多，流传最广的是咪依鲁传说。相传咪依鲁是位聪明美丽的彝族姑娘，为使众姐妹免遭恶霸凌辱，假意以身相许，在婚礼上与恶霸共饮放有马缨花的毒酒，牺牲自己，为民除害。为此，每年马缨花开花之时，昙华山彝族就要举行盛大的插花节，纪念美丽善良的咪依鲁。

插花节期间，人们摘来各色鲜花，编扎成花团锦簇的牌坊、花帆象征吉祥如意。在房前田间和牛羊上插花，祈愿五谷丰登，六畜兴旺；人们也互相插花，寄托吉祥如意、和顺安康的美好祝福。晚辈要给长辈插在头饰上、衣服上，祝福他们幸福吉祥。长辈也要给晚辈插，祝愿他们健康快乐。彝族同胞还会穿上节日盛装，带上美酒佳肴，手捧鲜花，兴高采烈地唱起山歌，跳起左脚舞，尽情欢乐，互祝吉祥。

插花节也是青年男女表达爱情的节日。在这天，钟情的青年男女，以互相插花为订婚礼。小伙子把鲜艳的山茶花插在姑娘的包头上，姑娘也把马缨花插在小伙子吹的芦笙上，欢聚唱歌跳舞，通宵达旦，尽情欢乐。

②傣族采花节。采花节在云南景谷傣族彝族自治县永平镇的傣族中较为流行。每逢傣历“泼水节”前夕（公历4月中旬），傣族都要到山上采来娇嫩欲滴的鲜花到缅寺敬献给佛祖帕照，祈福佛祖多多降福给百姓。这一传统的活动当地人称之为“采花节”。

采花节前，人们要沐浴，换上最漂亮的衣裳。节日一大早，各村寨男女老少身着盛装，手提花篮，肩挎“筒帕”成群结队来到寨子外的青山上、小河边，怀着虔诚的心情采摘饱含露珠的各种野花。休息时男女青年伴随着象脚鼓跳民族舞蹈。殷勤的小伙子们将杜鹃花、桃花、李花编扎成花环送给自己喜欢的姑娘。如果姑娘也喜欢小伙子，便含羞地接过小伙子手中的花环，这时伙伴们便会追逐着姑娘，发出一阵阵欢快的笑声。如果姑娘不喜欢小伙子，则不接花默默走开，小伙子只得拿着鲜花另找意中人。太阳出来后，小伙子们吹响了竹瑟，姑娘们唱起了质朴动听的山歌，悠扬的歌声回荡在山间。中午饭过后，人们将采回的鲜花精心捆扎成束，或编成花环，或做成花房，然后敲锣打鼓，举着彩幡，带着精美的食品鲜果走向缅寺。人们捧着鲜花，载歌载舞绕缅寺走一圈，然后三三两两有秩序地走进缅寺，将花束、花房和食品鲜果献在佛龛前，并向佛像叩头。口中念念有词，诉说心中的愿望，祈求佛祖保佑、实现心愿。

③苗族花山节。花山节是苗族传统节日，又叫“跳场”、“跳花”、“耍花山”、“踩花山”，主要流行于滇东北、滇南的苗族村寨。各地时间不一，云南屏边、蒙自、河口等地苗族于每年的正月初二至初七举行一年一度的花山节，滇东北和滇南一带苗族则于每年农历六月初六举行。每到花山节，四面八方的苗族人民穿着精心缝制的节日盛装来到集会场，吹起芦笙，跳起欢乐的芦笙舞，男女老少自己选择对手举行对歌比赛。同时还要举行千百年来深受苗族人民喜爱的穿花衣、斗牛、跳狮子、赛马、射击、射弩、登山以及篮球、拔河等体育比赛活动，进行商品物货交流。斗牛和跳狮子是深受苗人喜爱的娱乐活动，优胜者披红挂彩，十分荣耀，还会得到一定的奖品或奖金。云南永善县和屏边苗族自治县等地的花山节比较隆重，有时甚至达数万人。

花山节的重要标志是花杆，一般要选择高大挺直、滑溜的松或柏做成，用五颜六色的鲜花和彩旗做装饰。在节前，要先由大家推举出一位“良心好”的人当“花杆头”，他必须在节日的第一个早晨太阳出山前把花杆栽好。

花山节也为苗族男女青年表达爱意、选择恋人提供了良好的环境和绝佳的机会。男女青年通过在一起对歌、跳舞，得以相见相识，每当相中了合意的人，便双双相约到僻静处互诉衷情。青年男女，一旦相爱，男的要以花裹脚，用花圈腰带赠送姑娘，而女的也以自己千针万线亲手绣制的花帕、包头回赠。

④纳西族三朵节。三朵节是纳西族祭祀本民族的最大保护神——“三朵神”的盛大节日，纳西语叫“三朵硕”，每年农历二月初八和八月举行。相传“三朵神”是玉龙雪山的神灵，是传说中能征善战、济困扶危的英雄，被纳西族千百年来崇奉为保护神。三朵神属羊，因此在每年的二月初八和八月的第一个属羊日，各地纳西族群众都要到白沙河的“三朵阁”，杀羊祭祀供奉在庙里的三朵神像。

除了祭神，人们还举行赛马、对歌、跳舞等各种文体活动和物资交流，还要到离庙不远的玉峰寺，观赏著名的“万朵茶花”。节日期间，除在北岳庙举行节庆活动，纳西族都要在自家举行隆重的祭祀“三朵”仪式。此外，纳西族群众还要举行形式多样、丰富多彩的文娱活动，到野外进行野餐等。

由于二月初八正值茶花盛开，春光明媚，三朵节逐渐形成纳西人民踏青游春的节日。1986 年 8 月，丽江纳西族自治县八届人大常委会通过决议，将农历二月初八的“三朵节”定为纳西族的传统节日。每年这天全县放假一天，并由县政府具体安排各种节日活动，如举办各种展览，群众游园赏花，召开有关学术讨论会等。届时，游人如潮，全城欢腾，昼夜欢歌，热闹非凡。

⑤白族梨花会。梨花会是白族传统盛会，在每年梨花盛开时节举行。

阳春三月，遍布在剑川坝子里、坡地上、河谷间的座座梨园都披上了洁白雅致的素装，棵棵梨树上缀满了绚烂清香的梨花。家家户户携老少孩儿，带上丰盛的食品到梨花树下野炊过梨花节，开展春游活动，热热闹闹，其乐融融。

白族崇尚白色，相传这事惹恼了黑魔鬼，他施展妖术把世间白色的东西全变成了黑色，梨树也枯死了。有一位名叫梨花的白族姑娘，历尽艰险取到了老君山白龙潭里的龙乳。她把龙乳喷在黑魔鬼的身上，黑魔鬼马上变成一块石头，枯死的梨树重新开出了耀眼的白花。为了纪念为民除害的梨花姑娘，于是人们每年都要举行梨花会。

⑥壮族花婆节。花婆节又称“圣母节”、“花王节”，是壮族最隆重的节日之一。相传每年农历二月初二是花婆（也称“花王”）的诞辰，花婆是主宰人间生育与健康的女神。在壮族传说中，小孩是花婆恩赐人间的礼物。因此，壮族青年男女结婚前，必须带上供品去花婆庙进行祈祷，请求花婆保佑，早日生儿育女。壮族老人去世后，出嫁的女儿要赶回来，在老人的灵柩上插上一束纸花，过后，再把纸花带回自己的家，插在花婆的神龛前，称为“女儿受花”，表示死去的父母已还原为花回到花婆园中，得到了安宁。

节日里，壮族村寨杀猪宰牛，虔诚地举行祭祀仪式，载歌载舞欢娱达旦。各村寨姐妹姑嫂汇集在一起，杀鸡敬花婆，祈求花婆馈赠孩子并保佑儿童健康成长。

⑦藏族看花节。看花节是藏族传统的节日，又称“赏花节”，藏语称为“若木鸟”，即赏花之意。看花节定于每年七八月间举行，那时川西北高原秋高气爽，各类野花竞相开放。藏民们带着食品、帐篷，骑着骏马，成群结队到野外游玩，欣赏山花。他们搭好帐篷，熬好酥油茶，盛满青稞酒，赏花、聊天、饮酒、祝福。晚上，燃起篝火，高歌欢舞。节日期间，还要举行摔跤、赛马等活动。

赏花节也为青年男女谈情说爱提供了机会。男青年往往向心上人献上一朵鲜花，以表达对姑娘的爱慕之情；姑娘如果将这朵花戴在自己的头上，就表示接受了对方的爱。

⑧崩龙族采花节。在云南的崩龙族，又名德昂族，每年春暖花开之际都要举行传统的采花节。在节日里，男女老少穿上新装到山谷林间采集鲜花，把鲜花送给恋人和亲友，表达美好祝愿。采花节也是青年男女表达爱情的节日，青年男女采摘丁香花送给恋人，表示丁香为“结”，对爱情坚贞不渝。

⑨满族年息花节。满族在农历五月举行年息花节，“年息花”就是杜鹃花。这个节日是为了纪念一位聪慧、善良、勇敢、名叫年息的满族少女而举行的。节日里，人们用杜鹃花上的露水清洗眼睛，据说这样可以使眼睛更明亮。

4. 外来的节日

节日可以促进花卉消费。以下按照月份指出一些其他的待开发的节日花卉。目前在我国，情人节花卉文化开发得比较好。

情人节是外来节日，青年男性特别重视情人节，主要送月季(玫瑰)花给女友和情人，在民间，产生了很多约定俗成的文化与花语。月季(玫瑰)代表爱情，但不同颜色、朵数还另有吉意。比较认同的是，红色代表热情真爱；黄色代表珍重祝福和嫉妒失恋；紫色代表浪漫真情和珍贵独特；白色代表纯洁天真；黑色则代表温柔真心；橘红色代表友情和青春美丽；蓝色则代表敦厚善良。

月季(玫瑰)的花枝数代表不同意思。1 朵，我的心中只有你；2 朵，这世界只有我俩；3 朵，我爱你；4 朵，至死不渝；5 朵，由衷欣赏；6 朵，互敬互爱；7 朵，暗恋你；8 朵，感谢你关怀与鼓励；9 朵，长久；10 朵，十全十美；11 朵，最爱；12 朵，对你的爱与日俱增；13 朵，友谊长存；14 朵，为你骄傲；15 朵，对你感到歉意；16 朵，多变不安的爱情；17 朵，绝望无可挽回的爱；18 朵，真诚与坦白；19 朵，忍耐与期待；20 朵，我仅一颗赤诚的心；21 朵，真诚的爱；22 朵，祝你好运；25 朵，祝你幸福；30 朵，信是有缘；36 朵，浪漫；40 朵，誓死不渝的爱情；50 朵，邂逅不期而遇；99 朵，天长地久；100 朵，百分之百的爱；101 朵，最爱；108 朵，求婚；999 朵，我家有钱并永远爱你。另外，月季的枝数与花色组合也有特别的含意。香槟色月季 22 对，代表双双对对；紫色月季 1 枝代表浪漫真情和珍贵独特；紫色月季 56 朵代表爱心久久。

其他需要开发的节日还很多，多数是国际性的。如：2 月 2 日世界湿地日(World Wetlands Day)；3 月 3 日全国爱耳日；3 月 5 日青年志愿者服务日；3 月 8 日国际妇女节(International Women's Day)；3 月 9 日保护母亲河日；3 月 12 日中国植树节(China Arbor Day)；3 月 14 日白色情人节(White Day)；3 月 14 日国际警察日(International Policemen's Day)；3 月 15 日世界消费者权益日(World Consumer Right Day)；3 月 21 日世界森林日(World Forest Day)；3 月 21 日世界睡眠日(World Sleep Day)；3 月 22 日世界水日(World Water Day)；3 月 23 日世界气象日(World Meteorological Day)；3 月 24 日世界防治结核病日(World Tuberculosis Day)；4 月 1 日愚人节(April Fools' Day)；4 月 7 日世界卫生日(World Health Day)；4 月 22 日世界地球日(World Earth Day)；4 月 26 日世界知识产权日(World Intellectual Property Day)；5 月 3 日世界哮喘日(World Asthma Day)；5 月 4 日中国青年节(Chinese Youth Day)；5 月 8 日世界红十字日(World Red-Cross Day)；5 月 12 日国际护士节(International Nurse Day)；5 月 15 日国际家庭日(International Family Day)；5 月 17 日世界电信日(World Telecommunications Day)；5 月 17 日世界高血压日（World Hypertension Day)；5 月 20 日全国学生营养日；5 月 22 日，为国际生物多样性日(International Biodiversity Day)；5 月 23 日国际牛奶日(International Milk Day)；5 月 31 日 世界无烟日(World No-Smoking Day)；6 月 5 日世界环境日(International Environment Day)；6 月 6 日国际爱眼日（National Eye Health Day)；6 月 17 日世界防治荒漠化和干旱日(World Day to Combat Desertification)；6

月 23 日国际奥林匹克日(International Olympic Day);6 月 25 日全国土地日(Land Day);6 月 26 日国际禁毒日(International Day Against Drug Abuse and Illicit Trafficking);7 月 1 日中国共产党诞生日(Anniversary of the Founding of the Chinese Communist Party);7 月 1 日国际建筑日(International Architecture Day);7 月 7 日中国人民抗日战争纪念日(China's War of Resistance against Japan);7 月 11 日世界人口日(World Population Day);8 月 1 日中国人民解放军建军节(Army Day);8 月 12 日国际青年节(International Youth Day);9 月 10 日中国教师节(Teacher's Day);9 月 16 日国际臭氧层保护日(International Day for the Preservation of the Ozone Layer),中国脑健康日;9 月 20 国际爱牙日(Love Your Teeth Day);9 月 21 日世界停火日(World Cease-fire Day);9 月 27 日世界旅游日(World Tourism Day);10 月 10 日世界精神卫生日(World Mental Health Day);10 月 14 日世界标准日(World Standards Day);10 月 15 日国际盲人节(International Day of the Blind),世界农村妇女日(World Rural Women's Day);10 月 16 日世界粮食日(World Food Day);10 月 17 日国际消除贫困日(International Day for the Eradication of Poverty);10 月 24 日联合国日(United Nations Day);10 月 24 日世界发展新闻日(World Development Information Day);10 月 28 日中国男性健康日(Men's Health Day);10 月 31 日万圣节(Hmlloween);11 月 8 日中国记者节(Journalist Day);11 月 9 日消防宣传日;11 月 14 日世界糖尿病日(World Diabetes Day);11 月 17 日国际大学生节;11 月 25 日国际消除对妇女的暴力日(International Day For the Elimination of Violence against Women);12 月 1 日世界爱滋病日(World AIDS Day);12 月 3 日世界残疾人日(World Disabled Day);12 月 9 日世界足球日(World Football Day);12 月 25 日圣诞节(Christmas Day)。

最后,还有一些日期不确定的节日。如:1 月最后一个星期日国际麻风节;3 月最后一个完整周的星期一中小学生安全教育日;春分月圆后的第一个星期日复活节(Easter Sunday)(有可能是 3 月 22 日 ~4 月 25 日间的任一天);5 月第二个星期日母亲节(Mother's Day);5 月第三个星期日全国助残日;6 月第三个星期日父亲节(Father's Day);9 月第三个星期二国际和平日(International Peace Day);9 月第三个星期六全国国防教育日;9 月第四个星期日国际聋人节(International Day of the Deaf);10 月的第一个星期一世界住房日(World Hmbitat Day);10 月的第二个星斯一加拿大感恩节(Thanks Giving Day);10 月第二个星期三国际减轻自然灾害日(International Day for Natural Disaster Reduction);10 月第二个星期四世界爱眼日(World Sight Day);11 月最后一个星期四美国感恩节。

第二章 世界花卉产业发展成功经验

世界范围内花卉的栽培和观赏都有相当长的历史，但花卉产业形成的时间并不长。17 世纪，土耳其的郁金香经由奥地利传入荷兰，掀起了一股“郁金香热”，荷兰举国上下以及欧洲其他国家的一些富人争先恐后加入到投机、炒作郁金香球的狂潮中来，甚至到了不惜变卖房子、家产囤积郁金香球的地步，一个郁金香种球的价值一度与一栋房子或者几十头牲口相抵。虽然这场泡沫很快破灭，但郁金香热让当时的人们认识到了花卉的商品价值，不仅深深地影响了荷兰的农业生产，而且促使荷兰于 20 世纪初诞生了现代意义的花卉产业。

早期花卉生产和消费主要集中在欧美发达国家，直到 20 世纪下半叶，随着发展中国家花卉生产的兴起，花卉产销格局才有了较大变化。

目前，在世界花卉业强国中，有荷兰这样的经济发达国家，也有哥伦比亚、肯尼亚这样的发展中国家，它们的花卉产业称雄世界，发展方式不同，成功路径也各异。总体上，发达国家主要依靠雄厚的品种繁育和技术研发能力、完善的产品质量保障手段，以及运转灵活高效的市场营销体系等，通过重视花卉产业链各环节的紧密衔接，不断提升花卉产业的整体科技水平，形成核心竞争力。发展中国家则利用气候条件、地理位置和相对丰富而又廉价的劳动力资源等，或确定主打产品和主攻市场，只求“一花独放”，如肯尼亚，重点发展切花月季，以出口欧洲市场为主；或专心组织好花卉生产，品种和市场两头在外，形成特有的生产和产品优势，如哥伦比亚（本章后面将有具体介绍）。总而言之，各国都充分利用自身有利条件，整合资源，确定花卉产业发展模式，经过几十年的不懈努力，位居世界花卉强国之列。系统梳理、分析各国花卉产业发展路径及成功经验，对研究确定我国现代花卉产业发展战略，意义重大。

第一节　花卉贸易经验

世界花卉产业早期的产销格局，基本是发达国家的自产自销，主要分布在欧洲和北美两大区域。自 20 世纪 80 年代开始，世界花卉生产格局发生较大变迁，例如美国、荷兰等国家的切花生产向南美和非洲转移，中国、印度、东南亚各国和大洋洲等地花卉产业兴起，花卉贸易格局也随之发生深刻变化。从地域上看，全球花卉贸易有三条主线。第一条是“非洲—荷兰—欧洲”，出口国主要包括荷兰、肯尼亚、埃塞俄比亚等，消费国主要为德国、英国和法国等，产品主要是切花；第二条主线是“南美—北美”，出口国是哥伦比亚、厄瓜多尔，最近新增了哥斯达黎加等，最大消费国是美国，其次是加拿大通过美国进口一些南美花卉，产品也是以切花、切叶为主；第三条主线是“亚洲、大洋洲—日本”，围绕消费国日本呈辐射状展开，出口的国家和地区从北到南包括韩国、中国大陆、中国台湾、中国香港、泰国、马来西亚、印度尼西亚、澳大利亚和新西兰，等等，产品包括切花、切叶、苗木、盆花和干花等，种类十分丰富。在这三条主线之间也有横向联系，荷兰以其绝对的优势地位掌握着全球花卉新品种(种苗和种球)的贸易，以及面向欧洲、美国及日本的切花供应。随着新兴花卉生产国营销范围的开拓和新式贸易的采用，使得三条主线之间的横向交流更加频繁。例如，印度地处东亚和欧洲之间，采取了东西并进的出口战略，切花出口除欧洲外，进入日本市场的份额也逐渐增加。又如哥伦比亚和厄瓜多尔，已经将目光从聚焦北美转向放眼全球，逐步站稳欧洲和日本市场之后，目前又开始尝试进入中国市场。在销售方式上，他们以直销来代替被很多贸易商视为最可靠的拍卖渠道。

据国际园艺生产者协会(AIPH)不完全统计，2009 年全球切花和盆花进口额为 84.8 亿欧元，出口额为 87.1 亿欧元，总贸易额为 171.9 亿欧元。世界主要花卉贸易地区按贸易额大小依次为欧洲、美洲、非洲和亚洲。2009 年欧洲的贸易额为 129.4 亿欧元，占世界总额的 75.3%。其中进口额为 69.4 亿欧元，出口额为 60 亿欧元；美洲为 23.3 亿欧元，占世界总额的 13.6%。其中进口额为 8.8 亿欧元，出口额为 14.5 亿欧元；非洲为 8.6 亿欧元，占世界总额的 5%。需要特别说明的是，非洲花卉贸易额中，全部是出口，无进口统计；亚洲为 8 亿欧元，占世界总额的 4.7%，其中进口与出口各占一半，为 4 亿欧元。德国、日本和美国分别是欧洲、亚洲、美洲的最大进口国，分别占进口额的 17.6%、3.2% 和 6%。出口前三位的国家分别是荷兰、哥伦比亚和厄瓜多尔，其中荷兰最多，占 49.3%，哥伦比亚占 8.6%，厄瓜多尔占 4.3%。同时，荷兰也是一个较大的花卉进口国，进口的产品大部分又转口贸易给其他国家。下面以近年的数据为例，简要说明世界主要国家花卉贸易情况。

荷兰 据国际园艺生产者协会(AIPH)不完全统计，2009 年荷兰切花和盆花出口 42.9 亿欧元，较 2008 年的 46.7 亿欧元下降 8.1%。主要出口到德国、法国、英国和意大利等，出口产品中，切花前五位分别是月季、菊花、百合、郁金香和非洲菊，盆花主要是蝴蝶兰、安祖花、长寿花等。2009 年荷兰切花和盆花的进口额约 8.9 亿欧元，主要是来自哥伦比亚、肯尼亚、埃塞俄比亚等国的切花。

哥伦比亚 哥伦比亚是美国切花的最大供应国，尤其是月季，占美国市场的 50% 以上，对欧洲和日本的出口量也呈上升趋势。2009 年切花出口 7.5 亿欧元，虽然较 2008 年的 8 亿欧元下降 6.3%，仍是世界第二大花卉出口国。

厄瓜多尔 厄瓜多尔与哥伦比亚同处南美赤道地区，是重要的月季切花生产和出口国，供应量占美国市场的30%。厄瓜多尔对欧洲市场出口也较多。2009 年该国切花出口额 3.8 亿欧元，比上年 3.7 亿欧元增加2.7%。

肯尼亚 肯尼亚是非洲重要的切花生产国，产品全部出口，主要市场是欧洲。出口的产品中，月季占到75%。2009 年，切花出口 2.9 亿欧元，比上年的3.9 亿欧元下降25.6%。

津巴布韦 津巴布韦是非洲的第二大出口国，主要出口到欧洲。2009 年切花出口额2.4 亿欧元，比上年的1.3 亿欧元猛增了84.6%。目前，津巴布韦的花卉业已经成为继烟草和旅游之后的第三大创汇产业。

埃塞俄比亚 切花出口紧随肯尼亚和津巴布韦之后，居非洲第三位。据悉，为加快花卉种植业发展，埃塞俄比亚政府为花卉业的投资者们提供政策支持，包括出口收入所得免税5年，设备进口免税，以及廉价租赁土地等，吸引来自荷兰、德国、印度、以色列等国的投资者前往埃塞俄比亚种植出口花卉。2009 年切花出口达到9400 万欧元，比2008 年的7100 万欧元增长了32.4%。

印度 亚洲新兴的花卉生产国，也是潜在的花卉消费国。印度的花卉种植面积不小，但出口比例小，在国际市场占据份额不大。据有关资料显示，2009 年印度切花和盆花的种植面积为16.7 万 hm^2，仅次于中国，居世界第二。2009 年花卉出口额1 亿多欧元。印度花卉主要出口欧洲的德国、法国和荷兰，其次为亚洲的日本，产品以切花为主。困扰印度花卉出口的因素主要包括运费、产品质量和新品种权等。

消费市场方面，德国、英国、美国和日本一直是主力国家，但花卉消费受经济景气度等方面的影响非常大。自2001 年美国发生“911 事件”以来，在国际金融危机、自然灾害频发、局部社会动荡等一系列因素困扰下，全球花卉消费总体处在下行趋势。

一、花卉出口型国家的贸易经验

花卉出口贸易做得比较好的国家有荷兰、哥伦比亚、肯尼亚、厄瓜多尔、以色列、日本、美国等。综合分析花卉出口贸易国家的成功经验，可以归纳为两大方面：一是独特的比较优势。如新品种培育、新技术新产品研发等的科学技术优势；气候适宜、劳动力丰富且成本低的资源优势；交通便捷的地缘优势。二是组织化程度高。通过拍卖市场、协会或者大公司等将分散的生产经营者组织起来，统一开拓市场，协调生产和组织出口。

(一)发挥比较优势

①在花卉出口贸易中，科技创新水平是市场竞争的核心要素。每个成熟的现代产业大致都可以分为生产、贸易、研发等几个环节，其中研发是核心，主导着整个产业，而且创造着最多的价值。当前一些发达国家并没有庞大的工农业生产，却有很高的国民生产总值，就是科学技术在发挥作

用。从花卉生产面积看，荷兰、美国、日本都不是大国。据世界园艺生产者协会（AIPH）提供的统计资料显示，2009 年荷兰花卉和盆栽植物生产面积为 7560hm^2，美国 2 万多 hm^2，日本 2 万多 hm^2。但这三个国家却是“执世界花卉产业之牛耳”，这个“牛耳”就是科技创新，主要包括品种和技术的创新，是产业的源头。

荷兰掌握了世界上大部分花卉种类（如月季、百合、火鹤、凤梨等）的种质资源，每年培育出大量的新品种，出售给各花卉生产国；同时研发的配套生产设施、资材、介质，以及栽培技术等，随着品种、种苗一起出口。美国在盆花、花坛花卉、草花、苗木等的育种、制种方面占据了主导地位，出现了保尔公司（草花制种）等一批专业化创新企业。日本的菊花、香石竹、热带兰育种，新西兰的芍药、马蹄莲、八仙花育种，以色列在温室自动控制、节水技术研发等方面都占据着世界领先地位。这些国家是世界花卉产业的主导者，通过科技创新成果，获取了产业的大部分利润，并从整个花卉产业源头引领着生产和销售走向。发展中国家创新能力薄弱，在品种及技术上基本依赖发达国家，只能在生产环节分一杯羹，在整个产业中尚处在从属地位。

②在花卉出口贸易中，资源优势决定生产成本优势。在花卉生产成本构成中，能源和人工是两大因素。荷兰属于高纬度地区温带海洋性气候，大部分花卉采用温室生产，冬季加温耗能巨大，加上是发达国家，劳动力价格很高。随着经济发展，能源和人工价格继续呈现快速上涨。为此，荷兰不断改进设备，加强技术研发，以降低能耗、减少人工，但仍然感到成本增加带来的压力。其他一些位于温带、寒带的发达国家，如日本、美国也面临同样的问题。

相比之下，肯尼亚、哥伦比亚、厄瓜多尔和乌干达等国家在这些方面具有相对优势。这些国家的花卉生产基地大多建立在赤道附近的热带（亚热带）高原，这些高原的共同特点是全年光照充足均匀、雨量充沛、气候温和，是花卉生产最适合的天然大温室。在这样的地区生产花卉，在基本不需要人为补光、调控温度的情况下，仍能实现优质高产。近几年，越南林同省因为具有优越的气候、地理条件而成为切花生产者关注的地区，人们普遍认为该地区的条件要优于中国昆明。

在劳动力资源方面，哥伦比亚农业劳动力充足，劳动成本相对偏低，花卉工人中 60% 为妇女，工资约 150 美元/月；厄瓜多尔的工资水平和哥伦比亚相近。肯尼亚的劳动力更加便宜，75% 的花卉工人为妇女，而且大部分是季节性的临时工，日薪大约 2 美元左右；坦桑尼亚花卉工人月薪大约 50 美元左右；埃塞俄比亚花卉工人的月薪大约 7～30 美元。同期同类相比，美国为 4 万～5 万美元/年，荷兰为 16～20 欧元/小时，劳动力成本之悬殊可见一斑。

此外，在发展中国家，土地和设施成本同样低于发达国家，有利于花卉企业扩大生产规模，加快发展速度。因此，得天独厚的气候条件和低廉的劳动成本，是哥伦比亚、肯尼亚花卉生产快速发展，花卉出口名列前茅的根本所在。

③在花卉出口贸易中，地缘优势至关重要。花卉是鲜活园艺产品，因其价值主要体现在观赏性上，较其他园艺产品对贮存、运输的要求更苛刻，通常采用空运，近距离则冷藏路运，成本比较高。因此，花卉销售通常会遵循就近原则，以运距短、运输费用低、产品新鲜度高，获得竞争优势。例如荷兰、以色列、肯尼亚、哥伦比亚和厄瓜多尔等国家，都是首先瞄准距离自己最近的市场而奠定出口国地位的。荷兰地处欧洲腹地，牢牢控制欧洲市场；以色列、肯尼亚主攻欧洲市场；哥伦比亚和厄瓜多尔，产品大部分销往北美。

荷兰花卉出口以德国、法国、英国、意大利为主，这四大市场占荷兰花卉出口额的75%。荷兰花卉出口到这几个国家基本靠路运，不仅运费相对较低，而且可以做到12小时之内到达目的地，保鲜度非常高。这是欧洲以外其他花卉出口国无法办到的。

长期以来荷兰切花在美国占有较大市场份额，但自从中南美洲切花生产兴起后，其市场份额逐步减少，现在已基本退出美国市场。目前美国市场销售的切花大约85%来自哥伦比亚，5%以上来自厄瓜多尔、巴西、哥斯达黎加、墨西哥等国，本土生产不足10%。形成这样的格局，运输环节是一个重要因素。哥伦比亚、厄瓜多尔等国花卉产品进入北美市场后，就试图开拓欧洲、日本等其他市场，但进展缓慢，一个重要的瓶颈就是运输问题。

近几年来，在非洲新兴的花卉生产国中，埃塞俄比亚备受关注。该国除了拥有与肯尼亚、哥伦比亚相似的气候、地理、低劳动成本等条件外，还有一个十分突出的独特优势，就是靠近欧洲。从肯尼亚首都内罗毕到荷兰首都阿姆斯特丹的空运时间为8小时，花卉抵达后运输成本占全部成本40%之多。而从埃塞俄比亚首都亚的斯亚贝巴空运时间要少两小时左右。而且，埃塞俄比亚航空公司的运费比其他航空公司低很多。目前，埃塞俄比亚的运输优势，吸引了一批来自荷兰、德国、以色列等国的花卉企业。印度花卉出口企业也深受航空运费高之苦，一些企业索性到埃塞俄比亚投资建立花卉生产基地，将产品出口到欧洲。

可见，花卉产销两地的距离，是影响花卉出口的重要因素之一。世界主要花卉出口国都是发挥地缘优势，优先占领邻近市场。在可预见的未来，这一选择不会改变。

(二)建立出口模式

建立出口模式实际上是一个国家花卉产业走向组织和联合的过程，能有效实行生产和销售的社会化分工与合作，增强流通，促进生产，同时保障各环节利益公平、分配合理，降低产业整体的成本和风险。当前全球大约有3种比较典型的出口模式。

荷兰“拍卖+出口商+协会”模式

如果把荷兰花卉产业比作一个肌体，那么拍卖就是心脏，从这里通向世界各地的销售渠道就是一条条大动脉。据了解，目前荷兰 80% 的花卉是通过拍卖市场分销的，而且大部分发往国外，可以说荷兰的大部分花卉出口就是由拍卖承担的。

花卉拍卖起源于 1912 年的阿斯米尔。当时荷兰花农基本各自为战，既生产也销售，产业处于无序竞争状态，竞相压价、拖延货款等现象时有发生。一部分花卉生产者为了改变这种局面，自发组织了一个花卉拍卖的松散组织。因为迎合了产业发展的需要，很快得到推广，成为荷兰花卉销售的主渠道。生产商就是拍卖市场的股东，上千个股东，将自己生产的花卉送到市场，价格从高到低滑动，供批发商们竞拍。货款由市场给农户结算，市场在其中抽取若干百分比作为运作费用。

拍卖的好处很多：可以实现产销分离，降低流通成本和市场风险；可以减少花农销售、结算等后顾之忧，专事生产，提高专业技术水平；保护生产者，实现生产者利益最大化；产销见面，包装、检疫、运输一条龙，极大提高流通效率；统一开拓国内国外市场；及时获得系统、准确的市场信息，合理指导农户生产，等等。

1968 年，阿斯米尔的两家花卉拍卖行合并，4 年后建立拍卖大楼，这就是著名的阿斯米尔花卉拍卖中心。其他拍卖市场也陆续建立。20 世纪 90 年代中期，荷兰大约有 7 家花卉拍卖市场和 2 家球根拍卖市场。进入 21 世纪后，在国际竞争的影响下，掀起了拍卖市场合并风潮。2002 年，Flora 和 Holland 合并，成立 FloraHolland（花荷）花卉拍卖市场，成为荷兰最大的拍卖市场。2006 年，花荷和阿斯米尔开始酝酿新一轮的强强联合，2007 年通过会员投票决定并获有关当局批准，于 2008 年 1 月 1 日正式运行，合并后的市场将占荷兰花卉拍卖市场份额的 90%。

目前，荷兰大约有 11000 家花卉生产企业，他们生产的大部分花卉通过拍卖后，由大约 200 家国内批发商和 1400 家出口商负责，在 24 小时内送达 86 个国家的花卉市场、超市和花店，剩下的小部分花卉则通过拍卖体系外的 750 家出口商、1.4 万家零售商销售和出口。生产者、拍卖市场以及出口商都有各自的协会，通过协会实现自我管理，统一对外交涉，维护团体利益。例如成立于 1974 年的荷兰花卉拍卖协会（VBN），是荷兰所有花卉拍卖市场的总代言人和管理者。花卉业批发理事会和荷兰花卉产品批发商协会（VGB）则是批发商（出口商）的组织，有效地协调了出口和分销，以及与拍卖市场的沟通和联络。

荷兰以拍卖为核心的花卉流通体系是当前世界花卉产业相对公正、透明、高效、快捷的流通体系，是荷兰花卉产业长期处于领先地位的助推器，同时也深深地影响了世界花卉流通方式。

哥伦比亚等国“市场 + 公司 + 协会”模式

哥伦比亚、厄瓜多尔、肯尼亚等国家花卉内销很少，生产就是为了出口，生产者和出口企业通过参加同一个协会，统一协调有序地组织花卉外销。实际上，此模式的“市场”并不是有形的拍卖或者批发市场，而是指无形的国外市场。因为兼跨生产者和出口商，这样的协会是一种强有力的行业自律组织，发挥强大的协调作用：包括协调生产，监控质量，开拓市场，组织运输，与进口商交涉、谈判等，使花卉产品安全快捷地到达目的地。

哥伦比亚花卉出口商协会(Asocolflores)吸纳了本国大部分生产者和出口商入会，在本国花卉出口开拓和组织方面发挥了重要作用。生产者通常在下午15：00采切鲜花，第二天凌晨就能出现在目的地的拍卖或批发市场。协会还负责聘请律师解决贸易纠纷，负责向生产者反馈市场信息及消费者需求等。厄瓜多尔也有一个类似的花卉生产者和出口商协会，全国300多家生产者和出口商几乎全部是它的会员。

肯尼亚花卉企业全部为私营企业，成立了花卉协会(KFC)负责行业自律。协会的宗旨是“以可持续发展的理念来促进花卉产业的经济、社会及政治利益协调发展”，它是联系政府、生产企业、物流企业、检疫部门和出口国之间的纽带。因为肯尼亚生产的花卉几乎全部出口，开拓国外市场成为协会的首要任务。肯尼亚100多家花卉企业有一半加入了该协会，但出口额却占到全国的70%，与协会的努力方向和工作目标分不开。

这种“市场+公司+协会”的模式，十分适合发展中国家的国情。当前，这些国家的协会在海外比较活跃，正在努力开拓东欧、中东、远东的新市场，同时在原有市场寻找绕开拍卖和中间商的直销渠道，为会员获取更多利润。

以色列“市场+公司+农户”模式

以色列农业实现了高度社会化的分工与协作，而且政府担任总指导角色。为帮助本国农户开拓国际市场，以色列专门成立了由国家控股的农产品出口企业阿格瑞斯科(Agrexco)。该公司成立于30多年前，其中政府出资50%。

以色列主要生产反季节花卉供应欧洲市场，在肯尼亚兴起之前一直是欧洲花卉第二大供应国，阿格瑞斯科在其中功不可没。截至1999年，该国95%的花卉都由它代理出口，其商标为“Camel”。这些花卉中的75%经由荷兰拍卖市场销售，其余25%直接批发到荷兰、德国、意大利等花卉市场。因为供货旺季与荷兰本地互补，而且质量可靠，以色列花卉受到荷兰拍卖市场的特别眷顾。阿格瑞斯科在国内各花卉产区建立了3~4个包装厂，承担花卉收集、整理任务。包装厂每天凌晨派冷藏车将种植者采收、预处理和冷藏的产品运到包装厂，统一进行分级、包装，并将货物集中送到公司设在特拉维夫市本固利安机场的大型冷库待运。这些花卉大部分采用空运直达目的地，整个链条高效便捷。近些年，由于政府鼓励私营公司代理出口，一些小的花卉出口企业陆续成立，一些实力较强的种植者也自己负责分级、包装、运输。2000年，阿格瑞斯科出口花卉占全国份额已由原来的95%下降到80%左右，但其主体地位没有动摇。

以色列花卉出口还有一个值得学习的地方，就是市场信息的准确、快速反馈。政府和出口企业建立了市场信息分析计算机系统，农户只要将自己种植花卉的有关资料输入，就可以获得经济性分析报告、市场信息、会计服务，以及近年来发展的其他花卉品种的比较数据，等等。种植者还可以在该系统中获得可行性分析报告，帮助制定生产计划。

二、花卉进口型国家的贸易经验

花卉进口型国家的贸易经验以日本和欧盟最具有代表性。一方面，通过合法的贸易保护措施保护本土花卉的生产和消费；另一方面，通过适度引进优良品种、技术和设备，调整本土的花卉产业结构和产业水平，与世界花卉产业的发展保持一致。

(一)日本、欧盟的贸易保护

一个花卉消费国如果同时也是花卉生产国，那么这个国家通常会尽可能优先保护本国的花卉生产，为本国花卉提供本地市场方便。日本和欧盟是世界两个重要花卉消费中心，同时在本土也有发达的花卉生产，为维护本土生产者的利益，都在国际贸易规则允许的范围内，通过加强新品种保护、开展花卉产品认证、严格检疫等措施，来抬高花卉产品的进口门槛。

日本为加强新品种保护，在 2005 年 4 月专门修正了《种苗法》，使产自中国的香石竹等花卉产品受到新条文的限制，只能选择或退出日本市场，或被征收种苗费。欧盟则于 2005 年加入了植物新品种保护联盟(UPOV)，在法国设立了新品种保护办公室，凡在该办公室申请保护的品种，在所有欧盟国家均有效。荷兰将新品种保护作为巩固其在世界新品种培育继续处于领先地位的重要措施之一。

花卉认证虽不是一项强制要求，但实际上改写了花卉产业游戏规则，要求玩家重买“入场券”，认证与否将在市场获得区别对待。经过认证的花卉企业，不仅体现企业形象和产品品质，还能获得更大的经济利益和市场竞争力。

荷兰的 MPS 认证(Floriculture Environmental Program)是环保与保护劳动者权益两个层面的认证，认证范围不仅涉及农药和化肥的使用、能源的节约、生产垃圾的处理等环保内容，还涉及劳动时间、劳动安全和福利待遇等劳动者权益保护。自 1996 年由荷兰一家认证机构发起后，该认证吸收了荷兰 90% 的花卉企业和世界 30 多个国家的 400 多家企业参加，俨然已经成为世界花卉产业的通用标准。

中南美洲和非洲花卉生产国也认识到了认证对于出口的重要性，积极开展花卉产品认证，如哥伦比亚花卉出口商协会于 1996 年出台了可以与 MPS 接轨的“FlorVerde”认证，厄瓜多尔加入了 ISO 认证体系和德国绿色标签认证，肯尼亚花卉协会对会员制定了“金法则”、“ 银法则”，要求遵守。花卉产业新秀埃塞俄比亚也未雨绸缪，在提出要迅速发展花卉产业的同时，表达了对环境的关注以及开展认证的意愿。

加强检疫是许多国家在取消关税壁垒以后通常采用的农产品进口限制措施，被人们通俗地称为“绿色壁垒”。花卉产品进口检疫最严格的国家是日本。日本是亚洲花卉消费最大的市场，近几年平均每年的花卉消费总额在5000亿日元左右，约合64.2亿美元。而近几年日本平均花卉进口额一直维持在400亿日元，占花卉消费总额的8%左右。严格的检疫是主要限制因素。欧盟规定，对进口农产品的检疫必须以欧盟检疫部门的检疫结果为准，出口国检疫无效。肯尼亚等国生产的切花出口欧盟，就必须接受欧盟检疫部门的检疫，并支付检疫费用，增加了出口成本。

(二)进口调节

全球范围内的花卉自由贸易是必然的发展趋势。

首先是满足市场需求。大多数国家，包括日本在内，对进口本国不能生产的、成本太高不宜生产的、销售旺季供应不足的、新奇特的，以及反季节等产品，都表现出相当宽容的态度。

其次是满足其他方面的需求。通过进口了解世界行情，引进品种、经验、技术以及设备，同时引进竞争，以促进本国花卉产业的发展和调整。一方面，一个新品种或新产品的引进通常是从进口成品开始，然后逐步走向自给，有些还可以再反过来实现出口。如韩国引进荷兰温室，大约在两年后就可以自己模仿生产，接着搞改进和技术研发，实现温室出口。另一方面，通过进口产品与本国产品通过价格竞争和消费者的选择，促进本国调整花卉生产，使成本和结构更加趋于合理。美国的切花就是一个很好的例子。20世纪60年代，美国尚有切花生产，后来在哥伦比亚等国的大举进攻下，日渐不支，进入90年代切花就基本退出美国花卉生产领域。但在舍弃切花生产的同时，美国在花坛植物、苗木等方面取得了快速发展，走到了世界前沿。

三、花卉转口型国家的贸易经验

花卉转口贸易不仅为所在地区带来经济收入，也为该地区国际花卉贸易地位的巩固和提高发挥重要作用。因此，建立国际和地区性的花卉转口贸易中心是许多国家和地区的追求目标。

花卉转口贸易必须具备一定的天时、地利条件，不是完全以人的意志为转移的。历史上花卉转口贸易中心通常都是自发形成的，其共同特点是地理位置靠近市场，同时又与产地有着发达和便利的交通运输条件。当然，宽松的贸易政策、完善的流通设施等也不可缺少。

随着直销、网络销售等交易方式的出现，加之国际贸易自由化和交通运输的不断改善，传统的花卉转口贸易形式正在面临新的挑战，但在短期内还会存在。

(一)荷兰——世界花卉贸易集散地

荷兰历来以商立国，其花卉产业称雄世界，除强大的研发创新和先进的管理外，掌握全球花卉贸易是一个重要因素。荷兰近水楼台先得月，独占了欧盟市场。例如，欧盟重要成员国德国是世界最大的花卉消费国，该国85%的花卉进口掌控在荷兰手里。如前所述，2009年荷兰切花和盆花两大类花卉的出口额就达到42.9亿欧元，占世界总额的49.3%，几近一半。荷兰占据世界花卉贸易的霸主地位不动摇，主要归结两大原因：一是花卉拍卖赢得世界许多花卉出口国的信赖。荷兰花卉拍卖历史长、经营管理好，它所显示出的优点，如分销能力强、流速快；交易过程高度透明，成交价格合理；信誉好，结算方便，等等，许多出口商宁愿放弃对手交易而选择到荷兰拍卖成交。二是雄厚的科技实力加英明的战略调整。近些年，亚非拉一些国家花卉产品大举进入欧洲市场，迫使荷兰不得不调整花卉生产经营战略，依靠自身拥有的品种和技术优势，在全球范围内寻求花卉生产合作伙伴，产品再通过荷兰转口，荷兰则通过转口贸易获利，并借助贸易继续保持花卉大国地位。

荷兰花卉拍卖原本是服务本国生产者的组织，接受海外花卉产品入场交易后，曾一度引发本国生产者的不满。但对外开放是大势所趋，也是明智选择。保守多年的阿斯米尔花卉拍卖市场在反复争论后，于2005年1月1日对非欧盟国家花卉亮起了绿灯。现在，每年都有大量来自肯尼亚、津巴布韦、以色列等国的花卉产品入场交易，通过拍卖市场输送到欧洲及其他各地。据了解，目前海外产品的交易比例已经占到全部拍卖量的30%，而且还在上升。以切花月季为例，荷兰从非洲进口数量从10年前的4亿支增加到现在的18亿支，增幅高达3.5倍。

近年来，随着全球花卉产业格局变迁，新型交易方式的应用，以及其他地区花卉贸易中心的形成和崛起，荷兰花卉转口贸易受到胁迫。为适应行业发展，特别是最大限度地满足贸易双方的实际需求，荷兰方面积极行动：优化重组交易系统，降低流通环节的运行成本；依托互联网建立无形市场的远程交易；到花卉产地为拍卖市场招商；政府为花卉转口提供便利条件，等等。例如，荷兰排名第一、第二的花荷拍卖市场(FloraHolland)和阿斯米尔拍卖市场(Flower Auction Aalsmeer)决定合并，降低了运行成本，提高了服务效率，使一些直销的交易又重新回到拍卖。荷兰政府也出台相应的优惠政策，如免除肯尼亚花卉的增值税等，提升参加荷兰拍卖的吸引力。

(二)美国迈阿密贸易集散地

美国有4个花卉流通中心：东部的纽约，是欧洲花卉入口；南部迈阿密，是拉丁美洲花卉入口；西部旧金山，是大洋洲花卉的登陆点；中部芝加哥，是中西部及加拿大部分地区的花卉中转中心。迈阿密位于美国最南端，历来是拉美各国进入美国的门户，而美国大部分切花来自哥伦比亚、厄瓜多尔等国，迈阿密就成为美国乃至整个北美最大的切花集散中心。美国每年大约有88%的切花经由迈阿密机场入境。目前，该市大约有100多家花卉进口商、30多家卡车货运公司、大约6家从事切花运输的航空公司，以及其他多家相关企业，构成一个强大的分销网。航空公司将花卉从中南美洲甚至大洋洲运到迈阿密，然后由物流配送公司将货物运送到包括加拿大在内的整个北美市场。由于切花对运送条件要求比较高，物流配送公司有一个共同的理念，即“没有任何秘密，也不需要有关物流的高谈阔论，靠的是实干和为切花运输不惜日夜操劳，同时不断总结经验教训，向一切竞争对手学习，利用一切现代化手段和电子信息技术，把花卉物流系统的所有功能发挥到极限。”正是有迈阿密优越的地理位置，特别是物流配送公司的服务理念，以及基础设施齐全、海关等配套服务系统完整等优势，迈阿密在全美最大花卉流通中心的地位不可撼动。

(三)阿拉伯联合酋长国贸易集散地迪拜花卉中心

阿拉伯联合酋长国位于阿拉伯半岛东端，北临波斯湾，西北与卡塔尔为邻，西和南与沙特阿拉伯交界，东和东北与阿曼毗连。迪拜位于该国东海岸，由于地处欧亚非三大洲连接地带，而且奉行世界最自由的贸易政策，被称为“商业之都”。迪拜花卉中心投资 7000 万美元，占地 3.5 万 m^2，于 2006 年 7 月建成并正式营业。该中心设备齐全，全程冷链流通，年处理鲜活农产品(包括蔬菜、水果)18 万吨。建设者的初衷是建立一个连接亚欧的花卉贸易中心，类似哥伦比亚和北美市场之间的迈阿密，将肯尼亚、乌干达、坦桑尼亚等非洲国家以及印度、斯里兰卡、中国、伊朗和叙利亚等国生产的花卉销往中东及欧洲市场。

中东各国人均国民生产总值比较高，购买力强，对周边花卉生产国的吸引力大。同时，迪拜花卉中心也不遗余力地向世界推销自己，例如到各国参加花卉园艺展览会，开展宣传，扩大影响；举办国际花卉园艺展览会，洽谈合作，招徕商户。经过努力，该中心开业当年，办公室和仓库的出租率就分别超过 70% 和 60%，商户来自荷兰、德国、厄瓜多尔、哥伦比亚、加纳、肯尼亚、印度、斯里兰卡、伊朗和约旦等国家，其中经营花卉的占 90%，处理鲜活产品约 2 万吨。不仅实现了非洲到中东的花卉直销，还将非洲和南亚国家的产品转运到了欧洲和日本。由于迪拜花卉中心的经营管理者用心开拓，服务到家，加上亚非各国花卉经由迪拜销售可以节约一定时间和成本，对荷兰花卉拍卖产生了意想不到的压力。正是这份压力，迫使荷兰及时调整自己的经营战略。

(四)中国香港的转口贸易

香港有史以来就是一个东西方交汇点，新中国成立后很长一段时间还是中国内地通向世界的唯一窗口，天时地利导致它成为 20 世纪全球最繁荣的贸易中心之一。香港面积狭小，资源有限，基本没有花卉生产，只有消费和贸易。香港每年进口大量花卉，一部分本港消费，一部分转口贸易。香港开展花卉中转贸易的优势很多，包括与花卉产销各国往来频繁，掌握大量市场信息和客户资源，物流系统发达等。在改革开放的前 20 年里，它通过转口贸易，充当了内地和花卉产业发达国家的桥梁及纽带。香港花卉转口贸易量约占进口总量的 30%，对象包括日本、韩国、我国澳门地区，以及东南亚和欧美等国家，其中最主要的就是中国内地。1997～1999 年，香港转口至中国内地的各类花卉贸易额分别为 6200 万、4500

万、8500万港元，分别占香港同期花卉转口总量的72.3%、50.4%、83.7%。香港进口的花卉种苗约90%销往内地。同期，内地也有一些花卉销往香港或者通过香港转口其他国家。1997～1999年，内地对港花卉出口额分别为7300万、7400万、1亿港元，分别占香港同期花卉进口总量的24.0%、29.3%、31.6%，主要是切花和传统花卉等。

香港国际贸易受中国内地政策影响比较大。改革开放后，沿海各地相继拥有了直接对外贸易权力，香港逐渐失去往日的主导地位。近些年来，内地与欧美花卉业发达国家建立了直接联系，在进口种苗、技术、设备、成品花卉，以及开展合作等方面，都不必再通过香港。根据广东省农业厅统计，该省花卉出口在近年来保持较高的增长速度，尤其从2000年开始，一直保持两位数的增长，但对香港的出口却由1995年的392万美元下降到2002年的181万美元，降幅达53.8%。

然而，香港掌握市场信息全面及时、与世界各地交往通畅的优势仍在，港商应对形势变化的能力也很强，香港在今后很长一段时期内将继续发挥远东花卉中转贸易中心的作用。云南省切花生产发展起来后，香港花商有的在昆明设立了贸易公司组织货源出口，有的直接在当地投资建立生产基地，在“云花”出口和转口贸易中发挥重要作用。

(五)中国昆明贸易集散地

中国云南的花卉业经过近30年发展渐成规模，同时在昆明建立了像斗南批发市场、昆明花卉拍卖中心这样的交易市场，出现了一批贸易和物流企业，花卉集散中心的作用已经形成。据有关资料显示，云南切花产量连续15年居中国第一，其产品90%以上销往外地，2010年云南切花出口国和地区已经由原来的44个增加到49个，向东直销或通过香港转口日本、东南亚、大洋洲、欧美各国；东北经黑龙江进入俄罗斯远东市场；西北经新疆进入中亚和东欧国家。

运输能力一直是困扰昆明花卉贸易集散的瓶颈问题。当地政府、协会和相关企业给予高度重视，不断加大投入，目前得到较大改善：一是提高航空运力。据了解，仅2011年昆明到日本、孟加拉国、柬埔寨、缅甸等地，就新增了10多个航班。昆明新机场于2011年建成并投入使用，新机场开通后，航空运力大大提高；二是开通公路冷链运输通道。例如昆明到香港、昆明到泰国等，均有采取公路冷藏运输。据了解，2011年上半年，通过公路冷藏方式出口到泰国的切花约1500吨，全年有望突破3000吨，出口额预计超过3900万元。比较航空和铁路运输，公路冷藏运输，可以做到点对点、门对门，更加安全便捷；三是启动铁路运输。通过铁路销往国内各地的花卉不断增多，因铁路运输成本相对较低，云南方面仍在继续挖掘铁路运输的潜力。随着运输能力的大幅度提高，物流通道的不断完善，云南已经开始迈出从亚洲花都到世界花卉中心的步伐。

四、发达国家花卉贸易经验对发展中国家的启示

发达国家在花卉贸易上的诸多成功经验给发展中国家提供了很好的借

鉴。当然，后者也应根据国际市场的变化和本国国情灵活运用，制定切实可行的花卉贸易策略。

一是生产质优价廉的产品，形成价格优势。由于发展中国家花卉研发创新能力比较薄弱，应生产价廉物美的产品进入国际。要充分利用本国气候资源、地理条件，科学规划、合理布局花卉生产，在确保质量的前提下，尽最大可能减少设施投入和能源消耗；要率先占领本国、邻近国家和地区的市场，降低包装和运输成本，使之到达目的地后仍具有较大的价格优势；要采用优质种苗和先进的栽培技术，做好采后处理，保证稳定、优良的产品质量。

二是自觉遵守国际贸易规则。这些规则具体包括花卉质量标准、产品认证、检验检疫和知识产权保护等，建立良好的信誉。哥伦比亚、厄瓜多尔和肯尼亚等从花卉产业起步开始就十分注意这一点，因此他们的产品能在较短的时间内打开国际市场。相反，有的国家，虽然以花卉生产大国著称，产品也有价格优势，但因其质量和信誉不稳，花卉出口一直没有如愿以偿。

三是充分发挥行业协会的组织、协调和管理作用。加强出口贸易的组织化程度，是许多花卉出口国家的成功经验。由分散的农户进入国际市场，面对的困难和问题比较多，行业协会应肩负起统一组织和协调的任务。一是负责获取国际市场信息，指导和安排本国花卉生产，并协助开展营销；二是积极促进流通基础设施和后期服务体系的建设，协助生产经营者解决自身解决不了的问题。

四是寻找空白和薄弱点，打造本国核心竞争力。重视开展本土、民族花卉的种质资源收集和育种，成为本国特有花卉种类的创新中心，同时开展相关的生产设备、配套技术和资材的研发，形成“人无我有”的核心竞争力。

五是适时调整进口产品定位，多引进品种、技术和新式设备，少进口成品和消耗品，不断提高本国花卉产业水平。

总之，开展国际贸易的主要目标是促进本国花卉产业的升级换代和财富积累，要努力避免廉价消耗本国资源，成为发达国家的生产加工地。

第二节　花卉生产经验

花卉产业在诞生后的上百年时间里，生产和消费基本都分布在欧美经济发达国家和地区，国际贸易也局限于发达国家之间。从 20 世纪 60 年代起，哥伦比亚开始生产鲜切花出口北美，而且发展极为迅猛。20 世纪 70 年代，肯尼亚等非洲国家也开始了自己的花卉生产，但总体上步履缓慢。进入 90 年代，欧洲国家由于成本不断升高，切花生产开始向气候地理条件优越、劳动力价格便宜的非洲中部国家转移，部分盆花生产向意大利、西班牙等南欧国家转移，促进了这些国家花卉产业的迅速发展。世界花卉

（主要是切花）生产格局变迁的两个最明显趋势也由此形成，即欧洲一些国家向非洲国家转移，北美发达国家向中南美洲转移。

花卉生产向发展中国家转移是世界经济全球化的必然结果，影响因素是多方面的，包括发展中国家对新产业的尝试和发掘，航空运输业、电子通讯业的快速发展，以及包装、保鲜技术的研究应用，等等，但最主要的还是生产成本较发达国家低。如前所述，哥伦比亚生产的切花凭借质量好、价格低，很快占领美国市场，挤占了荷兰的市场份额，之后又实现了对欧洲出口，显示出较强的市场竞争优势。

经过几十年花卉生产格局的调整，当前世界主要花卉生产的简况和特点如下：

荷兰 荷兰花卉产业起步早，科技创新实力强，生产技术先进，资材设备供应充足，有成熟的拍卖和发达的物流，靠近西欧这一世界最大的花卉消费市场。据国际园艺生产者协会（AIPH）统计，2009 年，荷兰切花、盆花及种球三类主要花卉的生产面积为 31121hm^2，产值 43.2 亿欧元。其中设施栽培面积（切花和盆花）为 7560hm^2，产值 37.8 亿欧元，占三类总产值的 87.5%。

受非洲、南美、亚洲切花进入欧洲市场的影响，荷兰花卉产业朝着优新、高效、节能的方向制定了一系列措施：一是调整产品结构。减少切花月季和菊花生产，增加高档盆栽植物生产。在可预见的未来，切花月季生产有可能会继续下降，高档盆栽植物生产保持一定数量的增长；二是推广新的精细化栽培管理技术，确保世界一流的产品质量；三是加强新产品、新组合、新供应方式、新服务方式的研究和应用；四是保持高度的关注市场变化的能力，并紧跟市场变化；五是开展生产和研发领域的密切合作；六是增加新自动化技术方面的投入，减少各环节，特别是生产环节对劳动力的使用数量。

荷兰花卉生产的成功经验告诉我们，研究市场、了解对手、认识自己，才能百战不殆。

美国与加拿大 美国和加拿大是北美发达国家，两个国家均有一定规模的花卉生产。据国际园艺生产者协会（AIPH）不完全统计，2007 年，美国花卉生产面积大约 20.5 万 hm^2，产值 126 亿欧元。其中，切花、花坛花和盆栽植物面积 20184hm^2，产值 47.2 亿欧元；种球 2472hm^2，产值大约 8700 多万欧元；苗木 182753hm^2，产值 77.9 亿欧元。美国花卉生产主要分布在加利福尼亚、佛罗里达等州。南美和非洲切花月季、康乃馨等进入美国市场后，美国对本国切花生产结构做了调整，主要生产价格较高的产品，例如百合、鸢尾、郁金香等，减少月季和康乃馨的生产数量。与切花形成鲜明对比的是，美国苗木、花坛植物和草花的品种培育、种子种苗繁殖和产成品生产空前繁荣，一直处于增长态势，并在该领域保持着世界领先地位。

加拿大由于气候寒冷，以苗木和温室花卉生产为主，分布在安大略（占全国 50%）和不列颠哥伦比亚（23%）等南部地区，近年来也处于增长态势。据国际园艺生产者协会(AIPH)不完全统计，2009年加拿大花卉生产面积为21476hm^2，产值10.5亿欧元。其中，花卉和盆栽植物883hm^2，产值7.3亿欧元；苗木20593hm^2，产值3.2亿欧元。加拿大花卉苗木生产以满足本国市场需要为主，出口额仅占产值的15%。与美国花卉生产的处境一样，加拿大的切花供应也受进口冲击比较大。

哥伦比亚与厄瓜多尔 这两个国家的切花出口仅次于荷兰，为世界第二和第三大国。据国际园艺生产者协会(AIPH)统计，2009年哥伦比亚花卉生产面积7900hm^2，主要产品为切花，品种有月季、康乃馨、菊花等。哥伦比亚切花生产主要集中在首都波哥大，其次在南部麦德林市也有一些。虽然气候和地理位置条件十分优越，但切花生产基本是保护地栽培，以保证品质和周年供应。哥伦比亚切花98%用于出口，本国消费仅占2%左右。其中，销往北美大约占出口总量的85%；欧洲大约10%；其他国家大约占5%。在出口的各类切花中，月季最多，大约占48%；其次是康乃馨，大约在24%，排在第三位的是菊花，大约4%。

据国际园艺生产者协会(AIPH)统计，2009年厄瓜多尔花卉生产面积8893hm^2(产值没有统计数据)。厄瓜多尔处于赤道附近高海拔地区，自然条件十分优越，而且栽培设施现代化、技术力量充足，花卉产品与哥伦比亚类似，以生产切花月季、菊花和康乃馨为主。厄瓜多尔切花品质优良，生产面积也比哥伦比亚略多一些，但出口业绩却比后者逊色不少，航空运力不足及运费较高是困扰花卉出口的问题之一。

肯尼亚和埃塞俄比亚 肯尼亚切花出口世界排名第四。自20世纪90年代开始，肯尼亚花卉出口稳步上升，特别是进入21世纪以来增长速度令人瞩目，成为继茶产业之后的第二大创汇产业。据有关资料显示，2003年花卉出口额为1.3亿欧元，2005年1.9亿欧元，2009年达到2.9亿欧元。肯尼亚的花卉生产以切花为主，其中月季产量最多，占73%；康乃馨5%；其余为东方百合、飞燕草、天堂鸟、蕨类等。肯尼亚是欧盟最大的切花供应国，大约占其30%的市场份额，遥遥领先于哥伦比亚和以色列。进入欧盟的切花，接近70%是通过荷兰阿斯米尔拍卖市场分销的。因此，有资料说，肯尼亚是荷兰亲密的花卉贸易伙伴。

埃塞俄比亚自21世纪以来花卉生产迅速增长，截至2008年花卉生产面积为2000hm^2，产值1.5亿欧元。切花生产和出口企业接近100家，产品及出口市场与肯尼亚较为相似。

德国 是重要的盆花生产国，盆花占其花卉产业总量的80%，另有切花、种苗等生产。盆花如一品红、天竺葵和高山杜鹃等的育种、种苗繁育产业较为发达。是全球最大花卉进口国，盆花的60%和切花的80%依赖进口，花坛花卉与室内植物基本可以自给自足。

丹麦和比利时 以生产盆花和观赏苗木为主，其中丹麦为欧洲第二大盆花输出国，花卉品种很多，比利时盆花年产值在2.4亿欧元左右，主要是杜鹃和秋海棠。

以色列 处于沙漠地区，具有发达的设施农业生产技术，花卉以切花生产为主，生产面积自2002年后基本保持稳定，大约为2200hm^2。产品主要出口欧洲，2002年以色列是世界第四大切花输出国，2007年跌至第八位。由于受到东非花卉生产国的强烈竞争，产业结构正在发生迅速转变，切花月季生产几乎消失，被夏季花卉和绿植生产所取代。在野生花卉驯化育种、小种类花卉开发以及设施栽培技术方面独树一帜，使以色列花卉保持了很强的活力。

印度　印度是南亚新兴的花卉生产大国，同时也是消费大国。目前生产面积大约10万hm^2，多数为露天栽培，由分散小农户进行，公司的数量和规模正在增长，但只占总量很小一部分。国内花卉消费主要集中在节日、寺庙用花和婚礼，花卉出口主打产品是切花月季，销往荷兰、德国、日本和美国，集中在情人节、圣诞节等节日出口。由于国内流通设施落后、运费高昂，印度商人开始寻求在海外投资生产，目前在埃塞俄比亚已建立较大规模的农场。

一、生产布局

从全球范围看，花卉生产主要集中在欧洲、美洲、亚洲和非洲。

欧洲　花卉生产起步早，生产水平高，生产国家多。切花、盆栽、种苗、种球、苗木等各类花卉均有生产。主要生产国有荷兰、德国、法国、意大利、英国、丹麦、西班牙、比利时等。

美洲　北美洲主要是美国和加拿大；南美为哥伦比亚、厄瓜多尔、巴西；中美洲当属墨西哥和哥斯达黎加。北美洲花卉生产历史相对较长，以生产盆花、花坛花、苗木为主。南美洲、中美洲花卉生产国为后起之秀，产品集中于切花生产。

亚洲　气候多样、花卉资源丰富，决定了亚洲花卉生产国家多，产品种类丰富，特色花卉突出。主要生产国有中国、日本、韩国、泰国、马来西亚、新加坡、印度尼西亚、越南、印度、伊朗、以色列等。在众多的花卉生产国中，泰国、新加坡、马来西亚等国生产的热带兰切花世界闻名，铸成世界最大的热带兰切花生产和出口基地。中国牡丹、兰花、盆景等，种类丰富、风格独特、文化底蕴深厚，深受国际市场欢迎，成为世界重要的出口基地。

非洲　主要有肯尼亚、埃塞俄比亚、津巴布韦、南非等。除南非外，其他几个国家均以切花生产为主。

大洋洲　澳大利亚和新西兰是大洋洲的主要花卉生产国。澳大利亚的帝王花世界著名；新西兰的庭院植物，种类丰富，观赏性强。

从大宗花卉产品种类看，受能源和生产成本的限制，切花生产呈现的趋势是，发达国家的生产面积减少，发展中国家，尤其是热带高原地区，生产会继续上升。

盆花（盆栽植物）主要分布在荷兰、德国、丹麦、意大利、美国、日本、中国、韩国等国家。盆花的流通受到的制约比切花多，通常是就近生产就近供应，生产布局不会出现大的调整。

苗木、草花和花坛植物。生产分布于美国、德国、荷兰、比利时、英国、意大利、中国和日本等国家。生产面积前三位依次为中国、美国和德国。美国在切花生产凋敝以后，苗木和花坛花卉一枝独秀，成为世界最先进、最活跃的研发中心。

种子、种苗、种球的生产基本上分布在荷兰、日本和美国这几个国家。中国在组培苗的生产和出口上占全球很大比重，并呈现出持续增长的态势。

二、主打产品

发达国家及花卉栽培历史悠久的国家，花卉产品种类都比较齐全，而新兴国家，特别是非洲和南美洲国家，花卉种类比较单一，主要集中于常见的几大切花。如肯尼亚切花月季占75%左右，哥伦比亚月季、康乃馨和菊花，三种切花占70%以上。虽然种类相对单一，但每个主打产品中，品种是相当丰富的，如厄瓜多尔切花月季品种有上百个。近年来，由于市场需求的多样化，这些国家也着手调整产品结构。如肯尼亚增加了康乃馨等切花生产；哥伦比亚增加了六出花、补血草、非洲菊等十几种非主流切花的比例，并开始从哥斯达黎加、危地马拉等国家引进蕨类切叶品种；厄瓜多尔增加了热带花卉的生产。韩国是经济发达国家，但属于花卉产业的发展中国家，花卉生产面积不大，不足1万hm^2，但种类齐全。近些年经过不断优化产品结构，目前切花以月季、香石竹、菊花、百合为主，重点供应日本市场。盆花中的洋兰、仙人掌，尤其是大花蕙兰成为拳头产品，出口中国和东南亚市场。

三、生产规模

花卉生产在世界大部分地区都是以农户为主体，发达国家也不例外。例如，荷兰的花卉生产主要集中在西部，企业(农户)1万多家，生产人员5.7万人。日本花卉生产农户9万多户，占生产主体的99.5%，一般每户几千平方米的生产面积，劳动力基本就是家庭成员，偶尔雇一些临时工。中国花卉生产也以农户为主，据统计，2010年全国花卉生产农户为152.56万户。花卉生产经营企业55838家，其中生产面积在3hm^2以上或年经营额在500万元以上的仅有10844家。近些年，发达国家出现了农户数量减少，生产面积相对集中，大规模的生产企业增加，如荷兰一些企业的生产面积达到3hm^2以上，还出现了不少在海外投资的大规模企业。非洲及中南美洲的花卉生产，因为积累时期长或者后期来自发达国家的投资多，企业规模都比较大。哥伦比亚温室生产面积大约7000hm^2，企业260多家，一般企业的生产面积为10～20hm^2。其中，主要生产企业100多家，面积通常为20～30hm^2，最大的达上百公顷。肯尼亚花卉生产面积2000多hm^2，有100多家花卉企业，外国投资企业占60%，这些企业一般都有几十公顷的生产规模。

四、生产水平

荷兰、美国、以色列等国家的花卉业，实行专业化、集约化、高效率的生产方式，代表着世界花卉生产的最高水平。也有一些发展中国家，通过引进、学习和消化吸收，形成了符合本国国情的生产模式。哥伦比亚花卉生产设施、技术最初从荷兰、美国等国家引进，根据本国条件进行不断改良，形成了十分适合本地使用的硬件和软件体系。哥伦比亚的花卉生产多采用竹木结构、覆盖塑料布的温室，既省钱又实用。在花卉品种引进上则不惜投入，每年从荷兰、德国、法国等国家引进符合市场需求的品种。一般每个农场都配有组培室，负责种苗繁育。通常每公顷配备 3 名技术员，每 6hm^2配备 1 名农艺师，施肥、灌溉用的是喷灌或微灌。采用土壤栽培，在施肥控制上十分严格，播种或栽植前施足底肥和有机肥外，每月进行 2 ~ 3 次土壤肥力化验，根据结果配制特定肥料补施。除一般技术人员常规检测土壤肥力外，还要定期送样本到美国权威部门检验。病虫害以生物防治为主，化学防治为辅，发现病虫害感染植株，立即予以销毁。温室内蒸汽杀菌消毒设备、自动喷水、补光灯、暖气等现代化装置一应俱全。有关环境和劳动方面的标准，哥伦比亚多数花卉生产企业都遵守“Florverde 认证”要求，规范而严格，被国际社会广泛认可。肯尼亚花卉生产水平参差不齐，有的采用钢架温室、基质栽培、全自动控制，也有的采用木架温室、土壤栽培。肯尼亚花卉协会的会员企业，都遵守该协会的“银法则”或“金法则”，以对环境和社会负责的方式进行生产。

五、花卉生产的成功经验

综合分析发达国家和发展中国家花卉生产的发展过程，其成功经验主要包括以下几方面：

一是做到“因地制宜，适地适花”。荷兰、美国等发达国家花卉生产的主要限制因素，就是土地、能源和人力成本居高不下，在价格上无法与来自非洲和南美的同类产品竞争，这是导致世界花卉生产格局发生变化的根本原因。因此，要求周年供应的切花生产就不得不向光照充足、气候温暖、雨量充沛，且土地和劳动力相对便宜的地区转移。按照这一条件，热带高原成为首选；盆栽花卉运输成本较高，产地到消费地的运输半径不宜过大，一般选择在消费地周边生产，控制好运输距离，否则也将失去价格优势；苗木、花坛植物和草花等多为露地栽培，需要选择适宜本地气候、土壤的种类进行生产。在同样的质量水平下，价格是关键因素。因此，发展花卉生产一定要充分考虑设施、能源、土地、人力、运输等成本构成要素，科学规划，合理布局。此外，条件成熟也可以学习荷兰，敢于输出资本、技术和管理，在海外适宜的地方建立生产基地，取得更大的利益和成功。

二是花卉生产要走规模化、设施化和专业化道路。花卉生产一方面要追求降低成本，另一方面要提高质量，在合理布局的前提下，还要实行规模化、设施化和专业化生产，以提高产品质量。采用企业规模化生产或是农户分散生产，各国应视各自的国情而定。虽然企业和农户两种模式都有各自的生存空间，但从长远来看，规模化、集约化是发展方向。当今，全球化花卉产业正处于一个变革的时代，而且遭遇了多年不遇的经济危机，生产者面临着优胜劣汰、合并重组的局面，总体数量逐年减少，单个个体的规模逐渐增大。切花和盆花类产品，即便在适宜的气候条件下可以露地生产，但为了预防自然灾害，实现精确调控，也采用保护设施，以确保产品质量。肯尼亚、哥伦比亚、厄瓜多尔等极其适宜花卉生产的地区，采用温室和其他设施生产保证了产品质量的稳定性和一致性。再者，生产的花卉种类不宜过多，同一种类的品种也不能过多。实现高度专业化生产，也是产品质量的重要保证。

第三节　花卉科技经验

世界花卉强国的崛起，都离不开强大的科技支撑体系。这个体系一般由研发和推广应用两部分构成，由政府、科研教学单位和企业三方协作，以市场为导向，建立全方位、纵深一体的研发创新机制，源源不断地为产业注入新的活力。

一、科技开发与推广机制

（一）以市场为导向，以企业研究为主体

在花卉产业高度市场化的国家，花卉科研也是高度市场化的，一切研发都以市场为导向，并与生产紧密结合，为行业提供强有力的科技支撑。最典型的就是荷兰。荷兰有多种性质的花卉研究机构，包括大学、国立研究所和企业研究所等，其中企业研究所占据主体地位。几乎每个企业都设有自己的研究所，根据市场和企业自身需要，负责新品种、新产品、新材料和新技术研发，资金自筹，风险自担，成果自享。如果一家企业完成某项重大课题能力不及，协会会出面帮助筹集资金，与国立研究所或相关大学联系沟通共同承担合作研究。荷兰的花卉新品种培育是科研的主要内容之一，通常都是生产企业自发开展的，协会和政府帮助推广和保护品种权，回报都归企业所有。例如安祖公司，收集了全球700多个花烛属（红掌）植物野生种，在此基础上开展选育，每年都能推出不少新品种，成为世界最大的红掌育种企业。除花卉新品种选育外，新设施、新资材以及实用技术等研究也基本由企业自主开展。有些涉及全行业某个环节的课题，例如包装、流通、贮藏等，则由协会搭桥，与国立研究所联合开展研究，成果让整个行业共享。国家的研究重点放在基础和公益方面，例如2006年政府资助了一个项目，帮助企业将夏天温室内的热量转为电能纳入全国电网，冬季则由电网公司返回部分电能用于温室加热。

哥伦比亚的花卉科研基本以生产和市场为主导，由协会和企业立项，科研机构承担，主要集中在设施、设备和应用技术等领域，政府和外援（主要是美国）也发挥了重要的支持作用。为提高本国花卉的产量与质量，增强国际竞争力，哥伦比亚花卉出口商协会于2004年建立了哥伦比亚花卉创新中心（Ceniflores），这是一个非营利的私人机构，旨在为生产者和科研机构之间建立紧密联系。哥伦比亚花卉从业者意识到科技创新回报丰厚，但需要长期投入。该中心是国内外科研机构联络的纽带，它能让生产者与研究机构之间有效地沟通，及时确定科研项目，满足生产之需。实际上，这是一个虚拟的机构，所有运作都建立在因特网基础上。它通过网络系统获取各方面信息，然后进行综合、分析，科研资金持有人则可以通过该系统提供的端口，察看包括文档、计划、科研调研、数据库和课题网站等在内的信息，然后进行决策。一旦确定了必要性和可行性，中心就启动科研项目，向该项目划拨资金。

（二）政府为主、企业为辅

以色列园艺的精致程度世界闻名。花卉科研，特别是育种和栽培技术研究都走在世界前列，为花卉出口做出巨大贡献。以色列花卉科研以国家为主，但与产业的联系十分紧密。基础研究主要由国家农业科学院和农业大学承担，在植物生理、生物化学、生物技术等方面的研究十分深入，具有国际水平。由于本国植物资源稀缺，以色列长期坚持在世界范围内收集种质资源，现在每年可以推出100多个新品种，使传统品种和新品种的比例基本保持在1∶1水平。在重视开展基础研究和花卉育种的同时，以色列也非常注重经济性和实用性研究。如花卉育种侧重抗病性、抗逆性和质量的改进；生理方面的研究偏重采后处理，使以色列形成了世界一流的切花保鲜技术。生产和流通技术研究也是以色列花卉科研的一大任务，成果免费推广给农户，使以色列花卉生产技术和设施也保持着世界领先水平。此外，研究部门与协会、企业，推广部门与农户也经常开展科研合作，开发应用技术。

二、科技开发与推广体系

（一）荷兰的大学、国家研究所、企业研究所三级研发机构

荷兰的花卉研究所数量很多，分为大学、国家研究所和企业研究所三个层级，各层分工明确，相互协作。著名的瓦赫宁根（Wageningen）大学是荷兰唯一的农业大学，该大学的植物研究所是世界顶级的花卉研究机构，配备了花卉科研方面最先进的设备，有100多名高层人才从事花卉遗传、生理生化等方面的基础研究。国家级的研究所，如国际植物研究所、农业研究院以及植物园，有将近1000名科研人员和辅助人员，主要从事应用型的基础理论研究。第三个层次是各大花卉公司自办的研究所，是花卉应用科研的主力，全国共有60多个，科研人员5000多人，主要从事应用型技术和理论研究，如资源引进与开发、花卉育种、栽培技术等。科研成果

中的新品种通过协会和企业自己的市场行为推广；技术成果通过国家农业技术推广系统、协会以及商业化机构进行推广；企业研究所或者企业与国家研究所共同开发的新产品及应用技术一般通过市场行为直接推广。

（二）以色列的国家推广体系

以色列花卉新品种推广由自愿参加的示范农场承担，政府给予大约40%的资金补助，农户可以来示范农场参观考察，示范农场种植过程获得的数据需返给上级研究部门，以便形成标准的配套技术。技术推广由农业和农村发展部推广中心负责，该中心设16个处，花卉处是其中之一，在全国6个地区建有推广实验站，站内设花卉室。此外，地方推广中心也有花卉专家。以色列的推广人员都是国家公务员，他们具有较高的专业学历，精通业务，与所服务的农户关系密切，为他们提供技术指导和信息咨询。一般每个技术员负责60～100家农户。技术到户方式有：一是上门技术指导，约占他们工作时间的4/5；二是通过实验站的开放日传授技术；三是推广单位每周设有固定的咨询时间，接待咨询者。技术推广员想花农所想，急花农所急，负责及时解决花农遇到的各种技术问题。如果遇到解决不了的问题，就向上级部门或农业研究机构求教。他们的工作业绩由业务主管、行政主管和所负责的农户三方共同评价。政府还规定，技术推广人员不能附带有任何商业推广、推销行为。

（三）美国的技术培训

美国实行科研、大学和推广三位一体的农业合作推广体制。这一体制有助于科研成果及时转化为生产力，因此美国拥有世界最先进的农业生产。农业部下属有联邦农业推广局，各州设立农业推广站，从属于州立大学，县级有推广办公室和推广理事会。推广内容包括农业生产技术、自然资源保护利用等。开展技术讲座、短期培训以及咨询活动，传授科学技术成果，是美国农业推广的重要内容。花卉作为美国农业的一个门类，其科学技术也是美国农业技术推广的内容之一。各花卉生产地区的州立大学一般都开展花卉科研，成果直接通过推广中心推广。推广中心还依据各地气候、地理、花卉品种的不同，制定详细的、实用的技术资料，免费提供给农户。推广中心成员一般由具有实践经验的教授、科研人员组成，他们同时又是各种学会的成员。学会是根据花卉种类设立的，如山茶花学会、月季学会等。各学会一般都办有刊物，及时交流新品种、生产技术以及管理经验等。大学还定期组织各种学术讲座、学术讨论会、技术示范课，邀请生产者参加。生产者是生产第一线的管理者，不但能把各种新技术直接用于生产，又能向推广中心及时反馈情况，并赞助一部分研究经费。推广中心还定期举办一些展览，生产者也能现场了解最新成果和实用技术。

三、建立科研与推广的基础保障

充足的资金和高素质队伍是建立科研与推广的两个重要基础保障。荷兰花卉产业发展早期阶段，国家在科研方面投入较多，应用技术占的比重也比较大，后来逐步减少。目前，国家提供经费的科研项目主要是基础和公益方面的，集中在农业大学和国家研究所。企业和协会在碰到比较重大的项目，经费不足时，也向国家申请资金援助。荷兰大部分品种培育及应用技术开发都是企业自己承担经费，因此企业具有很强的风险意识，一般成果都能立刻转化为生产力并获取盈利。以色列花卉科研经费主体来源于国家，还有犹太人基金会捐款，以及花卉协会和企业出资等。哥伦比亚的科研经费来源较多，包括政府拨款、国际社会援助、协会与企业出资等。

各国花卉科研经费渠道多种多样，但它们拥有训练有素的科研与推广队伍是相同的。一般这些人员都拥有较高的学历，同时密切联系实际。

四、建立科技支撑体系的几个关键

荷兰、美国、以色列和哥伦比亚等国家花卉科技支撑体系的建立，虽然走过的道路不同，却有着许多共同点，可谓殊途同归。值得后来者学习和借鉴。

一是以市场为导向，以企业为主体。科研完全服务市场、服务产业，以营利为直接目的；国家主要致力于基础学科研究，并与协会一起在必要时为企业提供协助和支持，大部分科研开发由企业直接担当。

二是确立以新品种培育为核心、设备与技术为辅助的科技创新定位。花卉作为观赏用途，与艺术、文化和生活有着紧密联系，求新求变是永远不变的旋律，掌握品种源头创新能力者，即掌握全部的主动权。荷兰在这方面是最成功的典范，在其生产和流通受到冲击和挑战的今天，荷兰业者依然一如既往地强化他们在育种领域的优势，确立了不可动摇的地位。在切花、盆花、球根花卉等几大类花卉中，荷兰就拥有数以千计的品种，例如，切花月季品种多达200多个，郁金香200多个，红掌类150多个，并且每年以上千个新品种的速度增长。荷兰、美国等发达国家设备和技术的研发早年集中在环境调控、提高质量等环节上，近年的主要方向是节约能源、减少人工、降低成本。这些国家掌控了花卉科技创新的大部分资源，没有遗留太多的空间给后来者。作为后来者，最好错开定位，从非主流的、或者民族的花卉入手，收集种质资源，培育新品种并积极宣传推广；开展适应本土气候、土壤条件的设备和技术研究，先服务本国生产，也可以和品种一起配套推广。

三是加强科技成果转化和应用，做到“从产业来，回产业去”。新品种的推广采用市场行为进行，国家负责做好知识产权保护，为花卉育种的健康发展提供保障；生产技术推广借助国家农林技术推广体系；协会在组织交流、咨询服务、技术培训等方面发挥出应有作用。

第四节　花卉管理经验

一、政策法规

（一）土地政策

土地是花卉生产的基本要素，它不仅是生产栽培的重要条件，也是种质资源收集和保存的载体。花卉企业发展和壮大，需要对土地不断投入和改造；种质资源的收集和应用，也需要一个较长的积累过程。荷兰许多知名花卉企业都是经营了三代或三代以上的家族企业，其成功是几代人上百年积累的结果，其间私有土地在传承过程中扮演了重要角色。即使是非洲一些国家，对花卉企业土地租用期限等，也十分优惠，以不超过99年为准，保证了花卉生产的可持续性。可以说，稳定的土地政策是花卉产业繁荣和发展的必备条件。

（二）产权保护

科技创造高额利润，是名副其实的"第一生产力"，为产业发展提供巨大动力。荷兰、日本、美国、以色列等国家，花卉生产面积并不大，但产值却非常高，就是科技发达带来的结果。据有关资料显示，目前荷兰切花和盆花（温室栽培）平均亩产值高达3万多欧元，是中国的几倍甚至十几倍。产权保护是促进科技发展的必要条件，为科技创新提供良好环境。产权保护主要包括新品种权保护和产品、技术专利的保护。凡花卉产业发达国家都有十分严格的产权保护。荷兰从20世纪40年代开始，先后制定了《植物育种者条例》、《种子和植物材料法》等保护植物育种者权利的法规，并成立了农业部下属的荷兰植物品种权利委员会，负责新品种的选育和权利保护。对新产品和新技术保护的相关法律则制定得更早，保护措施更为有力。在这样良好的外部环境保障下，荷兰花卉新品种每年推出1000多个，新产品、新技术也是层出不穷，不仅直接创造了巨额财富，还为荷兰花卉产业保持世界领先地位发挥了重要作用。产权保护工作，也是一个国家的花卉产业被国际同行认可的重要尺度。如果不进行保护，不仅本国的研发创新积极性受到严重影响，而且也很难从正常渠道及时得到国外最新品种和技术。因此，产权保护对建设一个花卉强国是必不可少的条件。哥伦比亚等国早期没有新品种保护，许多国家就不向他们出售新品种，政府意识到了问题的严重性，及时出台了有关条例。印度在20世纪90年代没有颁布相关保护条例时，许多大的生产企业就与发达国家育种企业建立起民间的保护渠道。2001年，印度政府通过了《植物品种保护与种植者权益》法案，全面改善了品种和技术的引进状况。目前，中南美洲、非洲等花卉生产国都十分自觉地遵守产权保护，即使是刚加入花卉生产行列的国家也将其作为一项基本政策提前予以贯彻。

（三）配套服务

对花卉产品流通和花卉生产而言，配套服务越完善越好。但一些发展中的花卉生产国家开始往往忽略这一点，在该问题成为产业发展瓶颈时才逐渐引起重视。中国花卉产业恢复发展30多年，配套服务仍然不完善，由此给整个产业效率、效益带来的影响不可低估。印度花卉生产起步阶段，生产者在流通方面也遇到许多困难，大约2003年前后，在多方呼吁下，政府在海德拉巴等城市的机场建立了专门的冷藏库。目前，印度政府已经充分认识到了发展花卉生产对繁荣农村经济和增加出口创汇的作用，加大对花卉产业的扶持力度：在全国6个花卉产区建立统一的生产基础设施；在新德里、孟买、海德拉巴、班加罗尔、金奈等主要城市的机场配备了冷藏和货物装卸设备；在班加罗尔、孟买、加尔各答等地建立了花卉拍卖中心；由政府出面在荷兰阿斯米尔建立了市场协调中心，并计划在日本和中东市场建立同样的中心。

（四）行业标准

世界范围内并没有统一的花卉行业标准，但各主要花卉生产国都有自己的产品质量标准，一方面是为了提高本国花卉生产水平；另一方面是为了方便国际贸易，建立良好的信誉。凡产品质量标准被国际市场认可的国家，都建立了稳定的贸易渠道并取得较好的出口业绩。荷兰、哥伦比亚、肯尼亚等花卉出口大国，都有相当严格的质量标准体系，内容一般包括产品质量、包装、贮藏、检疫等。荷兰向来以质量控制严格著称。1929年，荷兰郁金香种球因携带危害性病虫害被美国拒绝入境，遭受了巨大损失。为挽回损失，重新打开美国市场，荷兰研发了病虫害、病毒检测体系，建立了检测机构，筛选无毒繁殖种球，并订立了种球分级制度供农户参考执行，对出口种球严格把关。此举不仅赢回了美国市场，还开辟了更多国际市场。目前，荷兰的质量控制体系已经贯彻到了花卉产业各个环节。凡非欧盟国家的产品，都要经过进口检疫；送往拍卖市场的产品，要按照市场的质量等级标准进行分类，没有拍卖出去的产品，绝不流入其他销售渠道，必须就地销毁，垃圾处理费由生产者支付；繁殖材料的生产和销售质量，由荷兰切花和观赏植物检验总局（NAKB）负责管理。这是一个私营基金会组织，经费由会员缴纳。1996年起，政府规定所有繁殖材料生产和贸易企业都必须是该组织成员，只有取得该组织认可才能经营。NAKB有专门的检验实验室和专业技术人员队伍，可以检验几乎全部已知病毒。

二、组织管理

（一）政府扶持产业

花卉产业的兴旺发达离不开政府扶持，欧美发达国家的发展经验说明了这一点。扶持是全方位的，包括制定政策、减免税收、保护产权、增加投入、完善配套服务等。以下两个非洲国家的不同做法，很好地说明了政府宏观调控对花卉业的影响力。

津巴布韦出口的切花月季，在荷兰拍卖市场一度跃居第三大供应国，与肯尼亚相当。据有关资料介绍，2001 年津巴布韦花卉种植面积为 1800hm^2，到 2004 年减少到 1300hm^2，产值也由 1.4 亿多美元下降到 8500 万美元，出口量从 1.5 万吨降到 6500 吨。有分析人士称，津巴布韦实行的土地新政是主要原因。

与此相反，埃塞俄比亚政府采取的是鼓励政策，促进了花卉产业的快速发展。埃塞俄比亚政府不仅为种植者创造了良好的贸易环境和投资环境，同时实施一系列优惠政策，包括免税 5 年；进口法国温室和以色列灌溉系统减免关税；简化银行贷款手续；提供价格低廉的土地租赁并保证拥有长期租赁权，等等。2005 年，政府还率先为切花开辟了定期航线，荷兰航空公司也开通每周两次飞往亚的斯亚贝巴的航班，解决了花卉运输问题。良好的投资环境，吸引了来自荷兰、德国、印度及以色列的 100 多个投资者建立了 450hm^2 的花卉农场。截至目前，埃塞俄比亚的花卉种植面积增长到 2000hm^2。受金融危机影响，2009 年一些国家花卉出口额下降，但埃塞俄比亚花卉出口达 9400 万欧元，较 2008 年的 7100 万欧元增加 32.4%。

(二)协会服务产业

花卉产业能够健康有序的发展，大都遵循“政府扶持，协会服务”的原则，政府只负责建立良好的宏观环境，产业运营中的组织、协调、服务、监管职能通常交由协会负责。

协会这四大职能非常重要。组织作用发挥得好，可以增强企业抵御市场风险的能力，维护企业共同的经济权益，规范市场行为；协调工作得力，可以较好地处理和协调各类关系，从而减少单个企业的运作成本，提高效率；服务工作跟得上，会员受益自不待言；监管工作更是不可或缺，直接关系到行业政策、法规的制定和执行。

荷兰是花卉产业协会组织最为发达的国家。协会数量多，门类齐全，有官方的、半官方的和纯民间的，涉及种苗、种球、生产、流通、消费、服务等产业链的每个环节。例如种球生产有国际球根中心(IBC)，生产上有种植者协会(NTS)，营销上有荷兰花卉零售商协会(VBM)、批发商协会(VGB)、拍卖商协会(VBN)等，服务方面有荷兰花卉委员会(BBH)、花卉研究中心(PBG)、植物保护局(PPS)等。协会会员一般都占到所在群体的大部分，因此，协会具有很强的代表性和很高的威望。协会经费有的来自政府，如植物检疫、新品种检测等方面，多数由协会会员交纳。各协会分工明确、各司其职，使荷兰花卉产业高度专业化与科学的分工协作，实现高效率运转成为可能。

哥伦比亚、厄瓜多尔和肯尼亚则是成立一个行业协会承担全部职能的模式。整个国家仅有一个协会，同时吸收生产、贸易、服务等产业链各个环节的企业参加，通常会员数量比较多，占到全国企业的大多数。协会内设机构合理，业务开展针对性强。如哥伦比亚花卉出口商协会(Asocolflores)成立于1973年，会员涵盖了66%生产者和75%的出口商。其职能主要是：开拓市场，组织花卉出口；与政府沟通情况，反映业内问题及需求；收集、整理、发布信息；有计划地组织生产；培训业者，传授科学技术；开展花卉认证，与国际市场接轨；组织科研，技术推广，等等，成为政府得力的参谋和会员可信赖的助手。

三、资金信贷

资金信贷大致包括政府直接资金支持和低息贷款等，主要用于以下的几个方面：

生产设施建设　很多农户在开始从事花卉生产时，都很难承担温室的建设费用。荷兰、英国花卉产业起步时的温室建设基本由国家负责，后来逐步实现了私有化；印度采用企业自筹、政府扶持，以及银行贷款分别占一定比例的办法帮助农户建造温室；韩国自1990年之后大力扶持园艺业，对花农购置农机具、栽培设施等给予适当的补贴，同时提供低息贷款；以色列、肯尼亚、埃塞俄比亚等国也给农户或生产商建立农场提供低息贷款。

出口商运费补贴　已知的有哥伦比亚、韩国和澳大利亚等国家，其中哥伦比亚花卉企业每出口1美元就可得到政府200比索(相当于10美分)的运费补贴。

支持科研　各国花卉产业的基础科研以及影响长远的战略课题一般都是由政府拨款支持的。

资金信贷支持对产业发展作用很大，尤其是产业发展初期，需要在基础设施、产后流通、科学研究、技术推广等方面给予扶持。但从目前总体趋势看，各国财政直接投入花卉产业的资金在减少，更多是采用银行低息贷款来作为产业发展的重要扶持政策。

四、政府、协会和企业在行业管理中的职能与分工

政府、协会和企业在花卉行业中所扮演的角色是很鲜明的，可以用一句通俗的话来比喻，就是“政府搭台，协会伴奏，企业唱戏”。

政府的职责就是为产业发展创造一个良好环境，为企业生存和发展搭好舞台，协助企业做力不能及的事情。具体包括制定有利的土地、税收、贸易和信贷政策，保护知识产权，支持基础科学研究、技术标准制定、基础设施建设等；协会的职责就是充分发挥好组织、协调、服务、监管四大作用。具体包括做好政府与企业的联络，市场信息的收集与反馈，统筹安排生产，开拓国内外市场，技术推广，业务培训，等等。协会是企业的代言人，要想企业所想，急企业所急，做需要企业联合起来才能完成的事；企业是花卉产业一切活动的主体，包括生产、销售、自主研发等。

在实际的行业管理中，有一点应引起重视，就是三者的权责不可缺位或逾越。政府切忌直接参与企业行为，协会不能替代政府，也不能混同于企业。权责清晰，各就各位，才有益于共同推动花卉产业持续健康发展。

第三章 中国花卉产业面临的机遇与挑战

自20世纪80年代以来，随着我国经济的快速发展和人民生活水平的不断提高，花卉产业从无到有、从小到大快速发展，花卉种植面积不断扩大，产值稳步增长，生产专业化、规模化水平不断提高，流通体系不断健全。花卉业已经成为一项前景广阔的新兴产业，在调整和优化农业产业结构、增加农民收入和改善人民生活质量等方面发挥出重要作用。据统计，截至2010年底，全国花卉生产面积达91.76万hm^2，销售额862亿元，出口创汇4.63亿美元。在面积和产值快速增长的同时，花卉产业区域化布局基本形成，专业化、规模化程度进一步提高。2010年种植面积3hm^2或年营业额500万元以上的花卉大中型企业达10844家，长期存在的"小而全"的落后生产状况有所改变。经过30年的发展，2010年全国花卉市场达2865个，以拍卖市场、批发市场、零售花店为主的花卉流通网络基本形成。同时，随着我国对花卉业的科技及科研教育的投入不断加大，花卉产品质量也在稳步提高，不少花卉产品质量已经达到或接近国际先进水平，基本满足了人们日益增长的消费需求。特别是"十一五"期间，我国花卉业的国际交流步伐明显加快，很多国外花卉企业也纷纷进入国内寻找合作或直接办场建基地，实施本土化市场竞争战略，争募当地人才，利用我国自然资源和低廉的劳动力成本，生产和推销花卉种苗和新品种，扩大市场份额。这不仅促进了我国花卉业的竞争和企业重组，而且还增强了花卉企业的品牌意识，使更多的花卉企业关注科技创新和产品特色及其效益提升和长远发展，并逐步走上专业化、职业化发展之路。

然而，与花卉业发达国家相比，我国花卉业还存在着劳动生产率水平低、区域布局和产品结构不合理、自主创新能力弱、流通体系不健全、市场竞争不规范等问题。2010年，全国花卉平均每公顷销售收入仅为9.4万元，人均产出不足1.9万元，而荷兰花卉业人均产值高达6万多欧元，每公顷产值达12.5万欧元。我国自然条件优越，种质资源丰富，市场潜力巨大，花卉产业发展前景十分广阔。

据初步预测，2015年全国花卉销售额将达到1267亿元(按GDP 8%增长率计算)，2020年将达到1616亿元(按GDP 5%增长率计算)。进入"十二五"，我国花卉业面临的机遇与挑战并存，大力发展花卉业，要着力提高自主创新能力，努力在核心技术和关键技术上取得突破；要进一步优化产业布局，逐步提高专业化、规模化水平，努力提升产品品质；要大力宣传花卉文化，普及花卉知识，积极引导花卉消费；要积极引进国外先进技术、优秀品种，努力开拓国外市场，不断提高我国花卉业发展水平。

第一节 中国花卉产业发展的现状和问题

一、花卉资源

我国是世界上观赏植物种质资源最丰富的国家之一，也是许多名花异卉的起源中心，素有“园林之母”和“世界花卉宝库”的美誉。我国幅员辽阔，地跨热带、亚热带、温带等多个气候带，加上地形、海拔、降水、光照等的不同和变化，形成了多种生态和气候类型。地貌类型齐全和气候多样的特点造就了我国植物资源的丰富多样。我国不但拥有种类繁多的花卉栽培品种，而且拥有丰富的野生花卉资源。据不完全统计，我国共有高等植物2.7万多种，其中观赏植物约占1/6以上，当今世界上许多花卉种质资源均原产于我国，如山茶（种类占世界总数的89%）、牡丹、翠菊、荷花、水仙、月季、栀子、桂花、菊花、梅花、丁香（总数占世界总数的83%）、报春花（占40%）、杜鹃（占75%）、蔷薇（占40%）、飞燕草（占37.7%）、木兰（占33.3%）、芍药（占30%）等，共达113科、523属、1万~2万种。

大量独有的种质资源为培育花卉新品种奠定了重要的物质基础。我国花卉栽培历史极为悠久，在《诗经·郑风》中就有“维士与女，伊其相谑，赠之以芍药”、“彼泽之陂，有蒲有荷”的记载。因此，我国不仅是许多名花的原产地，我国劳动人民在长期生产实践中又培育出许多新的栽培品种。目前，我国已有600余个杜鹃花品种、300多个梅花品种、160多个荷花品种和3000多个菊花品种。这些品种是我国花卉业发展用之不尽的源泉，对丰富我国花卉市场和陶冶人们的性情起着重大作用，并蕴含着进一步发展花卉业的巨大潜力。近年来，随着我国花卉业的蓬勃发展和花卉科技的不断进步，我国利用众多的花卉种质资源，开发出了不少新品种，丰富了花卉资源库，不少野生花卉在保护的前提下，得到合理的开发利用。如我国培育的月季、牡丹、芍药、木兰、杜鹃花、梅花、非洲菊、香石竹等花卉新品种，已有90多个拥有自主知识产权；其中，云南省自主研发并获国家新品种权保护的36个花卉新品种，2008年推广面积近2000亩，节约专利费300余万元，月季新品种‘中国红’还被选为北京奥运会、残奥会颁奖用花主花材。在对我国丰富的花卉种质资源进行开发利用的同时，全国许多植物园和园林花卉研究单位还特别注重对野生花卉的引种驯化工作，通过不懈努力，目前已引种筛选出一大批有前景的园林绿化植物种类和花卉育种材料，并对引种植物的生物学特性、生态习性、繁殖栽培技术等方面进行了研究。

丰富的花卉种质资源对我国现代育种成就起到了决定性的作用，但值得注意的是，盲目的经济意识头脑使得许多花卉生产者和经营者缺乏对资源重要性的认识，造成资源优势难以变为商品优势，从根本上制约了我国花卉业的快速和可持续发展。一是由于产业发展时间较短，我国丰富的花卉种质资源没有得到充分的开发利用，大多被遗忘在野外，任其自生自灭。二是缺乏保护意识，有意无意的破坏和野生资源的无序开采造成野生资源浪费和衰竭。目前，我国的一些花卉资源面临濒危的险境。如我国有兰科植物170余属、1200余种，其中约500种为特有种，但由于生态环境的改变及偷采滥挖现象屡禁不止，加重了野生兰花资源的濒危程度，部分特有种和珍贵种正在消失，保护工作迫在眉睫。三是对我国特有或占优势的花卉资源研究不深入，在国际上缺乏竞争力。如对我国著名高山花卉报春花属的栽培应用仅限在鄂报春、藏报春、报春花等极少的几个种上，范围狭窄，与我国占优势的报春花丰富资源很不相称。

二、花卉生产

近年来，我国的花卉生产发展迅速，并取得了重大成就。

一是花卉种植面积、销售量、销售额稳步增长。据农业部统计数据显示，2010年，全国观赏苗木、食用与药用花卉、盆栽植物、工业用花卉、鲜切花类的种植面积分别达到50.2万hm^2、16.4万hm^2、8.3万hm^2、6.5万hm^2、5.1万hm^2，花卉面积中所占份额最重的五大种类，其中，观赏苗木种植面积占总面积的54.7%，全国各地乡村建设的火热势头，拉动了苗木业的迅猛发展。

二是我国花卉生产区域化布局在花卉种质资源、生态条件、市场潜力、政策扶持、科研技术等多种因素共同作用下明显优化。基本形成了以云南、北京、上海、广东、四川、河北为主的切花生产区域；以山东、江苏、浙江、四川、广东、福建、海南为主的苗木和观叶植物生产区域；以江苏、广东、浙江、福建、四川为主的盆景生产区域；以四川、云南、上海、辽宁、陕西、甘肃为主的种球(种苗)生产区域等。一些我国特有的传统花卉产区和产品——如洛阳、菏泽的牡丹，大理、金华的茶花，漳州的水仙花，鄢陵的蜡梅，天津的菊花等，得到了进一步巩固和发展。

三是涌现出了一大批花卉生产基地和龙头企业，其中包括生产种子种苗、鲜切花、盆花和观叶观果植物等，这些基地和龙头企业规模化、专业化程度较高，示范效应较好。同时，还拥有了像“绿大地”这样的上市企业。

四是花卉产品结构不断向多样化、国际化方向发展，中高档花卉增加，且产品质量有所提高。以鲜切花为例，较长期以来，我国主要以月季、菊花、唐菖蒲、香石竹等为主，现在普遍增加了百合、红掌、鹤望兰、郁金香、彩色马蹄莲、文心兰等产品生产。

五是花卉生产的技术与设施由传统型向采用新技术、新设施转变。通过引进、消化、吸收和自主创新等，我国花卉业生产物质装备大有改善，2010年全国设施栽培总面积达8.67万hm^2，其中温室栽培面积达3708.66hm^2。

六是花卉标准化工作有所加快。自 2001 年 4 月国家颁布了包括种子、种苗、种球、鲜切花、盆栽类、草坪等 7 类 160 多个"主要花卉产品等级标准"以来，全国花卉标准化技术委员会成立并审查通过一批花卉标准，一些地方也制定了部分地方花卉标准，促使我国的花卉业进入标准化发展生产的道路。

尽管目前我国已成为世界最大的花卉生产基地，但在生产发展中也存在着很多问题。一是发展盲目性大，花卉产品结构失衡，品种更新缓慢。我国花卉业发展中主要以绿化苗木、低档盆花等产品为主，对鲜切花和中高档盆花发展有限，产品趋同，结构单一，导致恶性竞争严重，"花贱伤农"时有发生。二是科技力量比较分散，尚未形成研究、开发、生产一体化的局面，造成产品质量良莠不齐、技术标准不一、难以公平参与市场竞争的被动局面。三是花卉基础设施还普遍薄弱，抗风险能力差。四是花卉基地和龙头企业不仅量少，而且很少与合作社、农户有机结合起来，让花农共享产业化经营中所带来的收益。五是很多花卉没有标准，已有的国家标准或是地方标准存在着推行滞后的问题，不少花卉企业不重视不参与标准实行，因此，难以提高我国花卉标准的整体水平。六是缺乏对种植者的抗拒自然灾害风险等保障体系，以及缺乏如粮、棉、油、菜等主要作物的政府各项优惠政策。

三、花卉科技

无论在国内外，花卉产品的市场竞争不仅仅是数量和价格的竞争，而主要是技术含量、品牌、质量安全性和成本的竞争。我国花卉科技随着花卉业的不断发展，也取得了一定成效。主要表现在：选育了一批优良花卉新品种；培育了一批 F_1 代种子、种苗、种球；掌握了一批花卉促成（抑制）栽培新技术；更新了一批大田花卉生产技术；对种质资源保护、利用、提纯复壮和开发取得了一定成绩；对各种园艺资材的研究、利用有所突破和创新；积极推广和使用已有的新技术，使新技术开花结果获得了一定成就；开展了花卉技术培训，使一大批花卉从业人员掌握了一定的花卉生产等技术，2010 年我国从事花卉业的专业技术人员将近 16 万人；有关院校加强花卉科研工作，并尝试与花卉企业相结合，进行各项花卉科研开发，互惠互利；一批民营花卉科技生产企业（包括台资企业）产生，起着花卉科技生产龙头和示范、引导作用；政府在花卉科技投入方面也有所增加。

但是我国花卉科技的总体水平还处在一个较低的层次。如较长时期来没有妥善处理好引进与消化吸收的关系，重引进，轻消化，重加工，轻品牌，满足于简单的工艺模仿和"来料加工"，科技含量低；花卉的基础性和应用性研究不够，没有很好解决全局性、基础性、关键性和前瞻性的重大科技问题，因此难以提高花卉科技的整体发展水平；中央和地方的花卉研发机构还较薄弱，难以解决重大的花卉科技问题，因而不能直接服务于花卉企业和产业的发展；花卉科技示范基地和科技信息网络等基础条件平台建设还很不够；各有关院校、科研机构、培训中心在培养花卉科技人才方面与日益发展的花卉业还不相适应，花卉从业人员还普遍存在着科技水平低的现象；多数花卉企业技术开发能力和创新能力不强，效益不高；花卉科技成果转化率较低，贡献率不高；政府和协会在花卉科技的宏观指导、组织协调、科学布局、优化配置、完善机制、提升能力和资金投入等方面做得不够，还未有效地建立起层次清晰、分工明确、运行高效、支撑有力的花卉科技创新体系。

四、花卉市场

目前，我国花卉产品市场体系已初步建立，花卉产业链条也已形成，并不断向上下游延伸。有形市场已成规模，流通体系不断完善，交易模式不断丰富。在国内花卉消费规模逐渐扩大的基础上，消费市场逐渐细分，消费服务体系初步确立，以花卉协会为代表的行业组织体系不断优化，花卉投融资体系和保险体系正在建立。

据统计，到2010年底，我国花卉市场已达到2865个。同时，随着我国花卉生产、消费布局的相对集中，逐步形成了五大花卉市场格局，即以北京为中心的华北市场、以沈阳为中心的东北市场、以广州为中心的华南市场、以上海为中心的华东市场和以郑州、武汉为中心的中原市场。

花卉市场为沟通生产者、经营者和消费者起到了桥梁和纽带作用，为花卉业的发展做出了重要贡献。以云南昆明为例，“昆花”的长足发展得益于发育成熟的斗南花卉批发市场和国际花卉拍卖交易中心。近年来，昆明市加大了构建以产地为基础、销地为骨干、产销两地结合的农产品批发市场体系，在促进农产品市场流通，推动区域经济和保障市场供应方面起到了积极作用。昆明斗南花卉市场自1999年创建以来，历经十几年的发展，现每天有上万人次进场交易，花卉品种由原来以唐菖蒲、月季为主的单一品种结构发展到现在日均上市鲜切花上百个大类，1000多个品种，800余万枝鲜花，日成交额600余万元，每天约有500吨鲜花通过航空、铁路、公路运往全国60多个大中城市，部分出口日本、韩国及东南亚等周边国家和地区。2008年，斗南花卉批发市场销售花卉种苗（球）8000余万株，鲜切花交易量突破40亿枝，交易额达26.8亿元，占全国鲜花销售量的50%（冬季占全国销售量的75%），居全国花卉市场之首，成为目前全国最大的鲜切花集散地。昆明国际花卉拍卖中心拥有300个交易席位，2个电子交易大钟，能满足日拍卖200万枝鲜切花的需要。现共有600多家供货商和400多户购买商与拍卖交易中心签订了入场交易协议，平均日交易量40多万枝。每天进场参加交易的购买商有80~90户。近年来，北京、上海等大中城市的花卉市场发展也日趋繁荣，并在激烈的竞争中逐渐形成了各自的特色。如在产品种类方面，有以经营鲜切花为主的，有以经营盆栽为主的，有以经营花灌木为主的，有与产地结合办在郊区以经营当地花卉产品为主的，有综合性经营的等；在经营模式方面，有的花卉市场管理规范，摊位出租率明显增加，经营状况稳步上升；有的花卉市场以服务为重，稳定消费群体，使市场人气旺盛；有的花卉市场设施完善，功能齐备，成为集观光、购物、休闲于一体的多功能场所；有的花卉市场则以独特的经营战略吸引商户和消费者。花卉市场在发展中，不少花卉市场以人为本，发扬民主，加强管理，实现了主办方和进驻商户双赢；通过“花医坐堂”为花看病、举行家庭养花和插花花艺讲座、举办家庭养花(盆花、盆景)竞赛评比和奖励、举办有关小型花展等，努力为消费者服务，有效地增加了花卉消费。

目前，我国花卉市场存在的问题主要有以下几个方面：一是我国在花卉市场的建设方面，重“批发”市场，轻“零售”市场建设，重市场“硬件”，而忽视市场“软件”建设，导致我国花卉市场发育不足，难以有效引导消费。二是我国现有的花卉批发市场缺乏系统的建设规划，经营规模小，市场管理规则不健全，管理方式落后，缺乏有效的市场调控机制及政策、法规和标准，造成市场无序竞争，经济效益差。三是市场信息传递缓慢，无法在信息流、商流(洽谈、签约)、物流等方面发挥核心作用，也很难实现集中采购、物流、配货、服务等多种功能，无法提高企业经营规模和效率，制约了国内市场的升级。四是交易方式落后，主要是现货交易和“一对一”交易，容易导致价格波动较大，不利于供需平衡，而且花卉产品的非标准化导致市场内难以进行公开的竞拍交易。五是许多市场没有明确的定位，缺乏经营特色，服务不到位且设施设备条件差，相当多的批发市场仍停留在提供经营场地、出租摊位和收取管理费的初级阶段，造成消费者寥寥，“有场无市”。

五、花卉流通

花卉流通是联系花卉生产和消费的纽带。我国花卉业经过多年的市场建设和运作，已基本形成以大中型花卉批发市场为主体，专业花店、超级市场、农贸市场和街头摊贩、团体花艺商、花卉租摆商、园艺中心以及网络、邮递寄花等多种形式相结合的花卉交易市场格局。这些充分表明花卉流通体系已初步形成。

在我国花卉市场体系逐步形成的同时，花卉交易方式也呈现多样化趋势。而且，随着花卉拍卖市场的建立，我国花卉产品的流通有了新的突破。根据市场发展水平及地域发展特点，流通途径主要有以下几种：a. 生产者—消费者；b. 生产者—零售商—消费者；c. 生产者—委托商(代理商/行、拍卖市场)—零售商—消费者；d. 生产者—承销人—零售商—消费者；e. 生产者—花卉生产合作社—批发商(批发市场)—零售商—消费者。目前，虽然除云南以外其他各地的拍卖中心都因遭遇种种问题而结束拍卖交易，但拍卖市场的尝试建立仍给我国花卉产业带来深远影响。此外，以现代网络技术为基础的网上交易也成为许多规模较大的花卉企业日益青睐的交易方式。

物流环节是花卉流通中最关键的方面，贯穿于花卉产品从产地到消费市场的整个产业链。经过多年的努力，我国的花卉物流也已初步形成体系，共有花卉物流企业近7000家，形成物流设施提供企业、生产销售企业及外资企业共同参与的花卉物流格局。云南、山东等省份是我国花卉的主要生产区，以北京为中心的华北（含东北）地区、以上海为中心的华东地区和以广州为中心的华南地区形成了花卉产品的主要销售和运输市场，日本、新加坡、俄罗斯及中亚地区是我国花卉产品的主要出口国，航空、铁路和公路三大运输方式形成了我国花卉产品的运输网络。

近年来，我国国内物流网络不断完善。华北地区主要围绕北京及其周边城市以及东北方向发运货物，发往北京的货物大约有50%是中转发往其他城市。华东地区主要围绕上海、南京、杭州等城市发运货物，这一区域大部分花卉运输是采取直飞方式。华南地区主要围绕广州、福州、厦门、南宁、深圳等城市发运货物，其中发往广州和深圳两地的花卉，60%以上再通过陆路口岸转口至香港。同时，我国花卉物流服务质量和服务内容较几年前都有了很大提高。花卉产品从产地到消费市场，生产者、贸易商、物流企业和航空公司都参与到了花卉物流大军中，各环节上都有不同企业提供多种多样的物流服务，基本能满足不同客户各方面的要求。随着我国花卉品质的不断提升和物流业的发展，我国花卉产品出口的优势越来越明显，国际物流的巨大潜力也日益显现。

然而，我国花卉生产和需求存在着地区不平衡的特点，花卉消费常处于“南花北调”的状态。目前，我国花卉流通体系尚不健全，存在的问题主要有：一是流通方式落后。花卉的流通和交易时间快慢决定价值的高低，荷兰等先进国家的花卉批发市场一般以拍卖交易的方式，而我国仍以对手交易为主，主要流通渠道为生产者—批发商—零售商，花卉产销结合，流通规模较小，流通环节多，造成流通费用成本高，不但商户难以承受，也削弱了产品的市场竞争力。二是由于基础设施投入不足，花卉产业链不配套，流通环节缺少必要和科学合理的包装、运输、保鲜等配套设施设备，结果产品在流通中损耗大，质量难以保障。三是在营销过程中缺乏市场集聚和扩散辐射功能、价格调节功能、信息引导功能、商品余缺调节功能等有效机制，常使流通处在一个低水平或是茫然状态。四是花卉专用仓库、保鲜库、冷藏库以及能够提供保鲜、冷藏、分类、包装、运输、配送等一条龙的综合性全程服务的大宗花卉物流中心十分缺乏，建设布局不能满足花卉流通发展的需要。五是在流通销售过程中常发生诚信缺失、以次充好、价格不合理等现象，从而引起消费终端客户的不满，影响了花卉的国内外贸易。

六、花卉贸易

目前，我国已成为世界上重要的花卉消费国和花卉进出口贸易国，在世界花卉生产贸易格局中占有重要地位。在国际贸易方面，我国花卉产业呈现明显的四大区域贸易流向：首先，我国与日本、韩国、新加坡、泰国和中国台湾等亚洲国家（或地区）的合作颇为密切，这主要缘于地域近接、运输成本低以及资源互补等因素；其次，与世界花卉集散中心荷兰有大量贸易往来，欧洲是花卉产业发端的区域，也是目前为止花卉业最发达的区域，荷兰的拍卖体系汇总了来自全世界的花卉产品，我国与荷兰贸易往来相当于与全球花卉市场对接；再次，与以美国为代表的北美洲有较多进出口双向贸易联系，美国是世界三大消费中心之一，其花卉市场的日渐饱和驱动其向中国寻求新的市场机会；第四，与南美洲从智利流出的花卉产品有较频繁单向(主要是进口)合作，近年来智利不仅本国南部地区的球根花卉种植规模逐渐扩大，而且比起其他拉美国家拥有更便利的海港物流条件，因此可以把我国与智利的贸易看作与南美洲花卉产出大国(如哥伦比亚、厄瓜多尔等)间的产品交易。

随着我国花卉产品质量的明显提升，加之土地和劳动力成本相对低廉，国外市场对我国花卉产品需求日益增大，出口量一路攀升，特别是盆花、鲜切花这两类产品的出口额增长迅速。据我国海关统计数据显示，2010 年我国花卉出口贸易依然呈现向前发展的态势，贸易额达到 4. 63 亿美元，较 2009 年的 4. 1 亿美元相比，增长达到 12. 93% 。在花卉出口的 7 大类中，鲜切花、盆栽植物、鲜切叶和观赏苗木依旧是我国花卉主要出口类别，出口额分别为 19390. 9 万美元、7507. 6 万美元、3865. 3 万美元和 3172. 3 万美元，分别占出口总额的 16. 21% 、41. 87% 、8. 35% 和 6. 85% ，分别较 2009 年同比增长 3. 81% 、87. 06% 、13. 71% 和 30. 62% ，值得一提的是，工业及其他用途花卉的出口额 2010 年达到 3175. 30 万美元，占出口总额的 6. 86% ，较 2009 年的 2247. 2 万美元，提高 41. 30% ，成为我国花卉出口的重要类型之一。日本、荷兰、韩国和美国依然位居我国花卉出口主销市场前四位，分别占花卉出口总额的 41. 02% 、17. 30% 、8. 21% 和 6. 96% 。在花卉进口的主要类别中，种球和种苗依旧占据我国花卉进口主要地位，进口额分别为 3846. 2 万美元和 3022. 0 万美元，分别占进口总额的 43. 13% 和 33. 88% ，较 2007 年同比增长 4. 52 % 和 12. 20% ，其次为鲜切花 1550. 3 万美元，占我国花卉进口总额的 17. 38% ，同比增长 14. 00% 。我国进口花卉主要来源于荷兰、泰国、中国台湾和韩国，上述国家和地区的进口额分别占花卉进口总额的 44. 49% 、19. 38% 、14. 60% 和 3. 02% 。2008 年，我国花卉出口金额位居前五位的省市依次为浙江省、广东省、云南省、福建省和上海市，这 5 个省市的出口额约占我国花卉出口总额的 79. 72% 。我国花卉进口额位居前五位的省市依次为广东省、云南省、北京市、上海市和浙江省，这 5 个省市的进口额约占我国花卉进口总额的 94. 66% 。

我国花卉贸易额的不断攀升不但是花卉产业蓬勃发展的重要体现，同时也反映出花卉贸易中存在的一系列问题。如我国花卉产品出口量虽呈上升趋势，但总体来说，出口优质花卉较少，在国际市场上主打是价格优势，而不是品质优势。与此同时，鲜切花进口量的大幅增加，反映出我国鲜切花生产由于品质不够稳定、品种单一等问题，目前还满足不了国内高端消费市场的需求，高品质或新奇特的切花品种仍依赖从国外进口的被动局面。另外，受制于花卉物流运输的不足，东欧俄罗斯和中亚各国等花卉产品需求量激增的新兴市场开拓不力。同时，我国花卉出口一方面缺乏有效的组织和质量监控，没有形成品牌、品种和技术优势，另一方面花卉进出口方面的瓶颈较多，商贸信息不通畅，贸易人才缺乏，管理环境不佳。尤其是在商贸物流、濒危证、植物检疫、通关手续、新品种保护、政策扶持等方面，如何来简化出口审批手续、通过植物检疫、缩短报关时间、加快濒危证办理、建立商贸物流体系和鲜切花冷链配置等问题已成为当务之急。

七、花卉消费

随着人民生活水平和文化素养的不断提高，花卉消费量在不断上升，我国花卉消费有着巨大的潜力。以北京、上海等花卉消费的重点城市为例，2008 年底北京市有 37 家花卉市场，1500 家花卉零售点，花卉消费额达到 70 亿元，已近全国一成（全国花卉销售额 666.9 亿元）。2008 年，上海年销鲜切花约 7 亿枝，人均已达近 40 枝；盆花从六七年前被喻为“上海花卉缺一角”的花卉，现已年销售近 2 亿盆。上海是开展花卉租摆最早的大城市，花卉租摆现已遍及宾馆、文化娱乐场所、大型超市、高档饭店、商住办公大楼、政府机关、大专院校、外资企业、大型企业等，预计产值在 5 亿元以上。在全国范围，各种节日的花卉消费，如春节、元旦、清明、五一、十一、圣诞节、情人节等消费量和消费额不断上升，特别是一些中高档盆花或是季节性盆花，在春节前的销售量更是一路飙升。同时，在花卉年消费总量呈连续上涨的背景下，花卉消费由节庆时令消费逐步转向日常消费，年宵花的市场消费份额开始呈现下降趋势，如近两年山东省的年宵花已经从占全年消费总量的 70% ~80% 下降到 50% ~60% 左右。在消费习惯上，已一抹过去见花就好的习俗，而是倾心于中高档花卉、新品种花卉、组合盆栽花卉、造型花卉、新奇特花卉等，这些花卉即使价格很高，问津者仍然众多。总体来看，我国的花卉生产正在以每年 20% 的速度增长，花卉市场发展前景广阔。

尽管我国居民的花卉消费水平逐年提高，但与世界平均水平相比，仍然处于很低的水平（据统计，我国人均花卉消费金额每年为 0.7 欧元，仅为世界人均水平的 1/10），这严重制约着我国花卉产业发展。调查发现，在消费者购买力和消费水准同步提高的同时，消费者除了对商家推出的新包装、新的产品形态感兴趣外，产品质量是否可靠、养护是否简单仍是其最为关心的问题。然而，在产品质量方面，由于缺乏标准或虽有标准不执行，造成花卉产品质量较差，无法引起消费者的购买欲望。而在引导消费、刺激消费的环节，全国很多花卉市场中只有小部分销售人员受过专业培训，直接面向终端消费的销售人员不了解盆花家庭养护知识，从而无法形成通过完善的服务延长花卉观赏期，培养终端消费者的消费热情，进而推动市场购买力提升的良性循环。目前，我国花卉消费绝大多数仍是节假日消费、团体消费，日常消费、个人消费尚未成为常态，且花卉消费群体主要集中于大中城市，农村花卉消费几乎为空白，中小城市的消费也比较少。这种消费不均衡现象除了与经济发展程度、消费习惯和消费理念有着密切关系外，花文化宣传较少，花卉消费的宣传力度不够，从而无法实现我国花卉产品的潜在消费也是其中原因之一。另外，连锁品牌花店、家庭租摆业务等高端市场的缺乏，加上现有的部分花卉市场管理混乱、无序竞争的恶劣局面，导致消费者的合法权益得不到保护，不但无法满足多样化、优质化的消费需求，也严重制约了花卉消费群体的扩大和新的花卉消费市场的培育。

第二节　中国花卉产业发展的机遇和空间

一、世界花卉产业格局的变化

近年来，随着世界经济发展的不平衡和区域性市场的形成，世界花卉生产不断扩大，市场竞争日趋激烈，各国都在利用自身优势，采取相应措施，保住或开拓国际花卉市场的份额，全球花卉产业布局正在发生深刻的变化，利益格局已经重写。从国际花卉业发展形势来看，20 世纪 90 年代以前，世界花卉的生产主要集中在西欧、北美和亚洲的日本等一些发达国家。如今，由于受生产成本、环境保护、经济增长速度等因素的影响，发达国家发展花卉业的速度已经放缓，有的甚至出现下降的趋势。花卉生产逐渐转向自然气候条件优越、劳动力价格比较低的发展中国家和地区，刺激了肯尼亚、哥伦比亚、厄瓜多尔等国家的花卉产业发展。90 年代后，这一趋势进一步加深，一些亚洲国家后来居上，自然资源丰富、劳动力便宜、交通运输方便的国家和地区花卉生产正在迅速崛起，逐渐成为花卉主要生产区域和新的花卉生产出口国，而经济发达、有着良好花卉消费习惯的国家和地区成为新兴的消费区域。

我国是世界观赏植物种质资源最丰富的国家之一，大量独有的种质资源是培育花卉新品种的重要物质基础。我国横跨多个气候带，气候资源多样，世界上多数花卉种类都可以在我国找到适合其生长的自然环境，这样可以大大降低生产成本，提高产品质量。花卉业是劳动密集型产业，我国拥有相对充裕的劳动力资源，且成本相对较低，可以为花卉业的发展提供人力资源保障，在花卉产业竞争中具有相对的成本优势。尤其是随着国际交流和合作的逐渐增多，花卉产业一体化进程日益加快，各花卉生产国和出口国都最大限度地优化自然资源和人力资源，尤其将信息资源和品种资源作为产业发展的基础和根本动力，本着利益最大化的原则，同时也顺应经济全球化、贸易自由化、信息共享化的趋势，积极开拓花卉市场。这些有利条件、比较优势和市场潜力在被我国各有关方面普遍认识和重视的同时，也吸引了国际上知名的花卉企业来华考察、投资，加快了我国花卉业与国际花卉市场的对接，由此，一方面提高了国内花卉生产水平和市场供应能力，另一方面，也缩小了与国际花卉产业的距离，进而逐渐打开进入国际市场的大门。值得注意的是，目前发展中国家中已涌现了一些花卉生产的先进国家，如哥伦比亚在月季外销上增长很快，香石竹出口无论单头还是多头也有显著的增加。以色列因其先进的温室设施及喷、滴灌技术，生产成本较低，加上空运费较低，使得所有外销产品都具有较高的竞争力。在新兴国家中最具优势的国家为厄瓜多尔，其生产者大多集中在月季的栽培方面，目前种植面积已超过 1000hm^2。世界花卉业的稳步增长及产业转移，为我国花卉业进一步发展创造了良好的外部环境。因此，我国花卉必须顺应世界经济一体化的趋势，把握产业转移的机遇，实现四个转变：一是由扩大生产规模的数量型增长，向优化结构、集约化经营的质量效益型转变；二是由大量引进新品种、新技术，向自我培育新品种、开发新技术转变；三是由以国内市场为主，向扩大国际市场转变；四是由重生产、轻配套服务，向完善产业配套和服务体系转变。科学调整产业规模、品种结构、质量效益的关系，使产业稳步协调发展。

二、潜力巨大的国内消费市场

我国不仅是世界上最大的花卉生产基地，同时也正在成为新兴的花卉消费市场。然而，与发达国家相比，我国花卉消费的总体水平还比较低，这既是差距，也是发展空间。我国有 13 亿人口，随着经济社会的全面发展、人民生活水平的不断提高、城镇化和城乡经济社会发展一体化的加快，以及社会主义新农村的建设，我国的花卉业已经进入了一个高速发展的阶段，花卉生产逐渐向规模化、专业化方向发展，国内花卉消费市场空间巨大。同时，我国已进入工业化中期阶段，“工业反哺农业”正在成为现实。农业无税时代已经到来。这必将更大地调动各方积极性，吸引更多的资金、人才、技术投入到花卉事业中来，更加有效地激发产业发展活力。特别是党的十八大明确把生态环境建设提高到国家发展战略的高度，赋予花卉业特殊地位和重要使命，为我国花卉业稳步、健康发展创造了重要机遇。

目前生态环境建设已经引起各级政府的高度重视，国家林业局 2009 年 11 月份数据显示，退耕还林工程实施 10 年来，我国已完成退耕还林任务 4.03 亿亩。同时，全国各地城市园林建设的步伐也正在加快，绿化和观赏苗木、各种地被植物、花坛花的市场需求大幅度上升。据统计，到 2008 年底，我国城市绿化覆盖率已经达到 36%，人均公共绿地面积增加到 8.6m^2。全国已评选出“全国绿化模范城市(区)”36 个，“国家森林城市”7 个，“国家园林城市(区)”138 个。其中，大中城市的绿化发展尤其迅速，城市环境大有改进。以北京市为例，2008 年全市新增绿化面积 9458hm^2，栽植各类苗木 2500 万株，森林覆盖率达到 36.7%，林木绿化率达到 52.6%，城市绿化覆盖率达到 44.4%，人均绿地面积达到 49.5m^2，人均公共绿地面积达到 14.5m^2。2012 年北京市要在完成“十二五”规划年度计划造林任务 6667hm^2、新增城市绿地 1000hm^2 的基础上，确保完成平原造林绿化 13333hm^2 的硬性指标。全市森林覆盖率达到 38.6%，林木绿化率达到55.5%，城市绿化覆盖率达到46.2%，人均公共绿地面积达到15.5m^2。生态环境建设和城市园林建设步伐的加快无疑成为拉动我国花卉产业发展的强大动力。另一方面，为应对国际金融危机冲击、保持经济平稳较快发展，2008年年底国家及时调整宏观经济政策，果断实施积极的财政政策和适度宽松的货币政策，形成了进一步扩大内需、促进经济增长的一揽子计划。大规模增加政府支出，实施总额4万亿元的投资计划，主要用于铁路、公路、机场建设，农村民生工程和基础设施建设，节能减排和生态建设等方面。现在，这些措施已取得初步成效。绿化美化作为多数基础设施建设项目的附属工程，对花卉苗木产业的拉动作用更将是前所未有的。

根据消费经济学的分析，在温饱型的消费和耐用品消费的发展阶段之后，文化消费阶段必然随之将至。花卉产品区别于一般的农产品，本身即具有文化内涵。我国有着悠久的花文化传统，花文化早已浸透到人们社会生活的每个角落。近年来，花卉行业各组织十分重视花卉文化建设，在深入挖掘传统花文化、丰富花卉文化内涵以及普及花卉知识，弘扬花卉文化等方面进行了不懈努力，同时通过媒体及商家的大力宣传，花文化的传播为进一步引导花卉消费，繁荣花卉市场，促进花卉生产提供了强大动力和良好机遇。目前，我国的花卉消费正逐步由集团消费和节日礼品消费为主向集团消费和个人消费、节日礼品消费与日常消费并重过渡。在人民生活质量不断提高、环境逐步改善的同时，通过花文化的丰富和传播，花卉消费市场仍将不断扩大，据预测，我国的花卉消费将每年以20%的速度高速增长。日益扩大的花卉消费和不断繁荣的花卉市场，必将进一步推动花卉产业大发展。

三、日益繁荣的国际市场

花卉业是世界各国农业中唯一不受农产品配额限制的产业，被誉为“朝阳产业”。据统计，世界花卉产品贸易额从20世纪90年代起以每年10%左右的速度递增，已成为世界贸易的大宗商品，到2006年全球花卉消费已超过3000亿美元，并在近年来仍以6%的速度逐年上升。目前，在国际市场上主要有三大消费市场，即以欧盟为主的欧洲消费市场，以美国为中心的美洲消费市场和以日本为中心的亚洲消费市场。近年来，三大区域性消费市场不断扩张，同时，伴随经济的发展，一些发展中国家和地区的花卉需求也迅速增长，市场潜力巨大。我国发展花卉业在气候资源和劳动力资源上都有比较优势，随着我国花卉品质的不断提升和物流业的发展，花卉产品在国际市场的占有率逐年升高。因此，日益繁荣的国际市场为我国扩大花卉产品出口贸易提供了良好机遇。

日本是亚洲花卉消费的最大市场，近几年平均每年的花卉消费总额在5000亿日元左右(约合50亿美元)，日本也是亚洲花卉进口最多的国家，近几年平均的花卉进口额在400亿日元。我国对日本出口花卉具有得天独厚的优势，日本消费市场的旺盛需求将有利于提高我国花卉产品在亚洲市场的出口份额；在航班增加、运力充足等条件下，新加坡和吉隆坡市场有望成为我国花卉产品在国外的销售中心；位于南半球的澳大利亚的气候正好与我国云南相反，开拓大洋洲市场可以缓解夏季我国“云花”低迷的局面，获得较好的经济效益；东欧俄罗斯和中亚各国市场对花卉产品的需求量日益增大，随着内陆港口的逐步开放以及物流运输的多样化，我国花卉产品出口到俄罗斯及中亚地区的优势越来越明显，有关专家分析，近年来俄罗斯鲜花市场的年增长速度平均达25%，而这一增长速度在未来几年内还会持续，俄罗斯市场将成为我国花卉出口又一个新的经济增长点。

四、良好的政策环境

从产业的特点来看，花卉业是一个劳动密集、资金密集和技术密集的产业，兼有经济效益、社会效益和生态效益。实践证明，发展花卉业对优化农业产业结构、促进城乡统筹发展、建设社会主义新农村和改善人民生活环境、提高人民生活质量等方面，都有着重要的作用。同时，花卉业在我国是也一项新兴产业，领导的重视和政府的支持，对于推动花卉业的快速发展至关重要。近年来，我国政府部门和花卉相关行业组织均高度重视和支持花卉产业的发展，特别是一些花卉主产区，制定出台了一系列适应我国花卉业现实水平、发展趋势和行业特征的产业政策，对促进产业发展发挥出积极的推动作用。

鼓励科技创新是提高我国花卉产品竞争力、保障我国花卉业持续健康发展的根本措施。继1997年国务院颁布实施《中华人民共和国植物新品种保护条例》以后，国家林业局和农业部分别于1999年和2007年制定或修订了《中华人民共和国植物新品种保护条例实施细则（林业部分）》和《中华人民共和国植物新品种保护条例实施细则（农业部分）》。随后，2008年7月1日起施行的《中华人民共和国科学技术进步法》中，明确规定了四大鼓励自主创新的政策制度。结合我国花卉业的特点和现状，相关鼓励创新的优惠政策将对于激励花卉业科研机构和广大育种者进行新技术或新品种自主创新的积极性、保护科技创新工作者的利益，从而提高我国花卉业的科技储备具有明显的促进作用。

花卉的运输配送问题是保证花卉产品质量的重要环节。海关总署和国家濒危物种进出口管理办公室先后为花卉出口实行了24小时“绿色通道”和降低出口管理费等优惠政策；民航部门针对花卉这种鲜活产品也出台了相应的运输管理办法，并适当降低运费。同时，花卉业受气候条件影响非常大，是一项集高投入、高产出、高效益和高风险于一体的产业。针对花卉保险具有高风险、高赔付的特点，各地政府在大力倡导发展花卉业之时已开始关注花卉保险，出台了一些政府补贴保费的方案。为此，有些地方的保险公司推出了温室大棚农业保险，对温室棚架、薄膜、安装费用、棚内作物等4个分项进行保险。这些政策都极大地提高了花卉生产者和企业的积极性，促进了我国花卉业健康发展。

“绿箱”政策是WTO成员国对农业实施支持与保护的重要措施，自

2001 年我国加入世贸组织以来，如何充分利用“绿箱”政策为我国花卉产业的快速发展保驾护航一直是花卉相关行业组织关心的问题。近年来，随着我国推进社会主义新农村建设和构建和谐社会、建设生态文明的步伐加快，各级政府就花卉业科学研究、培训服务、技术推广、咨询服务和基础设施建设服务等方面的优惠政策进行了一些有益探索，并积累了很多成功经验，相信随着更多优惠政策的逐步实施，必将为我国花卉业的健康、快速发展注入新的活力。

第三节　中国花卉产业面临的严峻挑战

市场的开放和自由贸易最终将给交易各国带来福利，但在市场开放初期，相对落后的民族产业无疑在一段时间内要面临国际强势力量的冲击。近年来，虽然我国花卉业已经有了较大发展，但由于起步晚、起点低，与发达国家相比还存在不少差距。中国的花卉产业在迅速崛起的同时，也面临着各方面的严峻挑战。总的来看，我国花卉业种植面积大，但经济效益差，高级技术和管理人才不足，企业自主创新和持续创新能力差，花卉产品品种单一，科技含量低，缺乏竞争力和后劲；市场流通体系不健全，管理不规范，无序竞争现象严重，而且信息网络服务体系不完善，信息流通不畅通，导致产品不对路、市场定位不准确，无法取得预期效果；花卉文化建设方面没有引起足够重视，引导消费促生产的观念和机制尚未形成；同时，我国花卉业尚缺乏有效的宏观指导和管理，在发展过程中，盲目扩大数量、低水平重复、产业布局不合理等问题仍然比较突出。

一、科技的挑战

花卉业是一种科技含量很高的产业，“科技兴花”是世界花卉产业发展的必由之路。随着全球经济一体化的发展，世界花卉生产与贸易的竞争，实质上是科技水平与人才的较量。“科学技术是第一生产力”，就科技水平而言，品种和质量的优势是保持花卉业核心竞争力的根本。

目前，世界花卉消费市场正由传统花卉消费逐渐转向新优花卉消费。新品种是花卉生产的命脉，是产业发展的源动力。花卉业发达国家一直以来都高度重视花卉新品种的培育及品种专利的保护。据荷兰有关资料显示，至少有 630 多家公司在进行花卉品种资源的收集或开展育种工作。荷兰国家园艺植物检测总署的资料表明，2006 年仅一年办理的观赏植物新品种测试和登录便达到 1000 多项。同样，在亚洲花卉生产强国日本，花卉新品种的申报登录数量也不断上升。优良品种是花卉业重要的生产资料，也是花卉科技进步的重要体现。除了品种新以外，质量好也是花卉产品在市场上竞争的重要方面。纵观世界花卉生产强国，花卉生产技术的发展，无不围绕着提高花卉产品质量的提高而进行。组织培养技术的发展，保障了花卉生产源头产品——种苗、种球的质量；无土栽培技术的发展，解决了设施栽培中土壤盐渍化对花卉生产造成的危害；专业肥料及营养液的研究和发展，保证了花卉植物最佳的营养条件，从而使花卉的观赏性能得到充分的表达；智能化温室工程的发展确保了花卉生长的最佳条件，保证了花卉产品的规格一致和完善质量。这些都是国外花卉企业花卉生产工厂化、标准化的前提和先决条件。

反观我国的花卉育种和生产工作，近年来，我国花卉企业的自主研发能力有了明显的提高，但从总体来看，技术创新能力与发展规模依然不相适应，大量的关键技术和优势的品种还主要依赖进口，技术创新能力不足已成为我国花卉业科学发展的瓶颈。尤其是在新品种培育方面，尽管我国拥有丰富的育种资源，但花卉科研开发和新品种培育工作十分滞后。由于起步晚、起点低、基础较差以及资金投入不足、一些育种目标和方向与市场需求和生产实际脱节、新品种权保护不力等问题，我国花卉资源开发和科研创新能力较弱，导致拥有自主知识产权、具有较强市场竞争力的花卉新特优品种严重匮乏，这已成为制约我国花卉产业发展、参与国际市场竞争的突出问题。目前，我国花卉出口的类别主要有鲜切花、盆栽植物、观赏苗木、干花以及蝴蝶兰、香石竹半成品和原产于中国的花卉种子，大都属于低端产品，科技含量较低，品种老化，无法占领国外高端产品市场，虽然价格上占有一定的优势，但其利润率却很低。以出口日本为例，中国香石竹的出口量占日本香石竹市场的第二位，但价格却一直徘徊在哥伦比亚产品的1/3价位，其主要原因就是品种落后。花卉生产方面，我国花卉业正面临着生产技术服务体系不健全、专业技术人员不足、科技推广体系不完善等一系列问题。目前，花卉生产的关键技术仍需要引进，种苗、种球大部分也靠进口，绝大多数企业技术开发能力和创新能力还很薄弱，缺乏技术创新的资金和优秀人才。生产技术的落后直接影响到花卉商品的质量。与国外同类产品相比，我国切花、切叶、高档盆花质量等级普遍偏低，新品种的品质难以保证。同时，由于我国贯彻推广花卉标准化生产的工作严重滞后，而国内的市场体系又缺少对花卉质量的约束力，一些投资者只重视硬件投入，不重视品种更新和技术引进，栽培管理水平低，导致一些技术含量高、附加值高的花卉仍需要进口，而一些中低档花卉产品不但质量普遍较低，而且参差不齐，造成市场无序竞争，严重干扰了花卉市场的健康发展。另一方面，我国花卉的种植面积和产量均居世界第一位，但单位面积产量、产值和劳动生产率水平与一些发达国家相比仍存在较大差距。我国花卉种植面积是荷兰的近10倍，而产值却只有荷兰的1/6，出口额只有荷兰的几十分之一。中国切花月季的生产，每平方米土地年生产月季不到100支，而在荷兰、哥伦比亚等花卉发达国家，平均每平方米土地年生产月季250~500支。设施装备水平低，设施生产面积所占比重过小是造成我国花卉产品质量差的另一主要原因。我国设施栽培的自主创新能力差，大多数大型温室设施都是从国外进口，造价偏高，同时这些设施往往依据国外气候条件设计，照搬到中国则不尽合理，影响了花卉生产成本和品质。2010年，虽然我国花卉保护地栽培面积已达总种植面积的

9.45%，其中温室仅占2.41%，与荷兰的60%左右、韩国的57%相差巨大。

品种和质量是提高我国花卉业国际竞争力的关键。如何创新种质，提升科技含量，创新主体技术，保障产品低耗优质成为保持我国花卉业健康快速发展的重要挑战。为此，我国要坚持依靠科技进步，重视利用中国传统名花和野生花卉资源，不断加大花卉科研，特别是花卉新品种培育的工作力度，通过提高育种技术，选育出一批具有国际竞争力的新品种，增强自主知识产权；要进一步加强工厂化育苗、设施栽培技术研究以及保鲜、贮运等配套技术的研究，及时将科研成果转向生产。同时，要重视人才的培养和引进，逐步提高从业人员的综合素质，依靠科技进步，提升我国花卉业整体水平，使我国花卉产业的发展不断持续向前，从而真正实现花卉业现代化。

二、市场和信息的挑战

花卉生产成为一个产业，其中最关键的要素就是市场。世界上花卉市场发展最为先进和完善的国家是荷兰。经过100多年的漫长历程，荷兰的花卉市场从肩挑手提的叫卖阶段到设摊销售的自由市场模式，到如今已发展为最先进的拍卖市场。几乎荷兰所有的花卉生产企业都是拍卖市场的会员，产品的销售从货运、拍卖、结账一条龙的服务使得花卉生产者解除了产品销售上的后顾之忧。这种高效、高质量的市场体系使花卉产业真正形成了产业链，保证了花卉业的持续健康发展。

近年来，我国花卉产业发展由生产者主导型逐渐向消费者主导型转变，以市场为导向确定生产方向，更多的经营者把关注基地生产转向关注市场，形成了一批以基地为中心的大型集散地和物流批发市场。如昆明斗南花卉市场、北京莱太花卉市场、广东陈村花卉大世界、大连鲜花总汇等花卉市场闻名全国。到2010年底，全国有各类花卉市场2865个，以批发、拍卖、连锁超市、零售、鲜花速递、网上交易等互联的销售流通网络已初步形成。然而，我国的花卉市场经过20多年的发展，虽然已艰难地走过了肩挑手提的叫卖阶段，但仍处于自由市场模式阶段，而且在强调"有形市场"建设的同时，忽略了"无形市场"的培育，市场管理不规范，管理方式落后的问题十分突出，严重影响了我国花卉业的产业化发展。由于管理系统的不完善，我国花卉市场存在一哄而起的现象，布局不尽合理，许多市场的管理较为松散，入市的门槛低。虽然这有利于花卉市场本身的局部的发展，但从长远来看，低质量花卉产品的自由交易，不仅对花卉产业的提升不利，对花卉市场今后的长远发展也造成严重影响。上海也曾试行过花卉的拍卖，但很快夭折，北京莱太花卉市场的拍卖，至今未成典范，这都说明了在自由市场模式下的花卉市场，如不提升管理水平，将无法推动市场的现代化进程。另外，花卉是特殊的鲜活产品，是瞬间消费，一旦流通不畅则易造成严重损失，因此及时准确地了解国内外花卉产销情况和价格走势，对于指导花卉生产和流通至关重要。然而，目前我国花卉市场花卉供求和市场预测的信息网络服务体系仍不健全，使得花卉生产者和花卉生产企业不能及时准确地掌握花卉生产发展状况及市场行情，获得市场信息的手段落后，信息传递速度缓慢，准确性不高。许多花卉生产者只能根据历年的花卉生产和销售情况来选择当年的种植品种。信息的不灵加上缺乏有效的市场调控机制和相关的政策、法规，标准，造成市场无序竞争，制约了国内市场的升级。在花卉市场流通体系方面，目前，我国花卉流通体系尚不健全，花卉产业链配套不完善，市场基础设施建设滞后，流通环节缺少必要的包装、运输、保鲜等配套设施，花卉产品流通损耗大、流通环节多、时间长、成本高，产前、产中、产后服务跟不上，产品质量难以保证。国际贸易中缺乏畅通的绿色通道，进出口手续繁杂，多部门审批，物流渠道不畅导致企业支付费用过大，花卉进出口受到限制，制约了我国花卉产品顺利进入国际市场。

花卉产业要走向世界，参与国际竞争，则必定要实现花卉市场的现代化。为此要加快引导花卉生产模式的转变，先通过合作社的形式，将分散的个体花农引向专业化、规模化生产的道路上来；要加强花卉市场的管理，做好区域布局规划，逐步使现有市场向专业化、规模化过渡；加速制定花卉质量标准，加强花卉产品的质量监督，并提高进入市场的门槛，积极推广花卉产品分等分级，实现优质优价；借鉴荷兰等花卉业发达国家的成功经验，在花卉市场中逐步推广会员制，使花卉生产者成为会员，从中得到信息、销售、物流等相关服务和优惠。在以上措施推进的基础上，再逐步推广先进的拍卖市场。

三、文化的挑战

现代花卉业有别于传统花卉业，是以广泛应用现代科学技术为主要标志，以充分利用社会、花卉文化等人文环境为依托的花卉业。现代花卉业已出现由传统的花卉种植业、花卉农业向现代花卉文化产业转型的趋势。在竞争日益激烈的花卉市场中，除了重视花卉业的科技创新外，各国都认识到花文化在培育和扩大花卉消费市场、推动花卉产业发展中的重要作用。

我国是一个文化古国，花文化也有悠久的历史。在《诗经·郑风》中就有“维士与女，伊其相谑，赠之以芍药”的记载，早在唐代之前，我国已出现盆景，宋代便有《兰谱》、《芍药谱》、《洛阳牡丹记》等花卉专著，花仙子洛神，很早就出现在民间传说中，明清时著名小说《镜花缘》已将花卉人格化，清明祭墓献花、重阳登高赏菊、腊月临雪赏梅均是我国历来已久的民俗了。然而，从历史渊源上看，与我们悠久的花文化相比，外国火极一时的郁金香文化、康乃馨文化、百合花文化、火鹤花文化，完全不可等同而语。就文化内涵而言，两者应该是互有特色。但是，国际上一些发达国家对花文化的社会功能已经发挥到了极高的水平，并在国内造成了深远的影响，远远大于我国的花文化所发挥的作用。比如早在20世纪90年代，国外公司向我国大量引进一品红，使“圣诞花”广为流传，从而将国外的圣诞节也转化为中国的一个时尚节日。又如切花月季，自从国外传入“情人节”的概念后，每逢情人节，切花月季销售量和价格都比平日高出几倍，从而推进了切花月季种植面积的不断扩大，还有国外“母亲节”的概念，推进了我国香石竹生产的快速增长。由香石竹的发达，联想到中国也有一朵古老的母亲之花——萱草，它作为母爱的象征，大量出现在古人的诗文中，如“萱草生堂阶，游子行天涯；慈母依堂前，不见萱草花”；“白发萱堂上，孩儿更共怀”等。后来又延伸成了我国公认的“母亲之花”。但是，我们对萱草的文化挖掘与宣传，远远赶不上外国对康乃馨、郁金香、百合花、火鹤花等下的功夫。同是“母亲之花”，国外的“母亲花”红遍了全球(也包括中国)，而我们的“母亲花”却日益受冷落。因此，外来花文化对我国传统花文化的冲击十分巨大，大力弘扬中华花卉文化，从而推动具有中国特色的花卉产业的发展已刻不容缓。

为应对国外花文化的“入侵”我们应在以下几方面加强我国花文化的建设：

一是在国内的各类花展中，应有重点地宣传传统花文化，特别是要参照国外的经验，结合我国传统节日，宣传与其相应的花文化概念。

二是与国内频繁的花展相对，我国花卉企业参加国外花展实在太少，应积极组织花卉企业参加国外花展，重点宣传中国的传统花卉和花文化，让我国花文化走向世界。

三是利用一切宣传媒体，特别是利用我国繁多的传统节日，宣传相关的花文化，使我国的传统名花也像“圣诞花”、“母亲花”一样深入人心。

四、宏观管理的挑战

花卉产业的可持续发展需要完善的法律作保障，花卉产业化需要科学的管理办法，然而我国花卉业主要是依据民间自发的积极性发展起来的，尚缺乏有效的宏观指导和管理。在发展过程中，盲目扩大数量、低水平重复、产业布局不合理等问题仍然比较突出。目前，我国在花卉业行业立法方面的工作仍十分欠缺。例如，目前我国还没有出台完善的品种专利保护法，育种人员没有积极性，培育出的新品种不愿意拿出来推广，这是品种选育成果少，有了成果也不能很快转化为商品的主要原因，严重阻碍了花卉产品竞争力的提升。另外，整个花卉产业的标准化管理跟不上，花卉产品质量标准、生产人员技术考核标准不完善，经营人员没有上岗标准。目前我国花卉产业经营主体中花农占了很大的比例，且生产组织形式散而乱，低水平重复生产现象严重，缺少技术指导、销售渠道和具体规划，导致花卉质量整体提升不快。花卉产业发展依赖于市场的需求，上什么项目，上多大规模，其生产要和市场需求紧密结合，并能引导市场和消费者，同时也要看自身具备的条件。目前在中国许多地区发展花卉产业的积极性很高，但由于对花卉产业自身的特点、规律认识不足，缺乏市场调查和科学论证，加上信息服务的匮乏，导致生产者在计划安排、项目引进、基地建设等方面都有一定的盲目性。这不仅会给生产带来直接的经济损失，而且还会严重影响花卉产业的可持续发展。据有关部门统计分析，目前中国花卉种植面积超过1万hm^2的有10个省（自治区、直辖市），达5000～10000hm^2的有6个省（自治区、直辖市），而这16个省（自治区、直辖市）的花卉品种结构大多数雷同，没有明显的特色产品或拳头产品。

中国花卉的“游资”与“游民”问题始终干扰着中国花卉业的健康发展。所谓“游资”泛指花卉产业外的资金，因为存款利息低，二三产业没有好的投资项目，就涌到了第一产业，在第一产业中又选择了产值相对较高的花卉。所谓“游民”就是指为追求更高经济效益转向花卉生产的菜农、粮农等。两者都有流动性，而且数量较大，来去迅猛，业内用之妥当则得利，两者都可以成为产业的新生力量，用之不妥则生害，造成产能过剩，市场恶性竞争。产业发展历史上，每次飞跃都离不开“游资”和“游民”做出的贡献，然而每次危机的出现也都有他们的责任。政府和行业协会要及时引导，妥善处理相关问题，防患于未然。

总之，我国的花卉产业将进入一个稳步发展中的调整时期。随着科学发展观精神的不断深入和世界经济一体化进程的加快以及世界金融危机引发的各国经济格局的变化，花卉产业的发展将伴随国内市场消费需求的变化和国际市场的进一步扩大不断调整：国内市场要与农业产业结构调整、城镇化建设、生态建设和环境保护结合起来，国际市场由于经济全球化的逐步深入和我国花卉国际竞争力的不断上升，为花卉产业带来更大的发展空间。我国与国际花卉界的联系和交流日益广泛为花卉产业的发展提出了更高的要求，为此，我们应正确认识当前面临的机遇和挑战，抓住发展契机，充分挖掘资源潜力，正确定位花卉产业发展的方向，尽快解决当前发展中面临的瓶颈问题。相信通过提高花卉科技水平，重视花卉市场信息管理，加强宏观调控，健全流通体系，培育规范化的市场，建立竞争有序的良性环境，提高从业人员素质，并正确引导消费，必能促使民族花卉产业走向特色化、可持续发展的道路。

第四章 中国花卉产业发展战略目标

自1984年我国的花卉业恢复以来，经过近30年的努力，我国的花卉业已经成为农业领域的一个重要的产业。尤其是"十一五"时期，我国花卉业抓住2008年北京奥林匹克运动会、2010年上海世界博览会等重要契机，有效应对国际金融危机、南方雨雪冰冻天气等重大自然灾害的严峻挑战，调整产业结构，优化产业布局，转变发展方式，促进产业升级，大力推进现代花卉业建设步伐，使我国花卉产业继续保持了稳定的发展势头，为促进经济社会发展起到了一定的作用。"十一五"花卉产业的主要成就可以归纳如下(中国花卉协会文件，中花协字【2011】22号)。

花卉产业规模稳步扩大，产业布局不断优化，产业效益明显提升。据统计，2010年，全国花卉种植面积91.8万hm^2，销售额达862亿元，每公顷收益9.39万元，实现了由数量扩张型向质量效益型转变的可喜变化。花卉龙头企业迅速崛起，涌现出一批大型花卉企业。一些特有的传统花卉产业产区和产品，得到进一步巩固和发展。一大批企业在专业化生产、市场开拓、品牌打造、科技研发等方面的特点和优势逐步显现，产业聚集效应明显增强，产业效益显著提升。

科学技术平台逐步完善，研发创新能力显著增强，产业服务水平日益提高。2010年，我国拥有花卉专业队伍15.99万人，产前、产中、产后等领域取得和储备了一批科技成果。"全国花卉标准化委员会"、"国家花卉工程技术研究中心"等全国性花卉科技平台逐步建立和完善。部分省市充分发挥科技人才的优势，组织花卉育种研发团队，联合科研教学机构与企业协作攻关，搭建了技术研发及成果转化平台。月季、香石竹、非洲菊等一大批花卉新品种相继自主培育成功。截止到2009年底，国家林业局共授权花卉新品种167个，截止到2010年底，农业部共授权花卉新品种保护76个。具有自主知识产权的月季新品种'中国红'，成为北京奥运会和残奥会的颁奖用花。种球种苗标准化、规模化生产技术的推广应用，提升了我国花卉种球种苗的生产质量。花期调控技术和促成栽培技术等精准化栽培技术实现了目标花期生产和供应。切花、草花连作障碍攻关取得重要进展。切花长时间、远距离保鲜技术的研发有效降低了采后的损耗。全国初步形成了以各级农林技术推广部门、各级植保检测机构、花卉重点产区园林花卉研究教学机构为主体的技术推广服务体系，和以协会组织、企业带动、花农参与为基本格局的花卉产业服务体系。

配套加工快速发展，产业链条不断延伸，产品出口明显增长。"十一五”期间，涌现出一大批园林机械、花卉温室、花卉薄膜以及花肥、花药、花器、基质和花材等生产资料生产企业，对于提高设施生产水平和产品质量发挥了重要作用。2010 年，全国工业和药用花卉种植面积发展到 6.53 万 hm^2。以菊花、玫瑰、薰衣草、茉莉、桂花等为代表的众多花卉，开发出花茶、香袋、精油等系列化深加工产品，涉及休闲旅游、医疗、保健、食品、日用化妆品等众多领域。2010 年，全国花卉出口 4.63 亿美元，产品主要出口日本、荷兰、韩国、美国、新加坡、泰国等。云南、广东、辽宁、福建已经成为主要花卉出口基地。俄罗斯、乌克兰、东盟、中东和中亚新型出口市场正在形成，大批国产花卉经过新疆口岸进入中亚市场。

花事活动蓬勃开展，花卉文化日趋繁荣，引导消费能力明显增强。“十一五”期间正值奥运、世博会在我国举办，花卉界积极参加两大盛会，开展花卉景观布置，提升花卉园艺技术水平，扩大花卉影响力，拉动了花卉消费。

花卉宏观指导不断加强，行业管理进一步规范，产业发展步入法制轨道。“十一五”期间，中国花卉协会开展了全国花卉发展中期战略研究，组织编写了《切花月季生产技术规程》等 30 多项花卉行业标准。北京、浙江、云南、河南等地编制了区域花卉苗木产业发展规划，北京、广东、浙江等地组织编制了花卉地方标准，加强对产业发展的引领、规范和指导。

基于上述，制定我国花卉发展战略目标对于宏观引导我国花卉业的发展是很必要的。

第一节　战略定位

一、自主创新，创建民族品牌

国际花卉市场竞争日趋激烈。虽然花卉生产中心由发达国家逐步向自然资源丰富、劳动力成本低的发展中国家转移，但是发达国家在花卉产业上仍然占据主导地位，控制着花卉贸易市场。随着现代农业技术的应用，花卉新品种的市场周期变得越来越短，品种更新越来越快，新品种的拥有者和使用者将获得更大的利益。然而，国内情况而言，城市生态建设迫切需求，主要还是在木本花卉、苗木，特别是国家森林城市的推进发展形势十分迅猛。因此，充分利用我国种质资源优势显得尤为重要。另外，我国的花卉业由于缺乏花卉育种关键技术、栽培技术以及采后技术，产业依然缺乏核心竞争力。因此，发展我国花卉业需要发挥特有的植物资源、气候资源等优势，研发和推广具有自主知识产权的花卉新品种，促进花卉产业关键技术创新，创建民族花卉品牌，从根本上提升我国花卉业在国际市场上的竞争力。

自主创新主要体现在以下三个方面：

第一，在培育具有自主知识产权的花卉新品种的同时，要充分发挥我国资源丰富的优势。在品种培育方面，采用以常规育种为基础，以分子育种为辅助，培育出适合我国地域气候特征的、低能耗的、符合我国民族消费习惯的，兼顾国外花卉市场消费需求的花卉新品种。

第二，研发优质高效、节能环保型生产技术和环保、低损耗采后流通技术。优质高效、节能环保型生产技术的开发是保证我国花卉产业可持续发展的关键，主要包括设施土壤修复与可持续利用、花卉品种与温室环境的优化配置、低能耗设施环境精准化控制、环保型病虫害综合防治技术。针对花卉高度鲜嫩易腐的特性，进行节能环保、低损耗采后流通技术体系的开发，降低流通损耗。

第三，建立花卉品牌营销体系。进一步开拓国内和国际花卉市场，需要建立并完善花卉市场营销体系。通过广泛获取市场信息，反映市场动态，直接面对市场竞争，深入发掘市场潜力，致力于满足消费者的切实需求，促进技术向花卉产品的转化，实现产品与客户的连接。建立与市场相吻合的产品规划、稳健的销售渠道、完善的售后服务体系，保障技术、产品、市场三者的相互衔接。同时，明确花卉市场定位，全程把握产品成本控制，产品规划集先进技术与花卉市场需求于一身，为产品有力占据国内外市场打下基础。企业需要塑造自身花卉品牌，增强企业的竞争能力，同时，秉承诚信经营的原则，建立一支拥有明确的目标、健康的价值观和坚强的意志力的高素质的花卉市场营销队伍。

二、立足本国，扩大内需市场

我国是一个拥有 13 亿人口的大国，世界第二大经济体，仅次于美国，同时又是经济增长速度最快的发展中国家。从花卉生产与消费平衡分析，我国是一个以满足内需为主的国家。自 1984 年我国的花卉业诞生以来，花卉销售额以每年大于 10% 的速度增加，到 2010 年已经达到 862.0 亿元。但是，我国花卉消费水平依然很低，个人平均年消费额还不足 10 元，说明花卉消费潜力巨大。

(一)城镇环境绿化

城镇化是我国农业现代化的主要引擎之一。自改革开放以来，经过 30 年的发展，中国城镇化水平达到 37.7%，建制市由 1949 年的 132 个增至 661 个。党的十八大报告提出大力推进生态文明建设，并把生态文明建设放在事关全面建成小康社会更加突出的战略地位，纳入中国特色社会主义事业总体布局。城镇化和城市的协调发展，要求改善城市生态人居环境，加快城镇绿化美化步伐，发挥城镇绿地的生态功能，提高城市人居环境质量。世界发达城市如巴黎、伦敦等，人均公共绿地面积为 18 ~ 40m^2；而我国城市人均拥有公共绿地仅约 7.91m^2，发展潜力很大。中国特色社会主义国家十分重视公益事业，把城市林业作为林业战略之一。因此，园林生态城市建设为以观赏苗木、花坛花卉为主的花卉产品带来了巨大的商机，迫切要求花卉产品在数量增长的同时提高产品的质量，并配备良好的管理养护工作。

（二）居民日常消费

随着我国恩格尔系数逐渐降低，居民消费性支出迅速增长，与此同时，对花卉的消费需求也在逐渐增加。以北京为例，据北京市园林绿化局统计，2010 年全市年均消费鲜切花 5 亿枝，其中居民消费约占总销售量的 1/3，人均 10 枝；集团消费和节日庆典消费各约占 1/3。而日本全国切花年销售量 100 亿枝以上，人均年消费 100 枝以上。可见，我国的花卉消费水平和发达国家之间差异悬殊，国内的市场潜力巨大，有待进一步开拓。

（三）节日消费

通过对花文化与花卉艺术的宣传，结合各种促销活动，鼓励人们在本土节日和外来节日期间进行鲜花消费。首先要在我国传统节日上下功夫。如以我国四大传统节日春节、清明、端午、中秋为基础，结合元宵节、重阳节等重要传统节日，发掘鲜切花、盆花等的节日主题和时代意义，不断提高花卉自身的文化产业价值，扩大花卉内需。

（四）大型庆典消费

作为文化消费的承载品，一些特定的大型庆典，如国庆节、省庆日、市庆日以及校庆日等，花卉消费具有刚性增长的特点。继承我国各地的花卉文化传统，结合时代发展的特点，用大型花卉作品来表达各地民众对党和政府的热烈拥护和衷心爱戴，表达民众对未来的憧憬和期待。大型庆典消费要不断增加新的花卉消费寓意和消费内涵，有效拉动我国花卉业的发展。

（五）公共商务活动消费

主要包括中央和地方各级政府、各事业单位、大中型公司和企业等日常商务活动中的花卉文化消费。目前，这方面的消费量还很小，增加的潜力很大。

三、鼓励出口，参与国际竞争

据不完全统计，全球花卉消费额 2010 年就已达 3000 亿美元。主要集中在北美、西欧、东欧、东亚、大洋洲等为数不多的发达国家。由于发达国家花卉自给率在逐年降低，对花卉进口的依赖程度不断增加，使得全球花卉贸易额在不断增大。据不完全统计，2010 年国际花卉贸易额超过 190 亿美元，其中荷兰 70 亿美元，我国花卉出口 4.6 亿美元，所占份额为 2.4%，说明出口潜力依然很大。从地域优势分析，日本和东欧既是我国花卉出口现在的主要市场，也是未来需要进一步拓展的主要国际市场。未来的战略应该是利用运费低廉，以及反季节供应花卉产品的优势，瞄准亚洲市场如日本和新加坡、东欧市场以及大洋洲市场等。从花卉产品种类分析，切花和盆花是国际花卉贸易的主导产品。2010 年，我国鲜切花出口总额约 2.5 亿美元；全国盆栽花卉出口额为 1.1 亿美元，两者约占我国出口总量的3/4。因此大力发展切花、盆花出口仍是我国今后发展花卉业的关键之一，同时也需要开拓种苗、种球和种子的出口市场。

花卉出口前景广阔，有望成为我国农产品出口中新的增长点。目前，我国花卉出口瓶颈主要体现在花卉产品质量、运输链成本以及出口政策等方面。具体表现为产业结构不合理、规模小、品种少、效益低，经营管理水平较差，流通体系还不健全，普遍存在“重生产、轻流通，重数量、轻质量”的现象，严重制约着我国花卉的出口。未来 10 年，我国花卉出口瓶颈的突破，需要寻找和建立具有长期稳定合作关系的国际贸易伙伴；鼓励引进国际高科技先进生产技术，加强本国相关技术体系的研发能力，组织生产符合国际市场要求的产品；了解和熟悉国际花卉市场，让花卉企业掌握花卉产品交易的相关技术和交易规则，高标准、高质量、按时供货。政府要加强花卉出口引导和规划，鼓励花卉出口；扶持花卉出口龙头企业，加大花卉出口运输补贴和出口奖励；加强花卉物流体系建设，提高切花运输能力和运输效率；为鲜切花出口建立绿色通道，缩短鲜切花在海关滞留时间；营造良好出口环境，把扩大花卉出口能力作为发展我国花卉业的一项长期战略任务。

第二节 总体目标

20 多年来，我国花卉业在经济长足发展的整体形势下，也保持了较快的发展速度，2010 年全国花卉销售额达到 862 亿元。根据我国国民经济努力保持 8% 发展速度的总体战略目标，结合我国花卉业的实际情况，从 2011 到 2020 年全国花卉发展拟采取“两步走”的战略。

一、2011 ~ 2015 年，深度调整阶段

在未来 5 年内，我国花卉业要加快结构调整的步伐，深化花卉企业改革，促进生产经营由粗放型向集约型转变，强化企业核心竞争力，培育有市场竞争力的产品。初步建立科研与生产互动互惠的研究开发机制；建立符合发展需要的技术推广和技术培训体系；建立统一规范的花卉市场和流通网络；基本实现资源有效配置，产品结构与区域布局合理。到 2015 年全国花卉销售额达到 1267 亿元，花卉出口额达到 6 亿美元。

二、2016 ~ 2020 年，稳步提升阶段

这一时期努力促进我国花卉产业水平的稳步提升，建立比较完善的生产、流通、进出口贸易、科研培训，以及对各个产业环节的配套服务在内的花卉产业体系。人才培养上，生产、研发、管理以及贸易方面的人才供

给趋于合理。获得一批具有自主知识产权的技术和品种资源。初步建立起机构合理、运行高效的产业体系。到2020年，花卉销售额将达到1870亿元，成为园艺产业中的重要组成部分。全国花卉出口额达到9亿美元。

第三节　具体目标

一、花卉销售量和销售额目标

2010年我国花卉销售额为862.0亿元，比2000年的162.9亿元增长了近4.3倍，平均每年以约18.1%的速度快速增长。其中，切花、盆栽植物、草坪、种苗、种子和工业用植物的销售额的平均年增长率在10%以上，而观赏苗木、种球和食用药用植物的平均年增长率高达20%以上。如果以2010年的花卉销售额为基准，按照我国近年国内生产总值年增长率8%作估算，到2015年，全国花卉销售额可达到1267亿元，到2020年，全国花卉销售额达到1870亿元。

表4-3-1　2000年以来我国花卉销售额及未来预测　　单位(亿元)

	切花(切叶)	干燥花	盆栽植物	观赏苗木	草坪	种苗	种子	种球	食用药用	工业用及其他	合计
2000年销售额	23.3	0.8	52.5	65.3	5.4	3.0	1.0	1.2	6.1	4.3	162.9
2010年销售额	105.9	0.9	199.7	434.8	16.7	15.9	3.5	8.2	57.9	18.4	862.0
2000~2010年平均增长率(%)	16.3	1.2	14.3	20.9	12.0	18.1	13.3	21.2	25.2	15.6	18.1
2011~2020年预期平均年增长率(%)	8	1	9	8	3	10	5	8	5	10	8
预计2015年销售额	155.6	0.9	307.3	638.9	19.4	25.6	4.5	12.0	73.9	29.6	1267.7
预计2020年销售额	228.6	1.0	472.8	938.7	22.4	41.2	5.7	17.7	94.3	47.7	1870.1

二、花卉出口目标

2010年我国花卉出口额为4.63亿美元，比2000年的0.3亿美元增长了约16倍，平均每年以约32.2%的速度快速增长。如果以2010年的花卉出口额为基准，按照平均年增长率7%作估算，到2015年，全国花卉出口额达到6亿美元；到2020年，全国花卉出口额达到9亿美元。出口创汇型的花卉种类主要有切花(切叶)、盆花、观赏苗木、干燥花和工业用花卉等。

表4-3-2　2000年以来我国花卉出口额及未来预测　　单位(万美元)

	切花(切叶)	干燥花	盆栽植物	观赏苗木	种苗	种子	种球	食用药用	工业用及其他	合计
2000年出口额	376.8	0.0	1955.5	289.5	20.8	20.2	110	57.4	0.0	2830.2
2010年出口额	24632.2	5041	11152.6	3172.3	1535.2	371.9	101.9	369.6	3175.2	46307.6

（续）

	切花（切叶）	干燥花	盆栽植物	观赏苗木	种苗	种子	种球	食用药用	工业用及其他	合计
2000～2010年平均增长率（%）	51.9	—	19.0	27.0	53.7	33.8	－0.8	20.5	—	32.2
2011～2015年预期平均年增长率（%）	7	3	3	9	10	10	3	8	5	7
预计2015年出口额	34497.0	5843.9	12928.9	4881.0	2472.5	598.9	118.1	543.1	4052.4	65935.8
2016～2020年预期平均年增长率（%）	8	3	3	9	10	10	3	10	5	7
预计2020年出口额	50687.4	6774.7	14988.2	7510.0	3981.9	964.6	136.9	874.7	5172.1	91090.5

三、花卉新品种目标

在花卉新品种培育方面，充分挖掘国内丰富的花卉资源，筛选重要应用价值的育种亲本，通过常规育种与分子育种相结合的手段培育花卉新品种。在未来的10年内，要不断强化品种创新的激励机制，整合国内外的技术和科研力量，从高起点切入，创造具有自主知识产权的花卉新品种，全面提升我国的花卉育种的技术水平，逐步改变种源依赖进口的局面。不断提高我国花卉科技水平和产业利润率，为壮大民族花卉品牌提供强有力的支撑，促进花卉产业综合生产能力的提高。

到2020年，基本建立适合我国国情的花卉育种长效机制，花卉新品种自主创新能力显著增强。经过10年的努力，培育具有商业价值的主要花卉新品种达1000个以上，大幅降低对国外品种的依存度，形成比较完善的花卉新品种创新体系。

四、人才培养目标

人才资源已成为花卉产业发展重要的战略资源。切实加强花卉科技人才队伍建设，为使我国成为花卉强国提供人才保障。在人才培养上，凝聚一批具有战略眼光、具备较高科研实力的专家队伍，不断完善普通高等教育、研究生教育体系。加大职业技术人才的培养力度，进一步发展专科学校、职业高中以及社会各种职业技能培训，多形式、多渠道地培养花卉生产经营人才和插花花艺人才，充实我国花卉生产、流通、销售、应用等一线岗位的技术力量。同时，注重高水平、创新型的科技人才，懂技术、精管理的复合型人才，以及懂专业、通外语的商贸型人才的培养。

2010年，花卉专业技术人员比例为3.3%，2020年花卉专业技术人员比例达到5%（10%），为我国花卉业持续、快速发展提供人才保障。

五、产业平台建设目标

（一）种质资源收集和育种平台

加强重要花卉种质资源收集、整理、保存和利用工作，全面掌握全国花卉种质资源情况，完善花卉资源动态数据库。到2020年，在花卉资源丰富地区和花卉主产区建立重要花卉种质资源圃，逐步实现我国花卉资源收集、整理、保存和利用的标准化和信息化，建立花卉种质资源共享的有效机制，实现种质资源的高效利用。通过高校、科研院所与企业联合，利用花卉核心种质，采用常规育种与分子育种相结合的方法开展花卉新品种的定向培育，建立高效育种长效机制。

(二)花卉良种繁育平台

到2020年，基本建立适应我国社会主义市场经济的、能与世界先进水平接轨的、可独立自主持续发展的、对我国花卉生产和消费结构具有引导与优化功能的花卉良种繁育平台。

根据各地的地理位置、农业气候条件、花卉种质资源、良种繁育基础、人才技术与社会经济总体发展水平，进行综合评价与规划。到2020年争取在北京建设"全国花卉良种繁育科技指导中心"1个，国家级花卉良种繁育基地10个以上。在北京、上海、深圳、浙江、山东、云南等地建立种苗良繁基地；在辽宁、安徽、四川建立种球良繁基地；在山西、内蒙古地区建立种子生产基地。各基地在品种、技术、设施设备、地理位置等方面达到相互协调、优势互补，杜绝简单重复。各基地之间要达到技术信息与种质资源共享；"全国花卉良种繁育科技指导中心"要与各基地建立密切的联系，负责协调各基地的技术支持力量，及时发现各基地存在及潜在的技术性难题并给予解决或提出解决方案，使得花卉良种繁育体系形成一个强大的集团优势和利益共同体。

(三)花卉生产技术推广平台

目前，花卉技术推广环节相对薄弱，无法满足现代花卉业发展的要求。在未来的10年内，各级政府要充分利用现有农林科技推广力量，加大花卉科技服务力度。同时，与高等院校、科研院所紧密结合，提供关键技术，促进科技成果向产业生产力转化。不断开展对从业人员和技术推广人员的培训工作，培养一支专业、高效的花卉技术推广人才队伍。

(四)采后流通技术和质检平台

花卉采后是花卉产业链的重要环节之一。花卉产品流通技术平台的建立有利于促进我国花卉采后基本理论研究、减少我国花卉采后流通损耗、提高产品品质和附加值、促进花卉出口等。在未来的10年里，亟需进一步加强花卉采后流通技术的开发，制定花卉质量检验规程，为提高花卉产品质量提供标准和技术保障。到2020年，在我国花卉主产区和主要消费区建成切花采后处理中心和花卉质量检测中心，在种球主产区建立种球采后处理中心。逐步建立节能、环保、高效的花卉物流营销关键技术体系，降低花卉流通过程中的损耗，完善花卉远途运输和出口贸易管理体系，从而逐步建立起适合我国国情的采收、贮藏、运输管理以及质检体系等技术平台，从根本上提升我国花卉产品在国际市场上的竞争力。

（五）花卉交易平台

在未来的花卉有形市场建设上，要结合我国花卉发展的需要，逐步健全符合我国国情的对手交易市场网络，并积极建立和推动国际先进花卉拍卖制度在我国花卉市场的发展。在无形市场的建设上，积极培育网络电子交易市场。最终形成拍卖市场—批发市场—零售市场功能各异、层次分明的花卉市场网络。

在有形市场建设方面，逐步建立开放、竞争、有序的综合花卉市场平台。加强北京、上海、昆明等主要花卉集散地批发市场建设；加强对市场的规范性管理和有效监督；规范花卉零售市场，建立和完善高效的零售网络，使花卉销售更加便利、快捷；完善花卉拍卖市场体系，提高市场透明度，形成公开、公平、公正的竞争机制，创造良好的交易环境；发挥花卉拍卖市场的桥梁作用，拓展我国花卉对外贸易，用 8 年时间，努力把我国花卉交易市场建设成为亚洲的花卉营销中心。

在无形市场建设方面，建立花卉资源和信息发布制度，提供准确、及时的花卉行情和交易信息；建立和完善各项交易制度，提供安全可靠的交易环境和公平、公正、公开的交易服务；完善网上交易的信用评价体系。

（六）花卉信息平台

在未来的 10 年里，建立并完善以中国花卉协会为中心的全国花卉一级花卉信息平台。按照“整合、共享、完善、提高”的原则，针对花卉产业资源信息特点，采用灵活多样的信息共享模式，为花卉生产者提供全面的产业信息、实时市场动态、宏观生产预测、行业科技以及大型花卉活动和花卉展览等行业新闻。打破当前花卉产业地域分割、相互封闭、重复分散的格局，建立有效的共享制度和机制。

在主要花卉生产大省建立二级花卉信息平台，促进花卉资源与信息的整合与共享，面向社会提供服务，及时发布生产、市场需求和市场行情的信息，推动花卉产业信息化变革；鼓励大型花卉公司建立专门网络，提供产品的相关信息和供求情况；在花卉主要销售区建立零售业分会，随时随地为经营者提供行业信息和相关服务。

第五章 中国花卉产业发展区域战略布局

我国花卉栽培历史悠久，现代花卉产业经过30多年的恢复和快速发展，取得了长足进步。据统计资料显示，2010年全国花卉种植面积已经达到91.8万hm^2，销售额862亿元，出口额4.6亿美元。就花卉种植面积而言，我国已经成为世界第一大生产国，但花卉产业现代化水平还不及荷兰、德国、美国、日本等发达国家。充分利用我国气候、地理、资源等特有的综合优势，科学合理地进行花卉生产区域布局，健全完善花卉产业链条，实现各环节的紧密连接，建立以种质资源、技术创新为主的科技支撑体系，加强成果转化，提高从业人员的专业素质，加快由粗放增长向集约增长的转变步伐，势在必行。

第一节　自然格局现状分析

我国花卉栽培最早可以追溯到春秋战国时期，到隋唐及其以后的各朝代，民间养花、赏花的习俗逐渐风行，使我国形成了种类丰富的传统名花，以及具有中国文化底蕴的盆景艺术和园林艺术。花卉的销售活动在该时期也逐渐活跃，出现了商品化萌芽。这种自然消长的状况一直持续到民国年间，抗战爆发，花卉栽培跌入低谷。新中国建立后，花卉生产悄然复苏，但“十年动乱”再次受挫，遭受了前所未有的重创，花卉生产蜷缩于国营苗圃一隅。改革开放之后，为满足社会和经济发展需要，花卉作为一项新产业在全国各地迅速兴起。

一、自然形成的传统产区

我国早期由民间形成的花卉产区，主要集中在气候适宜、经济条件较好、交通运输便利的大中城市郊区，生产规模零星分散，生产设施因陋就简，产品以传统花卉为主。

(一)观赏苗木

观赏苗木传统生产区域主要集中在长江中下游气候适宜、经济条件较好、交通便利的地区。生产稳定、销路较好，当属江苏和浙江两省。20世纪70年代中期，江苏省苗木生产面积大约有200hm^2，主要分布在苏州、常州、南京郊区，以及江都、如皋等地。产品以龙柏、雪松、广玉兰、蜀桧、桂花、香樟等为主。浙江省观赏苗木种植历史悠久，产品种类相对丰富。杭州的桂花、梅花、罗汉松，萧山的龙柏、黄杨，奉化的五针松，嵊州的木兰，安吉的观赏竹等，在省内外久负盛名。新中国成立后，在各级政府的重视支持下，全省花卉苗木开始恢复发展，到1959年，仅杭州市园林苗圃的面积就达到126hm^2，比1949年增加12倍。在大力发展生产的同时，观赏苗木的良种引进和筛选也得到相应的重视，以满足城市绿化美化建设的需要。

四川省是我国西南观赏苗木的集中产区。该省是抗战大后方，受战争破坏相对较小，长期保持花卉苗木生产，至新中国成立前夕，还有大约1000hm^{2}的种植面积。

我国传统观赏苗木的生产特点是：种类单一，以常绿乔木为主，花灌木少；生产以国有苗圃为主，个体经营者少；生产规模小而分散。

（二）盆栽花卉

改革开放以前，我国盆栽花卉主要分布在东南沿海一代，这里经济条件相对较好，传统文化深厚，同时又是最早接触西方文明的地区。例如浙江的兰花、山茶、佛手等，生产活动一直绵延不绝，保存了许多传统品种。福建的山茶、兰花在民国年间就出口日本、东南亚国家和地区。广东的米兰、金橘、四季橘、茉莉等在20世纪30年代就畅销福建、浙江以及香港地区。上海及周边地区作为中国最早与西方通商的港口之一，近代花卉生产首先在这里诞生。18世纪后，国外花卉开始传入我国，出现了金盏菊、万寿菊等盆栽草花。清乾隆年间，上海郊区就出现了批量生产盆栽草花。新中国建立前，在南京、上海等地，山茶、杜鹃等木本花卉已经作为盆栽观赏；一些花卉生产者还利用小型温室，生产四季秋海棠、樱草、一品红、仙客来、朱顶红、文竹等盆栽花卉，拿到市场销售。此外，该时期的北京、天津、河南、山东等北方地区，盆栽牡丹、芍药、菊花也保持了一定的产销规模。

君子兰是东北地区普及较早的外来盆花。它原产非洲南部，大约在20世纪30年代初传入中国，开始在伪满皇宫内栽培，抗战胜利后传入民间，主要集中在长春、沈阳、哈尔滨等东北地区。20世纪70年代末，君子兰作为商品盆栽花卉，开始大量生产、销售。

漳州水仙生产由来已久。清末生产面积已经达到近百公顷，种球出口日本、东南亚等地，1925年出口额达到了13万银元。日本入侵后，水仙种植面积大幅度减少，最低时仅存3hm^{2}左右。1949年新中国成立后到改革开放前的这段时期，漳州水仙种植面积大约维持在7～27hm^2，1979年以后逐步扩大。2010年漳州水仙种植面积已经达到530hm^2，产量4000万粒。但2011年水仙种植面积减少近70hm^2，主要是部分水仙种植者改种其他效益更高的花卉。

（三）盆景

盆景起源于中国，它师法自然，意境深邃，是极富自然情趣的东方艺术精品，深受世人喜爱。据有关资料记载，中国的盆景艺术，始于东汉，成于唐宋，盛于明清而臻于当代，经过上千年的历史，逐渐形成了以广东、四川、江苏以及上海等地为代表，其艺术特点十分鲜明的几大流派：如苍劲自然的岭南派，蟠曲多姿的四川派，清秀古雅的苏州派，严整庄重的扬州派，明快流畅的上海派。

历史悠久、技艺精湛的艺术盆景，多用于园林或者个人收藏。进入现代社会，为满足寻常百姓和出口的需要，批量化、规格化的商品盆景开始迅速发展。1992 年，中国花卉协会代表中国组团赴荷兰，参加荷兰每十年举办一次的“世界花卉园艺博览会”，集中展示了江苏、上海、四川、广东的盆景。该展览结束之后，江苏、广东、福建等省的小型商品盆景出口激增，不仅推动了商品盆景的生产，而且积累了开展国际花卉贸易的宝贵经验。

(四) 切花

切花的规模化生产，是我国花卉产业发展中的新生事物。我国传统花卉生产中，基本没有切花生产，在一些大城市，如上海、北京、南京、成都等近郊虽有一点，也十分零星，不成规模。新中国成立后，国营苗圃安排极少量切花生产，主要满足外交活动的需要。改革开放后，各地切花生产迅速兴起，成为现代花卉产业中的重要组成部分。

二、市场拉动与政府引导形成的商品花卉产区

我国推行社会主义市场经济，给花卉业发展带来勃勃生机。各地政府逐步认识到花卉业在发展农村经济、调整农业结构、增加农民收入等方面具有重要作用，积极扶持花卉产业的发展，使我国花卉产业进入历史上前所未有的持续快速增长时期。1990 年前后，台湾、香港等地的花卉企业进入内地，提高了内地商品花卉生产水平。90 年代末，一些欧美国家的花卉企业纷至沓来，进一步促进了我国花卉产业的升级，初步实现了与世界花卉产业的对接。

(一) 观赏苗木

受本地经济发展和城市园林绿化兴起的影响，传统观赏苗木生产率先在江苏、浙江两省繁荣起来。虽然 20 世纪 80 年代中期经历了“龙柏烧狗肉”的波折，但两省的观赏苗木产业始终走在全国前列，占领着国内大部分市场份额。从 20 世纪 90 年代开始，全国观赏苗木生产迅速扩大，向西沿长江流域，覆盖江西、安徽、湖南、湖北、四川，向南沿海岸，覆盖福建、广东，向北沿京杭运河，覆盖河南、山东、河北，遍布大半个中国。而且各地政府普遍给予重视，出台优惠政策，对观赏苗木产业的发展起到了很大的促进作用。目前，全国形成了浙江萧山、金华、嵊州，江苏武进、沭阳，湖南浏阳，湖北江夏，四川郫县，河南潢川、鄢陵，河北石家庄等一大批“花木之乡”。据统计，2010 年我国观赏苗木生产面积 50.2 万 hm^2，

销售额434.8亿元。

(二)盆栽花卉

在各类花卉产品中，盆栽花卉是大宗商品，销售额位居第二，仅次于观赏苗木。近10年来，盆栽花卉的种植面积和销售量持续增长。据统计，2001年全国盆栽花卉种植面积为3.3万 hm^2，销售额62亿元。到2010年，面积达到8.3万 hm^2，销售额199.7亿元，分别增长了151.5%和222.1%。全国各大区域都有盆栽花卉生产，相对集中在消费城市的周边地区。华北地区以北京、河北、河南为主；华东地区以江苏、福建、江西为主；华南地区以广东为主；华中地区以湖南为主；西南地区以云南、四川为主；西北地区以陕西为主；东北地区以辽宁为主。据统计，2010年全国盆栽花卉销售额超过10亿元的有3个省，分别是广东、福建、江苏。广东省盆栽花卉种植面积为1.1万 hm^2，销售量5.4亿盆，销售额31.8亿元；福建省为2582.3 hm^2，2.3亿盆，19亿元；江苏省为6084.9 hm^2，2.5亿盆，13.6亿元。广东、福建气候条件特别适宜盆栽观叶植物生产，已经成为全国该类产品的生产和供应中心。江苏本省及周边地区盆栽花卉用量大，特别是靠近上海，拉动了江苏盆栽花卉的生产和销售。盆栽花卉种类非常丰富，新产品、新品种不断涌现，有些深受消费者喜爱。仅年宵花中，蝴蝶兰、大花蕙兰、红掌、凤梨、杜鹃、仙客来、君子兰、山茶花、四季橘等，多年来一直畅销不衰。

(三)盆景

传统艺术盆景生产分布于全国东部、中部各省，商品化盆景生产则主要集中在广东、福建、浙江和江苏等地。商品盆景主要为出口。据统计，2010年全国盆景生产面积为1.4万 hm^2，生产量3.1亿盆，销售额36亿元，出口额达到1985.7万美元。广东省是最大的盆景出口省份，产品包括榕树、福建茶、榆树等20多个品种，主要销往美国、加拿大和荷兰等国。陈村花卉世界和广州花都区是广东省出口盆景的两个集中地。其次为福建省，2010年盆景生产面积达到2646.7 hm^2，销售量3655万盆，销售额8.9亿元。人参榕是福建省的拳头产品，在荷兰、德国、比利时、日本以及韩国很受欢迎。据统计，2010年福建省人参榕盆景生产面积达到313.7万 hm^2，销售量666.5万盆，销售额1.5亿元。

(四)切花

20世纪80年代初，我国切花(包括切叶、切枝)仅在云南、广东和上海等地有些零星生产，经过10年的发展，到90年代初，切花生产进入了快速发展阶段。据统计，1991年，全国切花产量为2.2亿支，比1989年的1.2亿支增加1亿支，增长80%。到2010年，全国切花面积达到5.1万 hm^2，销售量190.2亿支，销售额105.9亿元，出口额2.5亿美元。

截至2010年，全国切花生产面积超过2000 hm^2 的有8个省，分别是广东、云南、海南、四川、湖北、浙江、江苏、辽宁。这8个省的切花面积为4万hm^2，销售量149.8亿支，销售额78.9亿元，出口额2.4亿美元，分别占全国的78.4%、78.8%、74.5%和96%。

云南省依靠得天独厚的气候条件，切花生产起步早、发展快，目前生产面积、销售量和出口额跃居全国第一位。2010年，全省切花生产面积已经达到8613.3hm^2，销售量60亿支，销售额27.1亿元，出口额1.2亿美元。主要产品有月季、百合、香石竹、非洲菊、情人草、菊花、洋桔梗等数十种。广东省切花生产起步也比较早，目前切花生产规模仅次于云南省，面积为8318.2hm^2，销售量18亿支，销售额13.2亿元，出口额1576.2万美元。由于气候条件与云南省不同，广东省以生产冬、春季切花为主，与云南省相对错开。

（五）种植材料

在我国花卉产业发展中，种子、种苗以及种球生产相对落后，目前许多生产用种依靠进口。据统计，2010年全国种子用花卉生产面积为5735.2hm^2，销售量77.6万kg，销售额3.5亿元；种苗用花卉生产面积1.2万hm^2，销售量18.2亿株；种球用花卉生产面积4793.9hm^2，销售量12.4亿粒，销售额8.2亿元。

种子用花卉生产主要分布在内蒙古、浙江和河南。2010年内蒙古自治区生产面积为989.5hm^2，销售量2.8万kg，销售额3567万元；浙江省为759hm^2，9332kg，1245万元；河南省为1173.5hm^2，6万kg，1630万元。种苗生产（包括切花、高档盆花、观叶植物组培苗和扦插苗），主要分布在上海、江苏、广州、重庆、湖南、江西、河南、陕西等地。其中河南省生产面积最大，为2583hm^2，销售量1.4亿株，销售额1.8亿元；其次是江苏省，面积为1948.6hm^2，销售量4.9亿株，销售额1.5亿元；位居第三的是广东省，面积1695.6hm^2，销售量2.2亿株，销售额4亿元。我国的组培苗，尤其是蝴蝶兰的组培苗，出口比较多，在国际市场占有较大份额。一些国外较大的种苗公司，如荷兰的安祖公司看好我国云南省的气候资源，直接在昆明市建立了安祖种苗生产基地。近十多年来，我国种球生产水平发生很大变化，特别是百合、唐菖蒲、彩色马蹄莲等，自给能力明显提高。我国种球生产主要分布于东北、西北，以及福建、云南等地。东北地区以辽宁省为主，2010年种球生产面积为1954.5hm^2，销售量4.1亿粒，销售额4.5亿元；西北地区当属陕西省，2010年生产面积为210hm^2，销售量5160万粒，销售额4200万元；2010年云南省种球生产面积为514hm^2，销售量2963万粒，销售额5755万元；福建省面积为568.7hm^2，销售量3938.6万粒，销售额1.1亿元。目前，我国的种球生产面积和销售额位居世界第二位，仅次于荷兰。

第二节　花卉战略布局的原则与依据

我国花卉业发展迅猛，已经形成比较合理的格局。花卉业在调整农业结构、增加农民收入中的作用继续增强。

2010年，全国拥有保护地种植面积866675万m^2，其中，温室22112.53万m^2，13708.66万m^2为节能日光温室，大中小棚33028.32万m^2，遮阴棚29833.78万m^2，花卉设施水平得到提高。2010年从事花卉的农户有152.56万人，从业人员达到458.18万人，专业技术人员达到15.99万人的规模，花卉企业有5.58万个，其中植面积在$3hm^2$以上或年营业额在500万元以上的大中型企业有10844个，另外，拥有花卉市场2865个，专业花店达到20000多个并形成网络，花卉链与产业体系已经初步形成。

一、战略布局原则

花卉战略布局是产业健康发展的基础，是在国家的层面上来考虑我国花卉产业整体的竞争力、协调度和可持续发展的能力，最终要求面对国内外市场，具有产业优势和竞争力。布局的原则如下：

（一）统筹规划，系统安排

根据国内外经济环境与花卉产业发展趋势，根据我国实际情况，统一安排全国花卉产业，达到产地和品种布局合理，实现稳步发展与产销平衡。

（二）稳定面积，提升产业

面对我国土地资源短缺、城市建设占地、粮食问题凸显的实际，考虑到我国花卉生产面积已经占到世界1/3，而生产效率远低于国外发达国家的现实，原则上不再增加花卉种植面积，主要通过发挥科技优势，合理配置资源，提高单位面积上的生产力，着力发展三次产业融合的现代花卉产业。

（三）支持重点，调整结构

根据当地花卉历史与现状，尤其是最近20年的花卉发展趋势与增长率来评价。经过市场调节与自由竞争，各类花卉的5个主要产业集群的生产力占到全国花卉产值的73.3%，这些地区往往是气候适宜、自然灾害少等。应该重点支持，在适合的产业带集中连片大规模地发展花卉生产。对于占地面积大、生产效益差的产区，应及时调整结构，必要时退出花卉产业。

（四）就近供应，低碳高效

尽可能在主要消费市场附近生产花卉，减少流通过程的能源消耗，降低运输成本。特别是城市绿化用的草本花卉或花坛花卉，应布局于城市周边。对于热带起源的高档盆花，提倡接力式生产，建立产业链条和利益共同体。在适宜地区进行幼苗和成品苗生产，在消费地进行催花、养护、贮藏与销售。对于园林苗木，在适宜地区进行小苗生产，在消费地进行大苗生产、容器苗生产，及时供应市场。

（五）传承历史，立意创新

对于历史上存在特色花卉，但经济欠发达地区，应该给予扶持。对于花卉欠发达但有潜力的地区，通过气候相似性原理，尝试各种花卉，以便发现和开发新的花卉产区。建议替代现有的不适合产区。支持品种、技术创新，通过技术来弥补气候缺陷，发展优质花卉生产。

（六）优势互补，资源整合

在技术力量雄厚，但花卉产业规模不大或不适合发展花卉产业的地区，鼓励技术人员与主产区合作，通过产学研结合实现共赢。

（七）完善市场，促进消费

完善市场功能，促进批零分离，减少流通环节，鼓励订单直销，扩展电子商务。要积极推进花卉文化建设，普及花艺知识，培育花卉节日，拓展个人消费市场，促进花卉产业升级。

二、战略布局依据

花卉战略布局依据 5 个因素：气候资源（包括温度、光照、水分、土壤、自然灾害）、运输条件、科技力量、设施设备、产业集群。

（一）气候条件

花卉生产属于农业，充分利用气候资源进行适地适种是战略布局的最主要的依据。气候是地球与大气之间长期能量交换与质量交换所形成的一种自然状态，是多种因素综合作用的结果。气候是各类花卉生产最重要的环境要素。

在考虑花卉布局时，首先需要根据花卉的生理生态特性，综合考虑农业气象因素，以便达到因地制宜，最大可能地利用可持续供应的自然资源，最小限度使用化石能源，减少环境污染，降低花卉成本，提高花卉品质，增加生产收益。决定花卉生产主要考虑的气象因子有 5 个：温度、光照、水分、土壤、自然灾害。

1. 温度条件

温度是决定花卉布局的主要因素。每一种植物均有其最适温度、最高温度、最低温度、昼夜温差。将一个地区的年平均温度、月平均温度和某种花卉的最适温度比较，可以得知当地温度适宜度。1998 ~ 2006 年间我国主要城市的平均气温见表 5-2-1。

表 5-2-1　1998～2006 年间各地各月平均温度和年平均温度(℃)

城市	1	2	3	4	5	6	7	8	9	10	11	12	年均
北　京	0.6	7.4	14.8	20.6	25	27.3	25.8	21.4	13.6	5.1	-1.1	-3.1	14.4
天　津	-3.5	0.1	7.1	14.9	20.7	25.1	27	25.8	21.5	13.9	5.2	-1.3	13.1
石家庄	-1.3	2.6	9.2	16.1	21.6	26.6	27.7	25.9	21.9	14.9	6.8	0.4	14.5
太　原	-4.6	-0.1	6	13.7	19	22.7	24.4	22.4	17.7	10.8	3.4	-3	11
呼和浩特	-10.5	-5.4	1.7	10.5	16.8	21.9	23.8	21.6	16.4	8.1	-0.9	-8.5	7.9
沈　阳	-11.5	-5.9	1.7	11.4	18.2	22.6	25.1	23.8	18.8	10.6	0.2	-8.7	8.8
大　连	-3.7	-0.07	4.4	10.9	16.8	21.3	24.3	24.4	21.4	14.4	6.3	-0.8	11.6
长　春	-14.8	-9.4	-1.2	9.2	16.6	21.4	23.7	22.1	17.2	8.2	-3.2	-12.3	6.5
哈尔滨	-17.4	-11.8	-2.3	8.3	16.1	21.4	23.6	21.7	16.2	7	-5	-15.3	5.2
上　海	5.1	6.64	10.4	16.3	20.5	24.6	28.8	28.4	24.9	19.9	14.2	-4	17.3
南　京	3.2	5.8	10.1	16.7	21.1	25.2	28.6	27.5	23.8	18.2	11.7	5.3	16.4
杭　州	7.2	11	17.4	21.5	25	29.3	28.3	24.6	19.4	13.4	7.2	4.5	11.0
合　肥	3.2	6.1	10.6	17.2	21.8	25.9	28.9	27.4	23.8	18.1	11.8	5.3	16.7
福　州	11.6	12.4	14.5	19.6	23.2	26.6	29.3	28.9	26.5	22.9	18.7	13.8	20.7
南　昌	6	8.3	11.7	18.7	23	26	29.7	28.6	25.6	20	14.4	8.1	18.4
济　南	-0.5	3.1	9.3	16.7	21.6	26.5	27.3	25.8	22.1	15.9	8.5	1.4	14.8
青　岛	0.2	2.3	6.2	11.8	16.7	20.9	24.7	25.1	22.3	16.5	9.5	2.7	13.3
郑　州	4.6	7.6	12	19.6	22.9	27	30	28.4	25.1	18.9	13	6.4	17.9
武　汉	5.2	7.9	11.7	18.6	22.2	26	29.4	27.9	24.3	18.8	13.5	7.1	17.8
长　沙	5.2	6.6	11.3	17.5	22.3	26.2	29.5	29.1	24.3	18.9	13.1	7.3	17.6
广　州	14.4	16	18.6	23.4	26.2	28.1	29.1	28.8	27.4	25	20.1	15.6	22.8
南　宁	13.3	14.8	17.7	23.2	25.7	27.5	28.1	27.9	26.2	23.5	18.9	14.1	21.7
海　口	18.7	19.8	22.3	26.5	28	29.1	29.2	28.6	27.6	26.3	23.5	19.6	24.9
桂　林	8.5	10.5	13.6	19.8	23.5	26.4	28.3	27.8	25.8	21.3	16.2	10.5	19.3
重　庆	8.1	10.5	14.2	19.6	22.5	25	28.9	27.9	24.6	19	14.5	9.3	18.7
成　都	6.1	8.8	12.6	18.2	21.6	23.9	26.1	24.8	22.1	17.8	12.9	7.3	16.8
贵　阳	4.4	6.8	10.3	16.2	19.4	21.7	23.2	23	20	15.8	11.6	6.3	14.9
昆　明	9.8	12.3	15.1	18.4	19	20.5	20.7	20.3	18.8	16.6	12.6	9.8	16.1
拉　萨	-0.1	3.1	5.9	9	12.6	16.5	16.1	15.6	13.8	9.6	4.1	0.3	8.9
西　安	0.9	5	10.6	16.8	21.3	26.3	27.8	25.1	20.9	14.7	8	2	15
兰　州	-4.3	0.3	5.9	12.8	16.9	21.1	22.9	21.6	16.8	10.2	2.9	-3.4	10.3
西　宁	-7.6	-3.4	1.9	8.5	12	15.4	17.6	16.4	12.1	6.2	-0.7	-6.4	6
银　川	-6.7	-1.8	3.7	13	18.2	22.8	24.4	22.4	17.4	10.2	2.1	-4.9	10.1
乌鲁木齐	-12.5	-8.2	0.1	10.5	17.5	22.5	23.8	22.3	17.3	8.7	-0.5	-9.6	7.7
全国平均	1.1	4.4	9.4	16.1	20.5	24.1	26	24.8	21.01	15.27	6.6	3.1	14.3

注：根据国家气象局资料计算的平均值(1998～2006 年)，个别省市有的年份气象资料缺失(赵梁军，2012)。

2. 光照条件

各类植物对光照要求不同，针对植物种类来评价各地的光照适宜度。光照因素中包括光强、光质、光照时间等，偏离光照最适点的距离越大，越不适合某种花卉生产。1998～2006 年全国主要城市的日照时数(小时)见表 5-2-2。

表 5-2-2　1998～2006 年间各地各月平均日照时数和年累计时数(单位：小时)

城市	1月	2月	3月	4月	5月	6月	7月	8月	9月	10月	11月	12月	全年
北　京	180.5	192.9	234.1	231.9	260.4	226.4	210.5	207.4	205.1	202.5	171.5	156.3	2475.1
天　津	156.8	163.5	202.9	207.7	237.3	208.9	190.5	185.9	195.3	187.7	144.9	134.8	2215.8
石家庄	138.9	154.6	193.8	211.3	227.4	201.9	175.9	200.2	192.9	190.5	150.1	123.9	2161.3
太　原	159.4	178.1	217.8	239.2	255.6	230.6	220.1	217.6	192.1	196.8	173.8	141.2	2422.1
呼和浩特	149.3	179.7	236.1	260.8	283.7	265.1	262.2	259.8	235.3	230.4	182.9	149.4	2694.7
沈　阳	142.1	175.7	210.3	207.1	232.3	201.7	189.7	197.8	222.4	201.8	147.2	130.1	2234.8
大　连	192.9	191.5	242.6	252.4	268.6	242.9	212.8	226.9	236.9	216.3	173.2	163.6	2621.1
长　春	175.8	202.2	240.7	236.9	271.4	250.8	230.6	228.2	246.0	212.9	172.5	156.1	2624.1
哈尔滨	119.7	168.1	215.2	209.1	240.9	255.9	225.8	220.8	238.5	197.6	152.7	117.4	2362.1
上　海	114.7	117.4	135.7	152.9	159.2	140.7	185.8	179.1	166.1	155.5	126.7	110.9	1744.7
南　京	124.9	123.1	158.7	172.7	184.0	168.2	204.9	187.5	178.1	163.9	143.9	114.5	1924.5
杭　州	97.5	96.2	120.0	143.8	149.1	139.3	205.6	173.3	149.7	141.5	119.7	95.2	1630.9
合　肥	115.6	114.4	146.0	164.7	175.2	166.8	188.7	168.4	166.9	148.5	141.3	112.8	1809.5
福　州	96.4	82.5	100.5	114.4	118.1	139.9	212.2	178.5	154.5	148.0	109.5	233.6	1591.1
南　昌	86.5	79.4	96.7	134.8	159.8	150.4	246.8	219.2	199.8	169.2	135.9	125.7	1803.9
济　南	158.3	160.4	201.0	220.8	240.3	215.7	178.6	191.2	178.5	179.1	142.2	364.8	2212.6
青　岛	170.7	177.4	210.0	212.4	222.2	187.1	170.2	177.4	206.5	201.3	170.6	153.4	2259.2
郑　州	119.5	131.4	172.3	191.0	204.4	200.7	150.8	153.82	148.1	141.8	135.4	111.2	1860.7
武　汉	93.6	90.5	132.9	159.1	177.4	165.4	216.4	207.9	194.1	148.9	139.5	111.2	1840.0
长　沙	56.9	54.4	79.2	113.7	139.03	136.5	221.3	190.1	150.5	120.4	107.5	87.5	1456.9
广　州	112.1	74.5	73.0	81.8	111.5	133.3	173.6	167.5	159.5	165.5	155.1	144.1	1551.1
南　宁	69.3	49.4	50.8	105.7	134.3	137.7	176.8	176.51	169.6	160.1	126.8	231.5	1491.5
海　口	91.2	91.2	114.8	160.9	189.6	206.8	218.3	210.57	154.9	175.9	124.4	90.1	1828.8
桂　林	61.2	49.6	55.1	85.8	125.7	118.6	184.7	194.2	193.2	146.5	126.3	101.3	1442.1
重　庆	14.0	29.2	74.6	119.5	121.2	89.0	160.6	152.32	119.6	44.1	33.9	13.8	970.7
成　都	37.3	45.6	78.6	112.1	123.9	99.7	118.7	110.57	71.9	57.1	48.7	41.1	945.3
贵　阳	35.8	42.0	65.6	105.2	104.7	73.3	126.3	131.58	126.0	62.4	71.3	53.5	997.6
昆　明	224.9	218.5	243.5	242.4	193.3	128.2	113.7	129.0	130.6	137.5	187.6	175.1	2124.4
拉　萨	250.3	227.3	239.4	239.3	259.5	248.0	205.9	206.67	227.8	255.2	251.9	237.1	2848.5
西　安	77.4	92.5	132.0	161.3	193.5	200.1	189.7	165.4	133.8	109.2	99.6	71.0	1625.3
兰　州	176.5	186.4	220.2	236.5	258.2	258.5	253.2	238.02	181.4	193.2	166.9	397.2	2553.3
西　宁	189.6	187.1	208.0	233.9	234.9	235.2	226.9	208.22	171.4	196.6	200.1	176.2	2368.2
银　川	180.6	194.9	224.7	240.0	278.1	282.8	259.6	260.89	214.8	236.2	200.2	165.2	2738.1
乌鲁木齐	83.0	121.4	180.4	258.7	300.6	295.0	296.9	293.07	271.6	228.05	115.6	67.2	2511.8
全国平均	123.7	130.7	161.9	185.9	201.1	190.3	200.5	194.6	181.8	168.3	141.8	142.9	1998.3

注：根据国家气象局资料计算的平均值(1998～2006 年)，个别省市有的年份气象资料缺失（赵梁军，2012）。

3. 淡水资源

降水涉及到地面水分收入和空气湿度，对于花卉生产具有重要的限制作用。降水量的多少，还会影响到水质，进而限制植物生长发育，是花卉产业布局必须考虑的要素。水分因子包括降水、水资源、水质，不同植物对水分的要求不同，在评价时可以根据花卉生产的实际情况计算。1998～2006年我国主要城市降水(单位：mm)情况见表5-2-3。可作为水资源的主要参考因素。

表5-2-3 1998～2006年间各地各月平均降水和年累计降水(单位：mm)

城市	1	2	3	4	5	6	7	8	9	10	11	12	年累计
北京	4.7	8.2	7.3	23.6	40.6	58.5	123.9	79.2	33	30	13.3	1.5	422.3
天津	3.5	5.4	3.6	26.9	48.3	71	144.6	96.7	36.4	37.7	14.8	1.1	488
石家庄	7.5	9.3	5.5	23.9	45.6	43.3	140.1	106.7	40.3	32.1	13.9	4.7	469.1
太原	5.1	5.1	7.1	10.4	24.7	53	96.7	92.7	53.5	20.5	12.8	2.8	379.5
呼和浩特	3.9	5.1	11.2	19.2	39.6	36.6	100.2	81.9	60.3	20.8	5.8	4.6	380.8
沈阳	9.3	9.2	17.5	37.8	40.7	94.7	165.6	151.7	48.5	40.9	21.6	13.9	648.2
大连	6.5	7.9	6.8	33.4	43.9	72.4	114.3	154.4	54.4	37.5	14.8	7.6	554.1
长春	5.3	3	9.5	15.3	43.4	97.2	125.1	146.4	31.4	26	15.4	6.7	524.9
哈尔滨	5.54	2.2	11.9	17.3	30.9	82.4	131.9	116.9	48.4	25	14.6	7.9	495.1
上海	102.8	68.3	72.6	79.9	84.5	202.8	118.1	190.1	81.9	43.7	64.8	39.4	1149
南京	65.9	47.8	55.9	100.1	74.6	198	202.4	157.2	71.6	59.2	57	26.9	1116.8
杭州	107.8	99.3	113.7	107.1	136	221.8	132.1	154.4	75.2	44.1	61.8	48.1	1301.8
合肥	58.9	48.5	58.1	107.4	81.3	137.8	141.7	169.4	61.8	54.1	62.1	33.5	1014.9
福州	61.1	85.4	122.2	128.7	186.2	188.2	170.6	141.1	134.3	81.1	42.5	35.6	1379.4
南昌	113.6	107.6	156.7	214.4	246	363.4	151.8	156.4	54.1	60.9	96.3	27.6	1749.1
济南	9.5	14.3	8.1	33.8	85	119.4	192.8	188.1	78.8	39.2	18.1	4.6	792.6
青岛	17.8	21.5	11.4	36	68.9	82.8	128.2	212.8	100.4	39.9	29.5	9	755.8
郑州	16.2	14.3	21.9	21.7	57.1	81.1	200	143.7	79.2	51.9	20.8	10.6	707.5
武汉	59.5	63.1	69.8	150.6	159.1	205.8	250.2	102.9	72.5	62.5	59.2	31.4	1287.3
长沙	88.5	101.5	120.3	201.9	222.6	240.8	127	121.2	72.8	55.3	69.7	34.3	1456.1
广州	36.9	52.9	68.3	2308.5	329.7	332.1	235.8	273.7	202.3	75.3	30.4	29.1	1865.9
南宁	38.8	35.1	49.7	81.8	163.2	213.4	289.2	137.9	106.3	47.9	26	25	1232.4
海口	18.1	28.1	30.8	73.4	173.9	223.8	200.5	259.7	175.3	177.8	58.7	32	1452.5
桂林	60.1	68.2	120.6	160.5	296.4	407.2	279.2	166.5	70.7	55.1	73.5	22.4	1772.8
重庆	14.5	23.8	49.5	108.1	169	205.6	175.8	140.4	103.2	68.6	50.2	21.2	1130.2
成都	8.7	11.3	25.5	55.9	76.5	114.5	200.8	198.6	70	36.8	14.8	6.9	820.7
贵阳	24	22.9	39.7	84	189.5	200.9	196.6	147.6	58.6	105.1	36	22.6	1127.9
昆明	36	8.1	17.9	23.6	113.1	221.5	224.9	191.4	94.9	78.7	25	21.1	1057.6
拉萨	17.5	21.5	23.5	38	79.1	79.6	120.5	132.7	60	9.8	10	0.1	501.1
西安	8.2	11.3	18.6	35.69	56.3	69.6	83.6	99.2	87.3	16.6	16.5	8.9	563.1
兰州	1.1	3.3	5.6	12.3	46.8	48.1	65.1	58.6	38.8	23.4	2.6	0.7	302.2
西宁	1.5	3.2	9.8	17.5	54.6	78.1	75.4	87.9	66.1	26.7	6.1	2.9	432.7
银川	1.9	0.6	3.3	4.5	25.2	17.8	40	30.9	26.1	9.9	3.1	1.6	159.5
乌鲁木齐	14.3	18.1	16.3	31.3	49.4	29.1	41.1	47.4	20.5	17.3	23.4	20.4	329
全国平均	30.4	30.4	40.3	130.1	105.3	143.8	152.5	139.3	72.6	47.4	31.9	16.7	877.1

注：根据国家气象局资料计算的平均值(1998～2006年)，个别省市有的年份气象资料缺失(赵梁军，2012)。

4. 土壤条件

影响花卉布局的主要土壤因子有土壤 pH 值和土壤质地。不同地区的土壤条件差异极大，不同植物对土壤的要求不同，在评价时可以根据特定花卉对土壤的要求和生产地的实际情况来评价。

土壤 pH 值(soil pH value) 即“土壤酸碱度”。pH(Pondus hydrogenii)是度量物质中的氢离子活性。土壤质地 (soil texture)即土壤机械组成，是指组成土壤的矿物质大小颗粒的配合比例或百分组成及其所表现的土壤沙黏性质。土壤质地对土壤结构、孔隙状况、保肥性、保水性、耕性等均有重要影响。

土壤中沙粒、粉粒和黏粒 3 组粒级含量的比例，是土壤较稳定的自然属性，也是影响土壤理化性质的重要因子。土壤质地分为 7 类：沙土、沙壤土、粉沙壤土、粉沙黏壤土、黏壤土、黏土、重黏土。

5. 自然灾害

影响我国花卉生产的主要灾害有冰雹、雪灾、台风等。灾害的评价可以根据有关气象学方法来进行。尽量选择气象灾害少的地区。

(二) 运输条件

判断时，首先选择最适合的运输工具和途径，计算运输成本，决定是否适合某种花卉的运输方法和方式。可以根据运输距离、运费、从产地到主要市场的运输时间、运输方式(陆、水、空)与基础设施等，评价某产地到主要市场的运输条件。

(三) 科技力量

科技是花卉产业的支撑。可以根据科研人员、科研条件、基础设施、技术储备来评价科技条件是否适合某种花卉的发展，进行花卉科研布局。

对于鲜切花、盆栽植物、观赏苗木、花坛花卉、种子、种苗、种球、草坪与地被、干燥花生产的企业，需要比较稳定的科技支撑。不同类型的花卉生产需要配备的科技力量(人数、学位、职称)应该有所不同。本报告建议的花卉企业科技支撑水平如表 5-2-4。

表 5-2-4　关于规模为 $20hm^2$ 的不同类型花卉生产企业科技人员配备的建议

科技人员数量	鲜切花	盆栽植物	观赏苗木	种子、种苗、种球	花坛花卉	草坪与地被	干燥花
大专	10	10	10	20	20	10	5
本科	4	5	3	10	3	3	2
硕士	3	4	2	5	2	2	1
博士	2	3	1	3	1	1	0
合计	14	18	16	38	26	16	8

(四) 设施设备

发展切花、盆栽植物、观赏苗木、花坛花卉、种子、种苗、种球、草坪与地被、干燥花生产的企业，需要有品种资源、专利技术、非专利技术、一般技术的储备量，所需要支撑的设施设备不同。$20hm^2$ 规模的花卉生产企业所需实验室与设施设备的数量建议如表 5-2-5。

表 5-2-5　发展 $20hm^2$ 规模的花卉产业所需试验条件的建议

设施设备	鲜切花	盆栽植物	观赏苗木	种子、种苗、种球	花坛花卉	草坪与地被	干燥花
实验室面积(m^2)	100	100	50	100	30	30	50
研究设施面积(m^2)	1000	500	300	500	300	300	100

(五)产业集群

决定一个地区是否适合某种花卉的规模化生产，最重要的检验标准是生产实践。经过 30 年的自由发展，我国花卉适宜产区基本形成，在花卉生产方面积累了丰富的经验。从农业部花卉统计资料来看，鲜切花的种植面积与销售情况都相对集中于几大核心区，花卉产业集群的专业化程度较高。其中，盆栽植物种植面积与销售情况相对分散；种子、种苗、观赏苗木生产依赖于自然条件，其种植面积与销售情况均很集中。根据生产面积、销售量、销售额进行加权计算，得出的我国主要花卉产业集群如表 5-2-6。各类花卉的主要 5 个产业集群的生产力总和占到全国花卉产值的 73. 3%，应该重点发展。

表 5-2-6　我国各类花卉的主要产业集群及其综合生产力

花卉产品类别	排名前 5 位的花卉产业集群省份	排名前 5 位的集群生产力占全国花卉生产力的%
鲜切花	云南、广东、辽宁、湖北、浙江	75. 9
盆栽植物	广东、云南、福建、四川、江苏	62. 3
观赏苗木	浙江、江苏、河南、广东、山东	68. 9
食用药用花卉	山东、湖南、四川、浙江、江苏	82. 5
工业及其他用途	广西、云南、黑龙江、辽宁、甘肃	79. 3
草坪草	新疆、广东、江苏、湖北、四川	52. 9
干燥花	陕西、新疆、北京、云南、湖南	91. 3
平均		73. 3

注：主要根据农业部 2006 年花卉统计资料：2006 年各类花卉主产区的产业综合力得分排序：云南 15、广东 15、江苏 9、新疆 9、浙江 8、山东 6、四川 6、辽宁 5、湖南 5、陕西 5、广西 5、湖北 4、北京 3、福建 3、河南 3、黑龙江 3、甘肃 1。

在决定某个地点发展某类具体花卉生产时，可以将当地的产业集群实力与全国比较，以此作为规划和决策的重要参考。花卉产业集群实力可以根据实际花卉生产面积、专业化程度、销售额、集约化程度、周年连续生产能力等要素来评估。原则上支持现有花卉产业集群实力较强的地区继续发展花卉生产，对于新兴产地需要慎重考虑其竞争力，决定其产品类型、产业结构、产业规模以及发展速度。

第三节　花卉战略布局

我国的花卉战略布局应以市场为导向，以实现优质、高效、安全环保型花卉产业结构为目标，立足本国市场，逐步拓展国际市场；应当充分发挥各地区的气候资源、花卉种质资源、地理资源、经贸合作资源等优势，实现规模化、专业化、集约化生产；应当统筹布局，中长期结合，使产品结构与区域布局趋于合理，实现结构调整与市场需求之间的融洽对接；应当依靠科技进步促进产业升级，使花卉科研成为花卉产业发展的核心推动力，倡导自主创新、应用研究和基础研究并重，全面提高花卉产品科技含量，增强我国花卉的国际竞争力。到2020年，基本实现资源的有效配置，产品结构与区域布局进一步合理。

一、生产布局

我国花卉生产要走区域化发展之路，就是要因地制宜，发挥地区产业比较优势，形成主导产业和拳头产品；引导花卉生产由各地分散向优势集中，杜绝简单重复，最终形成规模化、专业化的生产格局。

以云南、广东、海南、福建为主的切花、切叶、切枝生产区域。

以江苏、浙江、四川、山东、河南、广西、辽宁、陕西为主的观赏苗木生产区域。

以北京、广东、福建、江苏、四川、甘肃、河北为主的盆花（含盆栽观叶植物）生产区域。

以上海、江苏、福建、河南、湖南、广东、四川为主的种苗生产区域；以内蒙古、甘肃、山西、新疆、河北、辽宁、河南、云南为主的种子生产区域；以辽宁、甘肃、青海、安徽、陕西、北京、云南、福建、山西为主的种球生产区域。

以北京、上海、天津、重庆，以及其他省份主要城市周边地区为主的花坛花卉生产区域。

以内蒙古、陕西、河北、云南、北京等地为重点的干花材料生产和制作区域。

以山东、四川、安徽、福建、内蒙古、广西、河南、湖南、重庆、云南、黑龙江等为主的工业和药用花卉生产区域。

（一）观赏苗木

在巩固观赏苗木优势地位的基础上，建设以江苏和浙江为中心、覆盖长江流域的南方特色苗木规模化生产区域，在河南、河北、山东为中心建立北方苗木规模化生产区域。

在区域、资源优势明显，产业基础好的花卉苗木主产区，按照特色化、规模化、专业化的要求，建设特色花卉苗木产业园区，推进规模化经营，建设新型创汇型花卉苗木基地。

（二）种苗

在北京、上海、云南建立我国花卉种苗科研和出口基地，重点发展切花用种苗；浙江、广东技术力量雄厚，经济发展水平高，花卉消费量大，重点发展观叶植物种苗生产；深圳重点发展亚热带花卉种苗生产。实现优质花卉种苗工厂化生产，朝专业化、外向型方向发展，构建种苗花卉出口安全长效机制。

（三）盆栽植物

近年，我国盆栽花卉生产发展速度很快，种类也日益丰富，区域特色正逐步形成。盆栽花卉的生产主要集中在消费市场周围地区，因此，从布局战略上，应充分发挥大中城市的技术和市场优势，促进盆栽花卉的快速发展。

在盆花布局上，充分发挥原有盆花特色产区如北京、河北、上海、浙江、广东、云南等地的产业优势，因地制宜发展一品红、杜鹃、红掌、凤梨、仙客来、蝴蝶兰、大花蕙兰等特色产品；逐步建立以北京、上海、广州、南京、武汉等大中型城市及郊县为重点的高档盆花生产区域。

在盆栽观叶植物布局上，发展以广东、福建为重点的观叶植物生产区域。广东、福建两省气候优势明显，均为亚热带气候，很多观叶植物可周年生产。

在盆景布局上，发展以广东、福建、四川、浙江、安徽、江苏等地为重点的盆景生产区域。

（四）花坛花卉

花坛花卉大部分用于城镇绿化、美化和大型节日庆典，其生产大多接近消费市场，因此，在花坛花卉的布局上，建立以北京、上海、广州等大中城市及郊县为重点的花坛花卉重点生产区域。不断开发适应当地气候特点的花坛花卉品种。

（五）切花

在切花生产区域布局方面，需要充分考虑切花产区自然气候条件和产地已有产业基础，结合交通运输、资源分布及生产成本等因素，进一步优化资源配置，形成以云南为中心的西南切花生产区和以辽宁为中心的东北球根类切花生产区。

西南地区气候优势明显，滇中和攀西地区具有立体气候优势，是花卉生长的天然温室。以产业基础较好的云南为中心，辐射贵州、四川、重庆等周边省市，重点发展月季、菊花、百合、香石竹、唐菖蒲、非洲菊等大宗鲜切花，同时，增加新的切花种类，形成特色优势产品，实现优质切花的规模化、专业化生产。用10年时间把西南区建成亚洲最大的切花生产和出口基地。

东北地区气候冷凉，昼夜温差大，光热资源充足，适宜球根花卉生产。重点发展百合和唐菖蒲等球根类切花，形成球根类切花特色产区和优势产品。

（六）切叶、切枝

随着北方主要花卉市场对热带切叶、切枝花卉的逐渐认同，切叶、切枝需求量逐渐增加。但是目前我国切叶和切枝产量不高，生产潜力很大。由于热带切叶、切枝对光照条件和雨水量要求较为严格，在区域布局上，以海南、广东为重点，形成优势特色发展区域，发展具有特色优势的品种。

海南光照充足、雨量丰富，所产的鲜切叶色泽光鲜、规格整齐，产品特色明显。在种类上重点发展散尾葵、巴西铁、龟背竹、春羽、富贵竹、朱蕉、鱼尾葵等热带、亚热带切叶、切枝产品。

广东省是我国切叶、切枝的另一主产区，产销都具有明显的优势。切叶、切枝销售额约占我国切叶总销售额的50%。在切叶、切枝的生产上，需要适当调整生产的切叶、切枝种类，发展最适宜广东气候条件的产品。

（七）干花

基于干花生产原有基础与技术条件，建立以内蒙古、陕西、河北为重点的干花材料生产区域，提高干花采集和制作工艺，不断开拓国内外市场。

（八）种子

不同的花卉植物可以选择与之相适应的小气候条件进行繁育。利用这些天时地利再结合我国丰富的劳动力资源，可以保证花卉种子生产真正达到优质、高产、低成本、高效益。

逐步建立以山西、内蒙古为重点的种子生产区域。山西种子生产历史悠久、规模较大，应进一步扩大规模，规范管理，发展一、二年生草花种子繁育。内蒙古地处干旱寒冷地带，昼夜温差大，适合发展干花与地被及抗旱、耐瘠薄植物的种子，如麦秆菊、补血草、小丽花、紫茉莉、万寿菊、兔尾草等。

（九）种球

利用我国低纬度、高海拔和高纬度、低海拔冷凉的气候资源，建立以辽宁为中心的东北种球生产区域和以甘肃、青海为中心的西北种球花卉生产区域，以安徽、浙江为中心的华东种球生产区域；利用西南地区丰富的立体气候资源，建立以云南为中心的西南种球生产区域。通过不断开发种球国产化关键技术，逐步实现原种进口替代。

二、科技布局

深入推进科技布局调整，用10年时间，建立起适应现代花卉业发展需求的科技布局，形成科技研发与技术推广相结合的合理布局，覆盖整个花卉产业链，为实现花卉产业的进一步创新和可持续发展奠定坚实的基础。

在未来的10年里，建立自上而下的花卉技术研发中心和推广中心，形成布局合理的研发和推广网络。在科研实力较强的北京、上海等地建立花卉研究中心，进行花卉科研和关键技术创新。在此基础上，各地研发中心结合当地花卉生产实际，解决本地区花卉生产中出现的关键技术问题，构建不同地域类型的花卉科技体系。各级政府要积极推动花卉科技推广中心的建设，促进花卉科技成果向花卉产业的生产力转化。

花卉科技布局要向花卉龙头生产企业生产中的关键技术需求倾斜，要密切结合花卉生产，解决实际问题，建立覆盖整个产业链的合理科技布局，重点解决我国花卉产业"两头弱"的难题，即花卉育种技术难题和采后保鲜技术的难题，全面协调发展花卉产业。

三、流通布局

花卉市场作为花卉产品的集散中心，是连接经营者和消费者的纽带。目前，我国花卉市场绝大多数采用传统的摊位式管理和对手交易模式，这种交易方式相对落后，且与现代化发展相脱节，缺乏市场竞争力，需要政府通过宏观调控的手段对市场的各个环节进行调整和完善。而作为一种新型的交易制度，花卉拍卖制度在欧洲和亚洲许多国家，如荷兰、日本等国家已相当成熟，但在我国只有云南的拍卖市场运转良好。花卉拍卖制度有助于提高生产组织化程度，是花卉市场和国际贸易之间的桥梁。因此，在今后的十年中，我国花卉市场需要以适度发展为原则，在产地市场和产销混合型市场逐步引入花卉拍卖制度，鼓励园艺中心和连锁店建设。引导人们转变在传统市场下形成的思想观念和交易习惯，积极面对传统对手交易的巨大挑战，实现我国花卉业的进一步发展。

根据花卉的生产地和销售地的划分，我国花卉流通布局要逐步形成：

以北京、天津为核心的华北市场；

以沈阳为核心的东北市场；

以上海、南京、杭州为核心的华东市场；

以广州、深圳为核心的华南市场；

以昆明为核心的西南市场；

以西安为核心的西北市场；

以北京、上海、广州、昆明、青岛为主要窗口的对外贸易市场。

（一）华北市场

华北地区是重要的花卉消费地和集散地。京津地区经济发展较快，人口密集，政治活动和国际交往频繁，对花卉需求量大。该地区地理位置优越，交通运输网络四通八达，物流配送潜力很大，许多花卉在这里中转，十分适于大型花卉市场建设。

在华北地区重点建设切花市场、高档盆花和观叶植物市场及观赏苗木市场。

（二）东北市场

东北区气候寒冷，昼夜温差大，光热资源充足，土壤条件好，适合球根类花卉生长繁殖，是我国种球产销的重要基地。同时，东北地区花卉出口俄罗斯、朝鲜具有地域优势，出口贸易潜力很大。

东北地区作为种球生产地市场，适于建立以沈阳为核心的球根花卉市场。

（三）华东市场

华东地区地理位置优越，气候资源优势明显，经济发达，是我国花卉产值最高的地区。长江中下游地区有优越的自然条件，该地区观赏苗木在全国的市场占有率居全国首位。上海是华东地区的科研和技术开发中心，有雄厚的产业基础，技术密集型花卉产业发展迅速。

在华东地区重点建设观赏苗木、高档盆花及种苗市场。

（四）华南市场

华南地区气候为典型的亚热带气候，观叶植物产量占全国的六成，很多盆栽植物颇具特色。广东的切花、切叶生产起步较早，是切花切叶的产地市场。在华南地区重点建设盆栽植物及切花切叶市场，鼓励建设切花切叶拍卖市场。

（五）西南市场

西南区气候优势明显，是花卉生长的天然大温室。云南是全国鲜花生产第一大省。在西南地区重点建设以昆明为核心的鲜切花市场，完善鲜切花拍卖制度，将云南拍卖市场发展成为全国花卉拍卖市场的典范。

（六）西北市场

西北地区花卉资源丰富，气候资源和产品特色明显，花卉发展潜力巨大。西安地理位置优越，具有花卉西出东进、南下北上的优势条件。

在西北地区重点建设以西安为核心的花卉综合市场，使之成为西北花卉生产集散中心。

（七）对外贸易市场

我国花卉出口有了长足发展，创汇已成为花卉业增长的突破口之一。花卉出口要科学规划、合理布局，发展外向型花卉产业，扩大多形式、多层次的花卉出口，走一条出口带动型的路子。要按国际惯例组织花卉生产、科研、营销和社会化服务，按专业化方向组织生产和销售，提升花卉业水平，提高在国际市场的占有率。重点建设以北京、上海、广州、昆明、青岛为主要窗口的对外贸易市场。

第六章 中国花卉产业发展战略保障

新时期我国花卉业发展必须与建设社会主义新农村，建设资源节约型、环境友好型社会和建设山川秀美的生态文明社会的宏伟目标结合起来，认真实施科技兴花战略和可持续发展战略，充分发挥比较优势和后发优势，充分利用国内外两种资源、两个市场，在全面开展种质资源保护项目的基础上，加强花卉新品种培育和知识产权保护，大力推进原始创新、集成创新和引进消化吸收再创新。完善配套技术，注重依靠科技进步和提高劳动者素质，促进科技与经济的紧密结合。在做好基础建设的同时，进一步推进我国花卉产业的政策建设、文化建设和制度建设，尽快形成我国花卉的核心竞争力，推动花卉产业发展再上新台阶。

第一节　基础建设

一、建立品种与技术创新平台

花卉业的发展，根本出路在于加速花卉产业化的进程向商品化、专业化、规模化转变，最终实现现代化。发展现代花卉业，符合当今世界花卉业发展的一般规律，也是我国开辟花卉业发展的广阔前景，奋起直追，尽快缩小与发达国家差距的必然选择。

新品种是花卉生产的命脉，是产业发展的源动力。全面推进我国现代花卉业建设，关键在于通过体制和机制创新，优化配置科技资源，不断构建并健全开放、竞争、协作的花卉产业品种与技术创新平台。建立健全以企业为主体、市场为导向、产学研相结合的科技创新体系、技术推广体系和从业人员的教育培训体系；着眼于建设现代花卉业，不断增强花卉业科技自主创新和持续创新能力，加大花卉业科技投入，设立科技创新专项资金；充分发挥科研机构和相关院校的作用，规划建设一批国内一流的科技创新平台，吸引国内外花卉业科技人才，培育建设花卉业科技创新团队；加快花卉业科技成果转化和应用，办好和新建一批现代花卉科技园区、花卉业科技型企业，使之成为花卉业科技成果转化示范推广的重要载体；切实加强新技术推广工作，加快新技术推广体系建设，通过制定成果后奖励等激励政策，引导更多的花卉业科技人员到技术推广第一线建功立业，提高科技对花卉业增长的贡献率；大力开发具有自主知识产权的关键技术，加强花卉基础研究和新品种培育，为我国现代花卉业提供系统保障。

(一)全面开展种质资源保护项目，建立原生地或迁地保护机制

花卉种质资源是花卉产业可持续发展的物质基础，是不断发展花卉新品种的主要来源，现代育种的成就，从根本上说就是决定于种质资源。目前，种质资源已成为全球经济一体化过程中竞争的热点，世界各国都十分重视植物种质资源的保护。我国幅员辽阔，地跨寒、温、亚热带气候，自然生态环境复杂，形成了极为丰富的植物种质资源，至于花卉种质资源更是品种繁多、不胜枚举，而且品质优良、特点突出，有"世界园林之母"的美誉，栽培历史长达2000多年。野生花卉因其复杂的生存环境和多种物种起源，有的退化品种与野生种进行杂交也可使其获得"新鲜血液"而大大提高其生命力和抗逆性，因此是培育花卉新品种的重要原始材料。野生花卉如同其他生物一样，一旦灭绝就不可能再生，然而，盲目的经济意识头脑使得许多花卉生产者和经营者缺乏对资源重要性的认识，在许多地方花卉产业的发展是以耗费自然资源为代价的，这不仅造成我国许多珍稀种质资源的毁灭性流失，而且严重制约了整个花卉业的可持续发展。因此，为了保障国家植物战略资源安全，全面开展种质资源保护项目势在必行。

全面开展种质资源保护项目，需要国家有关部门针对濒危野生花卉进一步制订和完善保护法律、法规及利用规划，植物园和园林花卉研究单位也应责无旁贷地承担起此项任务，建立并逐步完善原生地或迁地保护机制。加大政府对区域野生花卉资源保护利用投入，主要用于项目涉及的基础设施建设、自然保护区、原生地保护、迁地保护、重大科技研发项目的资金投入。针对野生花卉资源乱采乱挖、盗买盗卖及无序开发的现状，加大《森林法》、《自然保护区管理办法》、《珍稀濒危动植物资源保护法》、《水土保持法》及《天然林保护工程实施办法》等政策法规的实施力度；对区内各族群众及进入该地区的游客进行广泛宣传教育和多种多样、生动活泼的警示；对区内严重违犯法规的不法分子严加打击惩处，从根本上遏制花卉资源的破坏和流失，做好原生地保护。利用工程措施和先进技术手段，在区域内建立起自然保护区—高山野生花卉植物园—野生花卉资源圃—野生花卉种质资源库和信息库的系统保护体系，对不同类型的资源采取不同的保护方法、保护途径和管理办法，实现资源保护的系统性、完整性和可持续利用。建立野生花卉种质资源保存圃；创建野生花卉基因库等。只有这样，我国丰富的花卉种质资源才能得到更好的保护，花卉品种才有可能不断推陈出新。

(二)完善产业发展技术研发平台，系统储备各环节技术及更新能力

为保障我国现代花卉业的全面推进，针对野生花卉资源缺乏系统保护、开发利用科技含量低、资源浪费等问题，必须完善产业发展技术研发平台，建立保护利用技术创新体系，系统储备各环节技术及更新能力。花

卉生产经营单位，要将科技创新机制的形成和保持科技创新的领先优势作为竞争与合作的基础条件；要将引进与自主开发利用我国特有的花卉种质资源相结合，作为开拓市场的重要途径；要将技术推广服务作为全面提高产业水平，实现产业升级的重要措施。要遵循这些指导思想和基本要求，建立我国花卉科技新体系，尽快形成科技成果转化为现实生产力的运作机制，以提高花卉业的科技含量，促进产业升级。

1. 创新种质(品种)，提升科技含量

优良品种是花卉业重要的生产资料，也是花卉科技进步的重要体现。从某种意义上讲，没有形成自主品种开发和改良的体系，就没有真正意义上的民族花卉业。“科学技术是第一生产力”，各级花卉主管部门和花卉协会应加强对花卉科研、院校的指导，将我国花卉育种工作者组织起来，打破部门和地区界限，开展联合攻关，要保证必要的经费资助，积极开发和利用我国野生花卉资源，加强自主创新，推进花卉常规育种杂交、诱变、染色体加倍处理等与生物技术细胞工程、原生质体融合、基因工程等现代育种手段相结合，培育具有自主知识产权和国际竞争力的名特优新品种。尽早实施花卉种子工程，除科研、教学单位外，还要鼓励现有花卉种籽、种苗、种球生产企业参加，加强科研合作，形成育种、良种繁育和种子生产一体化，提高优良种子的供给能力。组织协调并与国内外花卉科研、教学和企业联合，接受花卉企业委托，承担花卉科技进步与创新项目。重点从事具有自主知识产权和市场竞争力的新特优花卉品种培育研发的同时，还要有选择地引进、推广国外的花卉优良品种，“洋为中用”，培育具有我国特色的花卉新品种。

另外，花卉企业还要始终坚持以科技为支撑，以创新为发展方向，特别要鼓励重点龙头企业建设自己的研发中心，鼓励中小企业联合开发，主动联合科研机构形成产学研联盟，借助“外脑”，对影响我国花卉产业发展的、具有丰富资源的一些传统花卉种源进行科技攻关，通过生物技术等手段，来实现花卉种质(品种)的创新，培育出具有自主知识产权的新品种(系)。通过科技资源的优化配置，尽量减少低水平的重复研究，在不太长的时期内多出成果及高效益，提高我国花卉产品的科技含量，从而最终增强产品竞争力，这是花卉业发展的最终体现。

2. 创新主体技术，保障产品低耗优质

为推动我国现代花卉产业的发展，提高花卉技术创新能力和国际竞争力，在重视新品种创制的同时，还需要从花卉繁育、种子种苗生产及配套生产关键技术等方面进行攻关研究，大力创新花卉高效、优质、高产、低能耗等重大主体技术，建立高效、优质、高产、安全的花卉生产技术体系，显著提高我国花卉生产的综合效益、科技水平和产品质量，构筑我国花卉产业化发展技术体系，整体提升我国花卉生产技术水平和自主创新能力。

实施规范化的生产栽培，加强花卉产品栽培基质、栽培设施、生态环境(温、光、控)、栽培技术(肥、水、病虫害防治)、花期调控、采后处理、加工、包装等各个环节的技术研究和质量管理，推动配套产品的发展，确保高质量的花卉产品，坚持“树立品牌，以质取胜”的发展战略，积极参与国际市场竞争。一是要加快花卉业基础建设，提高花卉业设施装备水平，大力发展花卉生产的专业化、规模化、区域化和标准化，从而有利于提高栽培和管理水平，有利于先进技术和先进设施的利用，有利于降低成本，并提高产量和质量。研制和推广经济适用型自动控制温室，是实现花卉优质、高产、高效的重要条件。各级花卉主管部门和花协应对目前温室生产现状及进口温室使用情况进行调查，并在此基础上，组织温室设计单位、制造单位与使用单位联合攻关，研制适合我国不同地区，不同花卉、不同造价的新型实用温室，尽快实现温室生产的系列化和标准化。据统计，2010 年，我国花卉保护地栽培面积达到 22112. 53 万 m^2，占总种植面积的 9. 45%，其中温室面积仅占 2. 41%，与荷兰的 60% 左右、韩国的 57% 相差巨大。二要加强花卉设施栽培及其配套技术的推广工作。采取多形式、多途径组织花农学习先进的栽培技术、繁育技术，保证花卉生产质量。加强新技术的推广和应用，比如对无土栽培、花期调控、组织培养等技术的推广，来提升花卉生产栽培的整体水平。进行鲜切花引进技术及采后贮藏保鲜、包装等技术的推广来提升附加值。三要为优质花卉产业集成提供技术支撑。努力建设高标准的优势产品和良种繁育体系，按照生产规模化、产品标准化的要求，提高良种的集约化水平。开发区域规模化的配套栽培技术，繁育技术，低成本高效型设施农业技术等关键技术，结合花卉基地建设，进行技术的组装与集成，以加快花卉产品科技创新步伐，降低生产成本，提高竞争力。

3. 完善配套技术，护卫商品高效流通

花卉产品竞争优势的大小不仅取决于生产的成本与效率，很大程度上也取决于流通的成本与效率。完善的产后配套技术和高效的商品流通体系是保证优质优价和提高附加值的重要手段。花卉流通体系不但包括各类市场，更重要的是为花卉市场销售服务的各种服务性中介组织。其中不仅包括销售，还有分类分级包装、花卉保鲜、检疫、海关、冷藏储运、结算等一系列服务。这些服务措施不仅降低了交易成本和风险，而且提高了花卉贸易的效率，成为花卉产业化经营的支撑体系。

流通技术　总体看来，目前我国花卉采后流通技术依然落后于技术发达国家。但是，随着花卉业的不断发展，采后流通技术越来越受到生产企业和流通企业的重视，尤其是在出口业务和国内高档切花流通过程中，国家和各省（自治区、直辖市）都加大了花卉流通技术开发的资金投入，有关科研人员在科研和技术开发及推广方面进行了不懈的努力，相关的科研实力也不断增强，局面已有很大改观。花卉采后流通要经过采收、预处理、整理、分级、包装和运输等环节，每个步骤都需要配备相应的设施设备。部分实力雄厚的花卉企业在上述设备上与发达国家同步，如云南省花卉联合运销公司从荷兰引进三条国际先进的花卉采后包装流水线，拥有独立的预冷库、冷却库和冷藏库，并与航空、铁路等部门合作，建立了完整的冷链物流体系。然而，绝大多数以内销为主的中小企业和农户普遍没有配备完整的采后处理设备，缺乏采后预处理和运销保鲜能力，花卉采后和流通过程中的损耗比较严重，削弱了产品的市场竞争力。针对这种情况，有关企业和相关部门应采取行动，继续加大花卉流通技术开发的资金投入，对于以外销为主的花卉运销出口企业，积极引进国际先进的流通技术和设施，并充分发挥龙头企业的作用，为周边农户提供采后处理及流通服务；鼓励中小型花卉企业联合设计及制造单位，自行设计并制造包装设备、熏蒸设备和国产的冷库及包装箱，以降低流通成本；各地科研院所要加大流通技术相关的科研投入，接受花卉企业委托，共同开发适合当地生产水平的、高效、优质、低价位的花卉流通技术体系；另外，相关运输部门，如铁道部特种货物运送中心等也应积极配合，研制开发铁路冷藏集装箱，以合理的价格远距离运送花卉等鲜活产品。相信在各方的关注和努力下，我国的花卉采后流通技术水平将会上一个新的台阶。

质检技术　为保护本国花卉业的发展，一些国家相继对进口花卉提出了不同的检验检疫要求。如日本、韩国、西班牙、加拿大、美国等国家，要求中方花卉不得带土壤和活害虫，并出具植物检疫证书。因此，为扩大我国花卉产品出口规模，同样，也为防止病虫害入境，提高质检技术首当其冲。熏蒸除害是控制花卉害虫的主要措施，也是检验检疫中的重要环节。由于花卉属鲜活商品，对熏蒸药剂、温度范围、处理时间比较敏感，并要求较高的熏蒸条件，包括专业熏蒸库（有控温、控湿、计量、循环、检测、排气等装置）和专业熏蒸人员（掌握不同花卉对熏蒸药剂、计量和时间的要求），否则将出现花卉质量受损或熏蒸不彻底的问题。目前我国除昆明、上海、北京等少部分口岸有适合花卉除害处理的专业熏蒸库和掌握熏蒸技术的人员外，大部分口岸的熏蒸设施和技术不能确保花卉质量和除害处理效果，给花卉的出口检验带来潜在隐患。因此，要积极筹建国家花卉检验检疫技术中心，在主要的花卉出口基地建立检验实验室，按实验室质量保证体系的要求规范进行，以提高花卉的验放速度，确保结果准确可靠。培训、管理地、县级检疫干部和技术人员，总结、交流检疫工作经验，汇编检疫技术资料。以科技促检疫、保质量，围绕花卉病虫害种类、出口标准等情况，开展防治技术研究。成立进出境花卉检疫联合会，针对花卉公司在引种、生产和出口等方面存在的盲目性、松散性，使联合会成为检疫机关向花卉公司和花农宣传法规、传播知识、提供技术、业务培训、技术攻关的中间桥梁。通过产、学、研的通力协作，研究病虫害发生规律、抗药性及防治技术，生产特效农药，发展完善检疫技术及法规。

信息技术　花卉是鲜活产品，是瞬间消费，一旦流通不畅则易造成严重损失，因此要加快建立和完善花卉供求和市场预测体系，强化花卉统计的法律效应，减少花卉生产的盲目性，严密生产和流通的关系，使新产品能及时转变为商品。信息服务在促进生产和流通衔接中起着越来越重要的作用，是降低产销成本，提高经济效益和竞争的重要条件。分散经营的农户由于信息不灵，适应市场的能力差，在选择经营项目时带有盲目性，甚至是决策失误，在加入WTO、经济全球化的背景下，市场环境更加复杂，向企业和花农提供市场信息咨询服务尤其必要。为了及时了解国内外花卉产销情况、价格走势，必须建立完善的花卉信息网络系统，保证信息传递快速准确。要拓宽信息传递的来源和途径，如专业的花卉信息网、大型的电子信息牌、专业的报刊杂志和电视等有关媒体以及与花卉贸易有关的部门，如海关、运输、植物检疫等在内的花卉信息网络系统。整合花卉系统现有信息采集渠道，增强信息的时效性。定期发布每周或每月的市场统计分析信息以及国内外其他花市的相关行情，指导企业及花农的生产经营活动。大力开展花卉信息、知识教育和宣传，增强政府管理部门及生产经营者的信息意识和信息综合利用能力。

二、完善花卉交易平台

长期以来，我国花卉业一直采用“一对一”的对手交易，这种单一的方式已不适应现代花卉产业的发展。多级交易平台体系的健全决定了商品流通的成本与效率，进而在很大程度上影响花卉产品竞争优势的大小，因此是推进我国现代花卉业发展中重要的一环。进一步完善花卉交易平台体系为我们促进现有的零售及批发市场的组织形态演进，更好地发挥市场的经济功能，促进花卉业产业化发展提供了一定的政策空间。措施主要包括：积极发展电子商务、开展网上花卉销售、提高花卉流通领域的科技含量，此外，还要加快具有现代化流通机制和交易手段的国际花卉拍卖中心建设步伐，降低花卉交易成本。各地主管部门及协会要从实际需要出发，在不断完善配套设施的基础上，建立符合当地花卉营销特点及花卉业发展水平的多级交易平台，逐步完善拍卖、网上交易、速递等现代流通形式，从而大大促进花卉产品的流通，降低运行成本，给生产者和消费者更大的实惠和便捷；突出不同类型花卉市场的重点和特色，避免雷同化，逐步形成电子市场—拍卖市场—批发市场—零售市场（花店、花摊）功能各异、层次分明的花卉市场网络；在完善市场主渠道建设的基础上，推行网上购货、订单交易、连锁经营、代理制等现代营销方式；制定交易规则，提高市场透明度，加强对市场的规范性管理和有效监督；较好的稳定花卉生产，强化生产、加工、流通之间的信息沟通，提高流通过程中的物流、资金流、信息流速度。

（一）建立花卉电子交易平台

随着互联网及电子商务技术的日渐成熟和广泛应用，电子交易为各个传统行业带来了高额利润，同样也给花卉业提供了巨大的发展空间。利用电子交易方式开展花卉贸易，以其能够降低企业运营成本、打破原有的地域性及空间限制、扩展业务范围、减少流通中间环节以及交易的便利性等优势比传统的交易方式更具竞争力。因此，尽快建立并完善花卉电子交易平台对于拓宽我国花卉贸易市场，提高产品竞争力，走出花卉发展增产不增收的困境具有重要意义。

建立花卉电子交易平台，首先需结合城乡网络设施建设，提高网络覆盖率，为电子交易的开展提供物质基础。以电子交易方式进行花卉拍卖，是电子商务在专业市场的典型运用。与传统拍卖市场相比，电子拍卖在增强交易者与市场的交互性、扩大销售网络外延、提高交易效率等方面具有明显优势。近年来，国际上很多花卉产业发达国家都非常重视电子拍卖市场的建立和完善。如荷兰农产品拍卖市场开发和利用“远程认购系统”（KOA）来进行日常交易；几乎所有丹麦生产的花卉植物都通过DANPOT DATA A/S电子交易系统进行交易及配送；阿斯米尔等许多拍卖市场在进一步更新和升级其数据系统及电子化设施，花卉采购商可以直接通过网络与拍卖现场的采购商同时竞买，那种农产品全部运抵拍卖市场，客商到现场投标、竞标的传统拍卖方式，正逐步被电子系统和电子商务模式取代。目前，我国最大的产地型花卉拍卖市场——昆明国际花卉拍卖中心仍以现场拍卖交易模式为主。由于国内花卉生产和消费市场分离，在贸易全球化趋势不断加强的背景下，通过网络通信技术的应用、采用电子商务模式、建立和完善电子拍卖平台在我国具有巨大的推广和应用前景，不仅有利于进一步减少物流环节、完善花卉产业的社会化服务体系，而且还对于提高我国花卉产业的整体竞争力、加快国内花卉市场与国际贸易对接起到重要作用。

在加强电子拍卖系统建设的同时，建立和完善花卉电子交易平台，还应大力支持花卉市场传统交易过程中的电子交易系统建设，促进大型花卉生产企业和花卉市场的电子联网，鼓励通过网上拍卖方式进行批发和配送，直接进入到终端零售领域，减少中间物流环节。在零售环节，花卉产品电子商务的发展前景也很广阔。考虑到一些中小企业及农户发展自己的电子商务网站有一定的困难，这时应采用政府积极引导、花卉龙头企业示范带动、分散花农自愿参与的原则，进行花卉销售网络建设。提高花卉从业人员的网络技术水平，并通过不断的普及推广，逐步使他们了解电子交易，从而改变旧的交易观念，接受新的交易方式。通过建立花卉生产标准化示范区，以点带面，推动花卉生产向标准化、规模化、产业化方向发展，保证花卉产品的批量和数量，提高产品的质量，为网络交易提供可行性和产品保证。加强行业管理，特别是要建立企业信誉制度，规范市场行为，为电子交易的进行保驾护航。

（二）推进重点产区建立花卉拍卖交易平台

良性市场竞争环境的形成需要建立一个高度透明的公共交易平台，并在“公开、公平、公正”的原则下实现。作为中介服务平台的花卉拍卖市场是承担实现这一目标的最重要的角色。综观荷兰、美国、日本、澳大利亚等国的花卉交易都是采取拍卖形式运作，而在亚洲至今还未形成具有相对稳定和一定规模的国际花卉交易中心市场。从发展趋势看，亚洲花卉市场集中在中国大陆和以中国大陆为中心的外缘区日本、韩国、新加坡、中国香港、中国台湾等国家和地区。因此，在全国大力推广花卉现代化生产方式的同时，引进和发展符合世界花卉发展趋势的现代拍卖市场的营销方式，无疑会对我国的花卉产业发展带来积极深远的影响。花卉拍卖作为我国花卉融入世界的贸易桥梁，必将大大加快我国花卉产业规模化、专业化、标准化的进程，这将为我国花卉产品走向国际市场提供良好的运行机制，并对于转变“以农民为主体的小规模分散式小生产面对大市场”的现状，促进我国花卉产业升级，乃至最终确立我国在亚洲的花卉产销中心地位都具有决定性的战略意义。

要结合当地花卉业的发展水平和实际需要，作为与国际花卉集散地和国内花卉消费市场连接的纽带，在花卉主产区建立花卉拍卖市场。目前，我国花卉产业的区域化布局渐趋合理，重点花卉产区初步形成。区域化产业形成了以云南、江苏、浙江、广东、广西、海南为重点的热带、亚热带花卉产区；以江苏、浙江、上海为重点的长江三角洲花卉苗木产区；以北京、山东、河北、河南为主的北方花卉产区和以辽宁为中心的东北部花卉产区。要继续加大政府及主管部门对花卉拍卖中心硬件设施的投入，并在发展初期在税收、资金等方面给予优惠扶持，使拍卖交易得以推广并不断规范与完善。在注重“有形市场”建设的同时，花卉拍卖交易中心更要重视“无形市场”的培育，积极借鉴国外花卉生产、销售的成功经验，引进国际上先进的花卉拍卖交易系统和管理方式，开发和应用符合我国国情的花卉拍卖系统和综合业务数据处理平台，使之高效运转，并与国际接轨，逐步发展成亚洲高级拍卖市场。在我国《拍卖法》的基础上，完善与之相关的刑法、民法条文，制定与拍卖有关的配套政策，推进花卉拍卖交易。尽快建立统一的、市场认同的产品标准体系，并对标准执行进行严格监督，保障拍卖顺利进行。完善社会化配套服务体系，如海关、植检、商检、运输、银行、工商等相关机构集中驻场构筑“绿色通道”。完善安全快捷的电子结算系统及准确、及时的交易信息系统。总之，花卉拍卖市场要以服务于生产者为核心，以特定的交易规则为保障，以现代通讯为手段，以严格分级、及时结算为前提，创造和维护有序的市场竞争环境。

(三)健全花卉对手交易平台

总体看来，我国花卉消费仍然存在季节性较强的传统特点，而且消费群体主要集中于大、中城市，花卉业发展还没有达到国际公认的成熟水准。市场网络的健全能够大大带动和促进花卉产业化发展，因此，在积极建立和推动国际先进花卉拍卖制度的同时，还要结合我国目前花卉业发展的实际需要，在传统“对手交易”方式的基础上，建立并健全符合我国国情的对手交易平台。

2010 年全国花卉统计数据显示我国现有花卉市场 2865 个。为根本解决小生产与大市场的矛盾，避免供求矛盾的产生和投资浪费，对花卉市场的建设要在进行市场调研后，由主管部门进行统筹规划和合理布局，做到“场”的建设必须符合和满足“市”的要求，逐步形成拍卖市场—批发市场—零售市场(花店、花摊)功能各异、层次分明的花卉市场网络。继续推广当前比较成功的“公司 + 农户”或者“农户 + 协会 + 市场”的合作经营模式，组建一些产地与销售相衔接，新建与扩建相结合，批发与零售相配套，着眼规模型，扩大覆盖面，增强带动力的各类型、多层次、多形式的市场体系。完善市场网络，扩大花卉市场规模，提高管理水平和经济效益，在批发、商流(洽谈、签约)、物流等方面发挥核心作用，并发挥集中采购、物流、配货、服务等多种功能。完善信息服务，为花卉生产企业(花农)提供准确、及时的市场信息，建立完善有序的市场机制，便于生产者和销售者的沟通，避免生产的盲目性和产品的滞销。强化花卉市场体系建设和服务体系建设，建立健全花卉产品交易市场和营销网络，培植和扶持一批骨干市场，在政策、资金、信息、宣传等方面给予支持，提高市场建设的科技含量，强化市场的商品集散功能、价格调节功能、信息引导功能、商品余缺的调节功能，使花卉市场真正成为花卉产业发展的龙头，在引导花卉生产和消费、丰富花卉的社会文化内涵方面，发挥更大的作用。

三、整合完善现有培训机构

伴随着几十年花卉业的蓬勃发展，我国花卉企业基本上从过去农户或国营苗圃生产、分散经营为主体的形式，转变成现在的基地专业化生产、企业化经营管理为主导的格局。但不论是生产规模、设施科技水平、产品品质，还是经营管理、流通服务、质量监督等方面与国外实力雄厚的企业相比都存在很大差距，尽快培养一批专业的花卉科技、管理和贸易人才成为我国花卉现代化发展中急需解决的问题。强化培训基地建设是解决培训场所、完善人才培训、解决人才匮乏的关键。因此，要结合我国花卉产业的区域化布局，依托重点花卉产地(或研发基地)，在整合和完善现有培训机构的基础上，在花卉重点产区和各区域特色产区加强综合性高级人才培训基地和专项人才培训基地的建设，坚持以示范基地带动农户为重点，着重抓好花卉基地建设，尽快培养和建立一支花卉技术人才队伍，研究制定并推广不同品种的规范栽培技术和花卉产品的营销、管理技能，以促进花卉业向优质、高产、高效发展。

(一)加强管理人才培训基地建设

引领龙头企业在市场经济中不断发展是花卉产业化的关键，而优秀的技术管理是促进企业健康发展的必要支撑。在当前世界花卉业迅猛发展的新形势下，管理人才的匮乏造成我国一些花卉企业目前采用的传统管理模式的弊端和局限性越来越突出，企业内部管理粗放，生产效率低，产品质量差，抵御市场风险的能力很弱。为此，加强花卉管理人才培训基地的建设势在必行。

改革开放 30 年来，我国花卉科研教育发展迅速。全国现有省级以上花卉研究单位 100 多个，50 多所省属以上的农林院校及一批中专、职业技术院校设置了观赏园艺或园林专业，为我国花卉业不断输出技术和管理人才。在此基础上，为配合国家实施的人才战略，全国各地要依托重点产区（或研发基地），通过充分调动科研院所及大企业科技人员的参与，继续加大高层次花卉经营和管理人才的培养力度。依托重点院校，设置培训基地和研发中心，将产、学、研结合起来，不断培养和输出一批适应国内外市场需要的专业花卉管理人才。通过行业协会和有关部门牵头，进一步促进相关科研院校与企业合作，采取定向培养模式，由学校按照企业需求设置教学内容，学生入学即签订就业安置协议，为企业培养具有大专学历层次并取得岗位资格证书的、既懂管理又懂技术的复合型专业人才。同时，企业要加大对高层次花卉经营管理和市场开拓人才的引进力度，建立健全激励机制，营造拔尖人才脱颖而出的环境。

（二）加快技术人才培训基地整合

推广先进技术，是发展优质、高产、高效花卉业的关键。我国花卉科技工作者不仅研制了一批先进的实用技术，也从国外引进了不少先进技术和成果，并进行了消化、改造，亟待推广应用。而我国现有的农业技术推广人员大多难以胜任花卉技术推广工作，无法满足现代花卉业发展的需求。为进一步提高我国花卉产业的专业化水平，增强国际市场竞争力，要借鉴荷兰等发达国家的成功经验，明确分工，依托特色产区，加快培养花卉专项技术人才。

目前，我国花卉产业的区域特色主导产品突出。经过逐步调整和提高，具有地方特色的主导产业初具规模，在品种上基本形成了以云南、北京、上海、广东、四川、河北为主的切花生产区域；以山东、江苏、浙江、四川、广东、福建、海南为主的苗木和观叶植物生产区域；以江苏、广东、浙江、福建、四川为主的盆景生产区域；以四川、云南、上海、辽宁、陕西、甘肃为主的种球（种苗）生产区域。一些我国特有的传统花卉产区和产品——如洛阳、菏泽的牡丹，大理、金华的茶花，漳州的水仙花，鄢陵的蜡梅，天津的菊花等也得到了进一步巩固和发展。加快花卉技术人才的培训需要依托重点特色产区，积极加强花卉技术人才培训基地的建设，强化基地人才培训、带动农户的作用，提高基地向外输送高级人才的能力。进一步加大研发基地科研设施的资金投入，改善花卉基地基础设施条件，实行开放性管理，尽可能为国内外合作项目和专家提供研究条件。与科研院所合作，建立产、研、学关系，对新品种培育、种苗繁殖及花卉生产过程中的技术难题进行联合攻关。完善远程教育等多种培训方式，定期或不定期聘用专家对主管检查人员、喷灌人员、种苗繁育、花卉生产技术人员、采收及采后保鲜等各个生产流程的人员进行专项培训，加速培养一批业务水平高的专项技术骨干。以本地为基础，选拔一批有扎实理论功底和丰富实践经验，能解决生产中遇到的实际疑难问题的“土专家”，建立乡土人才档案，并适当给予花卉“土专家”科技津贴，充分调动他们的积极性和能动性，结合实际需要，自主开展新技术、新设备的研发与推广，并申请国家专利。促进各大基地间先进生产技术的交流，并由主管部门牵头，协会具体组织花卉重点产区的企业广泛开展国际考察与交流，重点引进与自身特点相结合的国际先进配套技术和设备，与国际水平接轨，强化示范基地的突出特色。加大政策扶持力度，对于高新技术应用、新品种引进、设施育苗等有利于基地生产水平提高的项目可优先引进，并根据实际情况，每年安排一定专项资金用于基地基础设施建设和维护。

（三）推进贸易人才培训基地建立

随着花卉生产的分工越来越精细，国际间的花卉贸易往来也将日益频繁。同时，在世界花卉生产正由传统花卉生产国向资源丰富、劳动力成本较低的新兴花卉生产国转移的大背景下，我国已成为世界最大的花卉生产基地、重要的花卉消费国和花卉进出口贸易国，在世界花卉生产贸易格局中占有重要地位。中国加入世界贸易组织后，我国花卉出口的贸易环境不断改善。近年来，世界花卉消费以每年 10% 的速度增长，国内花卉消费也保持16% 以上的增长速度，花卉市场发展前景广阔。因此，在当前我国发展现代花卉业的时机日益成熟的大好机遇下，对花卉贸易人才的需求也日趋旺盛。

加强贸易人才培训基地的建设对于培训、充实花卉从业人员的贸易专业知识与技能，拓展外销市场，重塑我国小农经营，进而迈向企业行销，提升产品国际竞争优势都具有重要的意义。要进一步加强相关院校在人才培训中的作用，结合目前花卉贸易发展的需要，调整专业设置及教学内容，同时，充分利用现有发展较为成熟的花卉贸易企业的资源，加强协作，通过联合培养、委托培养及设立实习基地等方式，加快培养一批具有现代花卉贸易知识的专业人才。依托大型花卉贸易企业，设立专项资金用于专家聘请，定期开展花卉贸易人才培训讲座，通过采用个案分享等方式就花卉出口签证及报关程序、国外参展事宜、我国花卉主要外销市场检疫规定及遭遇的检疫问题、商务谈判、贸易纠纷预防与解决要领等方面进行培训，切实提高花卉贸易从业人员的专业水平。另外，企业要加大对高层次花卉贸易人才的引进力度，并通过协会等相关部门组织企业广泛开展国际考察与交流，积极借鉴国外花卉贸易的成功经验，促进我国花卉业区际贸易、国际贸易的顺利进行。

四、完善花卉物流系统

花卉的运输配送问题是保证花卉产品质量的重要环节。在产业发展现阶段，物流已成为花卉产业的核心，花卉物流既是基础性产业，又是诸多部门协作的复合型产业。发展现代物流业不但是花卉大规模流通的需要，也是促进各地农民增收致富、提高我国花卉产品国际竞争力的需要。当前，我国花卉流通业与发达国家相比，仍然存在较大差距，主要表现在：一是税收负担重，公路运输收费高，运营成本居高不下；二是设备技术落后，采后处理、包装、仓储、运输等技术手段简单粗放；三是标准化、信息化程度低，花卉从产前、产中到产后，均没有构成统一标准；四是花卉专业化物流企业滞后。截至目前，我国尚未形成专业的花卉物流体系，这些问题对于我国花卉产业发展的制约日趋明显。

发展和完善适应现代花卉要求的物流系统，需要强化花卉流通基础设施建设，发展现代流通方式和新型流通业态，培养多元化、多层次的市场流通主体，保证快速、零损耗花卉产品流通。充分发挥航空、铁路、公路运输的作用，不断提高各部门运输协调配合能力，实现全程冷链运输，并引入竞争机制，降低运输成本，提高运输效率，缩短流通时间，实现花卉产品的最大价值。要落实花卉产品运输绿色通道政策，通过物流配套服务系统，集中运输、信息、资金、信誉、检验检疫、通关和快速集散等各项服务，搞好包装、冷储、运输、配送等物流设施建设，使花卉产品在尽可能短的时间内到达消费者手中，确保鲜花产品的最佳品质。为此，中国花卉协会正在协同有关部门，以全国花卉产业发展计划（2011—2020）为指示，抓紧编制全国花卉产业市场和物流体系建设施行方案，鼎力发展现代物流业已成为我国花卉产业发展的重中之重。

（一）运力保障

在各种流通方式中，空运最为快捷，是花卉产品尤其是鲜切花远距离运输的首选。然而，由于国内机场大多没有花卉冷藏设备，空运的花卉冷链环节衔接不上，花卉到达机场以后，一般只能露天摆放，再加上检疫和审批手续所用时间较长及运费高等原因，造成一定的产品损耗和较高的运输成本，严重削弱了产品竞争力。针对这种情况，主管部门要鼓励花卉企业（花农）及花卉物流公司与航空部门加强合作，研究制定相应的运输管理办法，适当降低运费，落实花卉产品运输绿色通道政策。加强政策扶持力度，对需要开拓的市场，可考虑开辟定期包机的鲜花货运定期、定舱位航线，定时定班，便于花卉企业组织出口。加大资金投入，在花卉空运需求大的机场建立鲜切花产品处理的专用基础设施及冷藏库和其他冷藏设施，提高设施利用率。同时，大力改善货运仓储的设施设备，保证在较长时间的产品供应链中能给花卉提供最适宜的保存条件。重视对机场花卉产品装卸人员的培训，改善库区操作环境，提高装卸质量，最大程度降低人为损坏。实行运费补贴政策，并借鉴国外的先进经验，实行“一站式”服务，协调检验检疫部门做好大宗出口花卉预检和预处理，缩短检验时间，降低检验收费标准，简化审批手续，建立畅通、便捷、高效、费用低廉的花卉外运绿色通道。另外，积极发展花卉空运代理，在大型的鲜花产地、集散地如昆明斗南等提供始发集运、代办报关及到港提货配送等空运代理服务，把小企业及花农分散的发货量集中成大的运输量，降低运输费用。

海运价格低廉，适宜于10天以内航程的中等距离运输，在空运价格居高不下的情况下，选择耐贮运的花卉产品进行海上运输能够大幅降低流通成本。目前，财政部有关部门已出台了相关规定，对进口属于种用的花卉苗木（如杜鹃、玫瑰，休眠的鳞茎、块茎、块根、球茎及根茎）进口关税税率为0，进口环节增值税税率为13%。海关总署在花卉进出口较集中的关口设置"绿色通道"，实行24小时通关，不断规范和促进口岸工作，进一步提高通关效率。实施"一条龙"作业、"一站式"服务，实现流水作业制，提供条件把相关进出口职能管理部门集中在一起，对花卉产品的进出口推行一次申报，一次查验，一次结关放行，协调海关为花卉外运和出口提供高效便捷的服务，简化通关手续，降低通关费用。另外，由于海运耗时长，运输过程中集装箱的保鲜性能直接影响到花卉产品的贮运损耗，因此，要加大资金投入，引进国际先进的冷藏集装箱用于贮运，并组织专家对集装箱冷藏技术进行研发，以最大程度降低长时间运输中的损耗，保证花卉产品的质量。

同时，为解决航空运输成本过高和节日运力不足的问题，要拓宽运输渠道，在我国花卉产品的省际间流通中大力扩大陆运运输。要积极发展冷链式运输，建设冷藏货柜和仓储设施。培育并规范陆运物流市场，鼓励专业的花卉物流企业加大投入，积极引进国际先进的冷链运输技术和设备，购置可调温冷藏运输车和保温车等，在航空运力紧张或鲜花销售旺季时及时提供长途冷藏运输服务和短途保温运输服务，满足高档花卉产品运输的需要。陆运是我国盆栽类植物运输的主要方式。但盆栽植物体积大，且具有固定的形体，不宜简单堆码。因此，在改善运输设施的基础上，还要改进盆栽植物运输方式。要积极借鉴国外成功的花卉物流模式，盆栽植物采用专业的花卉运输车和专业台车，建立集装单元化系统，即花卉台车系统，建设全国性的台车交换平台，推进盆栽植物流通标准化与规范化，把盆栽植物流通损耗降低到最低水平。

(二)信息保障

信息是制定政策、确定和调整生产经营计划的重要依据。世界上花卉业发达国家都十分重视信息工作。近年来，我国花卉企业发展迅速，但从整体来看，花卉产业仍以小规模、分散的花农为主。这些花农往往一家一户生产经营，经济力量单薄，难以及时准确地掌握市场信息。在没有专业的第三方花卉物流产业的前提下，实力有限的花农在技术引进、信息收集、资源配置等方面缺乏统一的组织，很难投入大量的资金与技术用于花卉采后和流通中的管理。这种花卉物流体系中信息不对称及花卉经营主体规模小、流动性强等问题，使得生产商与交易对手进行的是短期博弈，从而增加了机会主义行为，导致花卉市场风险增加，市场秩序混乱，流通效率降低。另外，花卉产品具有明显的地域性和季节性的特点，一年中不同季节、不同时期，其需求量差别较大，经常出现运输车辆过剩或不足，或装载效率下降等影响物流运输效率的问题。为此，行业主管部门以及花卉协会要树立服务意识，增加投入，以花卉专业村镇、花卉企业、花卉市场为依托，加快建设花卉信息网络服务体系，及时为生产、流通企业以及广大花农提供供求信息，预测并分析市场趋势，通过信息共享，实现生产与市场的互动生产以及市场和消费之间的有效对接，从而达到稳定花卉市场价格，降低经营风险，提高花卉生产、经营效率的目的。要加快花卉物流通用基础类、技术类、信息类、管理类、服务类等标准制定，逐步建立和完善花卉物流标准化体系，并加快推广实施。要加快花卉物流公共信息平台建设，包括全国性和区域性的花卉物流公共信息平台建设，积极推进花卉企业物流管理信息化，促进信息技术在花卉物流企业中的广泛应用。通过公共信息平台的支持，完善花卉物流的订货、收货、库存、配送、发货等功能，保证物流系统的实时监控、快速反应，以利于物流系统的高效、安全、协调运行，从而节约订货费用、简化订货手续、降低运输成本。

(三)资金保障

花卉物流业的发展，主要依靠企业自身的投入，但同时要多渠道争取资金。对列入国家和地方规划的花卉物流园区和物流基础设施建设项目，鼓励其通过银行贷款、股票上市、发行债券、增资扩股、企业兼并、中外合资等途径筹集建设资金。银行金融机构要积极给予信贷支持。对涉及全国性、区域性重大花卉物流基础设施项目，政府应根据项目情况和财力状况适当安排中央和地方预算内建设投资，以投资补助、资本金注入或贷款贴息等方式给予支持，由企业进行市场化运作。另外，要积极争取国家和地方政府对花卉冷藏、配送、检测等基础设施建设的扶持；争取涉农政策的支持，通过建立绿色通道，切实减轻花卉物流企业税费负担；在新兴市场开发方面，还应争取政府设立专线价格补贴。要充分发挥财政资金的战略引导作用，各地要在充分结合本地实际的基础上，研究制定花卉物流运输、新型销售业态、市场建设等的扶持政策，改善投资环境，切实加大招商引资力度，建立政府引导、社会参与的投融资机制，统筹使用各项政策和资金，支持花卉物流体系的建设与发展，促进花卉产业上规模、上水平。

(四)信誉保障

目前，我国的花卉物流仍处于发展的初期阶段，国内从事相关服务的公司也大都以运输企业为主，缺乏能够提供保鲜、冷藏、分类、包装、运输、配送等一条龙服务的综合性专业花卉物流公司。而花卉是一种特殊的鲜活农产品，在储运过程中对物流公司的要求较其他产品更高，因此在加强专业花卉物流企业培育的同时，加强物流企业的信誉管理对于完善我国花卉物流系统具有重要意义。加强信誉保障，首先应建立信用制度，加快信用立法，进一步完善信用执法手段。要积极调研，加快组建“中国花卉协会市场与物流分会”，通过加强制度建设和规范管理，推进整个花卉物流行业公信力的提升。要尽快建立与社会信用评估体系相衔接的行业规范，以此规范第三方物流企业和传统物流企业的服务，并由行业协会依据各种花卉产品物流的特点，制定并推广统一的花卉物流运作标准。行业协会还应积极开展物流企业的信用等级评估工作，建立物流企业和物流人员的信用评价和监管机构，通过对行业中诚信经营的优秀者进行宣传和合理奖励，引导物流企业增强信用意识，加强信用自律，树立以诚信为荣、失信为耻的观念，并形成知法守法、诚实守信、失信必惩的行业氛围，进而对创建良好的物流市场竞争环境，加强行业自律起到积极的推动作用。

（五）产地检疫保障

按照我国《植物检疫条例》的有关规定：生产、经营应施检疫的森林植物及其产品的单位和个人，在生产期间或者调运之前应向当地森检机构申请产地检疫。对产地检疫合格的，由森检员或者兼职检疫员发给“产地检疫合格证”。不合格的发给“检疫处理通知单”，限期除害处理。由于大多数危险性病虫在其寄主生长期间，有明显的危害症状，容易发现和识别，因此产地检疫不仅避免了调运检疫时造成的产品损伤，增加了经济效益，还可以使检疫检查更加快速、准确、简便易行。经产地检疫合格的森林植物及其产品在有效期内调运时，不再检疫，凭“产地检疫合格证”直接换取“植物检疫证书”，因而简化了通关手续，有利于商品流通。因此，加强产地检疫保障对于完善我国花卉物流系统具有重要的意义。

加强产地检疫保障，首先要加强领导、落实责任。花卉苗木产地检疫工作是从源头上预防病虫害发生的重要一环，也是减少花卉产品的流通损耗、提高产品质量、促进出口的重要手段。因此，各地应高度重视花卉产品的检验检疫工作，认真贯彻落实党的十八大和中央经济工作会议提出的“加强动植物疫情疫病防控，提高农产品质量安全水平”的要求，按照统一部署，结合本地实际，实行责任制，把花卉苗木产地检疫责任制落实到实处，做到检疫无漏洞，责任无空白。加强产地检疫保障，还要加大宣传和培训的力度。通过走访、咨询服务、散发传单等多种形式向花卉产区的企业和农户宣传法律、法规和基础知识，解答生产者提出的有关花卉苗木病虫害防治的问题，使他们自觉接受并参与检疫检查。同时，对专、兼职检疫员及花卉从业人员进行业务培训，提高他们对苗木主要病虫害的识别能力，并结合当地的具体情况，从实际出发，针对本地的重点检疫对象，制定行之有效的检疫措施，坚决杜绝人为传播危险性病害现象的发生。加强产地检疫保障，还应加强监督检查，确保检疫实效。认真做好对花卉种苗尤其是造林苗木的“两证一签、产地检疫合格证、检疫处理通知单、检疫要求书、植物检疫证书”等检疫单证的核查工作，并进行实地检查。同时，建立生产经营企业的诚信管理制度。对伪造单证、逃避检验检疫、弄虚作假的企业、报检人或代理人，将取消其相应的资格，并按有关规定予以处罚。

（六）仓储保障

专业的花卉物流不仅承担运输的角色，还包括提供完备的配套设施，如暂存货物的冷库或储藏室、专用的运输车辆等。由于花卉产品本身具有质地脆弱、易腐等特性，不当的物流操作极易导致产品的损毁、腐败，进而降低生产商的利润。因此，加强花卉物流过程中的仓储保障对于完善花卉流通体系尤为重要。花卉产品在储存和运输过程中不仅要求稳定的温度、湿度、酸碱度等储运条件，还应在包装上达到防挤压震荡、隔热、保持水分和抗冲击等要求。为此，要进一步加强基础设施建设，加快节能环保的各种新型冷链物流技术的自主研发、引进消化和吸收。鼓励花卉生产和物流企业加强保鲜、冷库、运输、查验等物流基础设施建设，并在花卉主要生产基地、中转市场、消费城市重点加强集冷藏、配送和处理中心为一体的仓储库建设。同时，加强现代搬运装卸工具、冷藏设施、冷链运输车辆、冷链物流全程监控和追溯系统以及与花卉物流相配套的查验与检测基础设施的建设，逐步建立健全花卉物流体系和冷链运输系统。

五、建立质量检测体系

严格的质量保证制度是花卉产品在全球激烈的市场竞争中始终立于不败之地的重要法宝。要重视花卉产品的质量监控，通过健全的质量监控机构、制定严格的质量标准、实行质量认证制度和产品质量信誉认可等措施来确保花卉产品质量，而其中最重要的就是尽快建立并完善高效的质量检测系统。

建立花卉业高效质量检测体系，包括建立鲜切花采收标准、花卉产品质量标准、花卉包装标准以及检验规程等。要引导花卉生产企业按照生产技术规程和管理规程进行生产，在各花卉交易中心设立质量检测中心，加强质量监督。目前，经农业部授权、国家计量认证和农业部审查认证，我国在上海、广州、昆明等地已成立了法定专职花卉产品质量监督检验测试中心。为保障我国现代花卉业的顺利推进，要加大对检验机构的投入，增强检验手段，提高检测水平。加快采用国际检测标准的步伐，确保检验检测工作的公正性、科学性、权威性和先进性。质量检测中心要围绕“科学、公正、高效、廉洁、服务”的宗旨，以控制性、突破性为目标，以管理、质量、技术为重点，不断强化内部质量管理，提高监测技术水平和服务能力，严格保证检验数据的准确可靠和检验工作的科学、公正和权威，使之真正为发展我国现代化花卉产业服务，并为最终提高产业整体质量水平发挥重要作用。

(一)健全报检制度

建立高效的质量检测体系，首先要进一步健全报检制度，以国际“检疫和植保协议”来强化执法力度，认真履行国家的法律法规和国际植物检疫双边协定，完善检疫操作规程，达到强化执法管理的目的。借鉴国际先进经验，对进口植物在入关时设立健康档案，并进行全程跟踪检测；出口植物产品实行产地检疫，提高效率。要严格按照国家质检总局下发的“关于加强进出境种苗花卉检验检疫工作的通知”(国质检动函〔2007〕831号)，进一步加强进出境种苗花卉检验检疫工作，确保进出境种苗花卉质量和安全，防止疫情传入传出。各地出入境检验检疫机构要对出口种苗花卉生产经营企业全面实施注册登记制度，自2007年12月1日起，来自未获得注册登记企业的种苗花卉，出入境检验检疫机构不再接受出口报检。要求企业对进出境的种苗花卉质量安全负责，要建立产品进货和销售台账，且至少保存两年。出入境检验检疫机构要对进出境种苗花卉生产经营企业建立诚信管理制度。对伪造单证、逃避检验检疫、弄虚作假的企业、报检人或代理人，出入境检验检疫机构要取消其相应的资格，并按有关规定予以处罚。

(二)制定检测规程

建立高效的质量检测体系，需要在制定花卉产品质量标准的基础上，制定相应的检测规程，从而使质量技术指标的测定具有统一性和可操作性。据2003年统计数据，我国花卉质量检测方法规程有67个，可对鲜切花、盆栽观叶植物、盆花、花卉种子、种苗、种球、草坪等150个花卉产品，对植物病毒、病原真菌、细菌、病原线虫、害虫近100个参数进行检测鉴定。2008年8月10日，农业部颁布实施了花卉检验技术规范，从花卉检验的基本原则(NY/T 1656.1－2008)、切花检验(NY/T 1656.2－2008)、盆花(NY/T 1656.3－2008)、盆栽观叶植物(NY/T 1656.4－2008)、花卉种子(NY/T 1656.5－2008)、种苗(NY/T 1656.6－2008)、种球(NY/T 1656.7－2008)检验等7个方面对花卉产品的检验技术进行了规定。另外，花卉病虫害是影响花卉产品质量最关键的因子，是重要的质量技术指标，但现有的花卉病虫害检测项目才60种，远远不能满足实际需要，而且，种苗花卉是植物检验检疫风险极高的农产品。因此，为确保进出境种苗花卉的质量和安全，防止植物检疫性有害生物传播蔓延，在国家林业局早期下发的进境植物繁殖材料检疫操作程序(国检动〔1999〕405号)和进出境植物苗木检疫规程(SN/T1157－2002)、进出境植物盆景建议规程(SN/T1158－2002)和进出境植物种子检疫规程(SN/T1809－2006)的基础上，2007年7月1日农业部颁布实施了花卉植物寄生线虫检测规程(NY/T1280－2007)和花卉植物真菌病害检测规程(NY/T1281－2007)，2008年3月1日又颁布实施了花卉植物病毒检测规程(标准号NY/T 1491－2007)，对麝香石竹、菊花、满天星、火鹤、非洲菊等19种主要花卉植物常见病毒的检测方法进行了规定。今后，随着我国发展现代花卉业的步伐日益加快，要借鉴国外花卉质量检测体系中的成功经验，继续完善我国花卉质量检测规程的制定。加大投入，研究开发进出境种苗花卉有害生物快速、准确的检测鉴定方法，特别是植物病原体分子生物学检测方法、试剂，并在全系统推广使用。同时，要规范口岸抽样、查验程序，强化现场查验与实验室检测的协作配合，优化资源配置，改进工作模式，大力提高进出境种苗花卉疫情检出率，这对于促进我国花卉产业升级及协调和可持续发展具有重要的意义。

(三)宣传及执行

按照“关于加强进出境种苗花卉检验检疫工作的通知”(国质检动函

〔2007〕831号)的要求，各地检验检疫机构要加大宣传力度，将种苗花卉检验检疫有关规定和要求及时通知有关企业，引导花卉企业建立全过程溯源管理体系，从源头抓质量安全，实施良好农业操作规范，提高质量安全管理水平。成立进出境花卉检疫联合会，针对花卉公司在引种、生产和出口等方面存在的盲目性、松散性，使联合会成为检疫机关向花卉公司和花农宣传法规、传播知识、提供技术、业务培训、技术攻关的中间桥梁。与工商联合开展花卉产品质量宣传，无偿提供花卉病虫害防治、花卉品种及相关质量标准方面的技术服务。针对花卉龙头企业，采用一对一的形式，将实验室培训和实地指导相结合，为大型花卉企业培训质检人员，使其能独立开展标准化工作。协助出口企业建立种苗花卉种植、加工、包装、储运、出口等全过程质量安全保障体系，推行“公司＋基地＋标准化”的管理模式。同时还主动派出科技人员积极深入生产第一线，对花卉标准进行宣传和推广实施，为标准化体系的建立和标准的推广应用奠定必要的基础，有力地保障花卉产品质量。加强疫情监测，采取分片负责制，定期到公司和基地了解病虫情况，记录种苗的产地、病虫种类、危害程度等，按公司、品种等建立病虫资料档案库。根据普查情况，及时向公司提出整改要求，使检疫和病虫防治工作有的放矢。树立服务意识、建立24小时服务制度，简化审批手续，把工作重点从检验检疫现场逐步转入种苗基地和苗圃，帮助各公司建立无病虫基地，培训植保人员和完善植保体系，重点做好进境种苗的后续监管和出口前的病虫防治工作。各地检验检疫机构要加强农业、林业部门在种苗花卉检疫审批、隔离检疫、基地管理、疫情监测等方面的沟通与协作，促进信息资源共享，共同把好进出境种苗花卉质量安全关。

六、健全信息共享系统

产业发展，信息先行。信息是制定政策、确定和调整生产经营计划的重要依据。全面、准确、及时地提供各类花卉信息，疏通信息渠道，识别信息真伪，清除信息垃圾，保障信息对称，对正确指导花卉科研、生产、流通和消费，有着十分重要的作用。花卉业发达国家都十分重视信息工作。尽快完善花卉信息网络服务体系，建立健全信息共享系统，对指导和推动花卉产业健康、有序发展是十分有利的，也是非常必要的。

行业主管部门和相关单位要进一步转变观念，树立服务意识，增加投入，加快建设，以花卉专业村镇、花卉企业、花卉市场为依托，尽快完善信息共享体系。借鉴以色列花卉产业的成功经验，建立市场信息收集和分享制度，保证市场信息全面准确、反馈快速，种植者在提交其相关资料后，即可获得全面而具体的经济性分析报告、市场信息、会计服务以及比较数据等，帮助种植者制定生产计划，提高花卉生产、经营的效率。同时，要培养适合中国花卉行业信息生长的土壤，建立健全相应的法律法规制度，根据《中国花卉信息网暂行管理办法》，加强中国花卉信息网的管理工作，利用传统媒体进行广告站点的宣传，引导中国花卉行业网络信息正常健康发展，为消费者上网创造良好的外部环境。进一步扩充信息资源，采用丰富的信息载体，为更多的单位和个人服务；要努力办好现有的花卉报刊，加大广播、电视和各种录相等多种方式的传媒作用；花卉情报研究机构要充分利用花卉科研、教学单位、主要生产基地、有关行政管理部门、广大经营企业及市场的力量，形成集花卉科研教学单位、行政管理部门、广大生产与销售企业及市场在内的网员综合群体，建立一个集生产、科研、销售、消费以及行政管理等多种信息，利用计算机网络、电台、报纸杂志、内部刊物等多种信息载体的综合性信息网络。大力开展多种方式的网上服务，如花卉行业信息资源咨询、网上培训、企业策划、公众咨询等，建立反应灵敏、运行正常的花卉信息，满足决策者、生产者、经营者，以及专家学者对信息的需求。改进农村地区的交通、电力和通讯设备等基础设施，为花农获取信息提供必要的物质基础，提高工作效率，加快信息接收与传送速度，保证信息的时效性。多方筹集资金，尽快建立功能齐全的花卉信息网络，建立和完善花卉供求和市场预测体系，积极创造条件，继续推动电子商务在花卉交易中的应用，使信息在指导花卉生产、规范花卉市场、引导花卉消费等方面发挥有效的作用。另外，还要注重加强国际交流与合作，通过签订协议等方式，建立网站链接，实现相互间花卉生产、流通、进出口等信息及相关情报及定期刊物等资料的交换及协作，并积极组织相互访问及派遣参观团参观，建立与国际花卉业发达国家的信息共享。

第二节　政策建设

花卉业的发展需要政府、协会、科研教学机构、花卉企业和全行业的共同努力，要在体制改革、机制完善、政策扶持、人才培养等方面采取有效措施，共同创造适宜花卉业发展的良好环境。然而，花卉业在我国是一项新兴产业，从它诞生之日起就进入市场经济的范畴，少了许多计划经济时代留下的痕迹，因此也缺少了有力的政策扶持，宏观调控不力，缺乏必要的法规、标准与规范的指导、约束，从而影响了我国花卉业的稳定和可持续发展。因此，要尽快建立适应我国花卉业现实水平、发展趋势和行业特征及反应灵敏、调整及时的产业政策体系，以鼓励和保护创新为重心，积极推行法律法规和产业扶持政策，以调动投资者和生产经营者的能动性，保护其权益，推动我国花卉业健康快速发展。

一、科技政策

花卉业是一项劳动密集型与技术密集型的产业，坚持实施科技兴花战略，增加科技含量和加大科技储备，是提高我国花卉产品竞争力、保障我国花卉业持续健康发展的根本措施。近年来，我国花卉业生产的科技含量、科技水平有所提高，但与世界先进生产国如荷兰、日本、美国等国家相比差距仍较大。目前，我国花卉业每公顷产值仅为荷兰的1.7%，以色列的5.9%，哥伦比亚的7.7%，因此，运用科技实现优质高效成为当今我国花卉业发展的主要目标。科技进步要依靠自主创新，花卉业的科技创新主要包括两方面，一是依托高校、院所等，对花卉生产经营中的引种驯化、种苗繁殖、促成栽培、采后处理、储运销售等实用技术进行协作攻关，创新新技术；二是利用我国种质资源、气候资源多样化的优势，采取先进技术，加速选育具有自主知识产权的花卉新品种。无论是新技术开发还是新品种创新都需要长期的投入，尤其是育种工作，投资大、费时长、风险高，如果缺乏相应的保护及激励机制，势必严重影响研究者的积极性。为此，要达到我国花卉业优质高效这一目标，尽快建立起完善的科技政策，重视和加强科研教学力量，形成有效的保护和鼓励创新的机制势在必行。

在2007年8月27日十届全国人大常委会第二十九次会议审议的《中华人民共和国科学技术进步法(修订草案)》中，明确规定了四大鼓励自主创新的政策制度。结合我国花卉业的特点和现状，就是一要将新技术或新品种的自主产权授予项目承担者，并充分利用有关鼓励创新的优惠政策，鼓励花卉业科研机构和广大育种者拥有更多的自主知识产权，提高我国花卉业的科技储备；二要严格执行国务院颁布实施的《中华人民共和国植物新品种保护条例》，以及国家林业局和农业部分别制定的《中华人民共和国植物新品种保护条例实施细则(林业部分)》和《中华人民共和国植物新品种保护条例实施细则(农业部分)》，进一步完善知识产权制度，强化知识产权保护与管理，保护科技创新工作者的利益，以激励自主创新的积极性；三要借鉴国际上花卉业发达国家的先进经验，重视建立品种技术收买制度，对于我国花卉业科研机构或个人育种者自主创新的产品，在技术等指标相同或相近条件下，政府采购应优先购买，首次投放市场的，政府采购应当率先购买；四要宽容失败，营造宽松的学术环境，使科技人员敢于大胆探索，对于花卉研究中探索性强、失败风险高的科研项目，原始记录证明承担项目的科技人员已经履行了勤勉尽责义务仍不能完成的，不影响该项目结题；五要建立形成完善的成果评价体系，进一步搞活科研机构的分配，丰富和完善科技生产要素参与分配的方法和途径，完善成果验收、鉴定和奖励制度，建立健全有利于创新人才脱颖而出的良好环境。

二、产业政策

根据世界贸易组织《农业协议》规定，绿箱政策是指政府在执行某项农业计划时，其费用应通过公共基金资助，而不是从消费者身上转移而来，没有或仅有最微小的贸易扭曲作用，对生产影响很小的支持措施，以及不具有给生产者提供价格支持作用的补贴措施。具体措施主要包括一般政府服务、以粮食安全为目的的公共储备、国内粮食援助以及对生产者的直接支付等四个方面。就我国花卉业而言，绿箱政策主要为一般政策服务类，具体包括花卉业科学研究、培训服务、技术推广、咨询服务以及花卉业基础设施建设服务等。

针对我国加入世界贸易组织的新形势和发展现代花卉业的要求，借鉴国外的成功经验，充分利用绿箱政策措施，加大政府对花卉产业的一般服务支出，包括：科技创新、培训、推广和咨询、检验和检测、基础设施、花卉业管理和中介机构等的直接补贴，以保护行业利益，为我国现代花卉产业的快速和可持续发展提供强有力的保障。一是进一步加大政府对野生花卉种质资源保护的宣传、教育和培训的投入，保障国家观赏植物战略资源安全。二是增加对花卉业新品种培育、先进生产技术、流通技术、质检技术及信息技术的研发与推广的投入，有利于提高我国花卉产业的整体水平和技术含量。三是加大对花卉产区水、电、路等基础设施建设的投入，重点扶持一些龙头企业，大力发展花卉生产的专业化、规模化、区域化和标准化。四是增加对花卉电子交易系统、拍卖市场及批发市场网络等多级交易平台的建设的投入，并在“硬件”具备的同时，不断完善“软件”设施。五是改进花卉产品信贷、保险、流通、检验检疫和通关服务，加强对大宗花卉产品进出口的调控和管理，降低通关费用，实行运费补贴，并依照“绿色通道”政策，对整车合法装载运输花卉产品的车辆免收车辆通行费，保护花农利益。六是增加对花卉产品质量标准、质量检测体系和信息网络建设的投入。七是加大对花卉业综合型人才及专业人才培训及培训基地建设的投入，提高从业人员的整体素质。八是降低品种权保护的相关费用，鼓励具有自主知识产权的新品种、新技术申请保护。九是继续扩大推行花卉进口免税扶持政策。

三、技术法规

随着全球经济一体化进程的不断加快，世界各国纷纷通过制定各自的技术法规而形成贸易壁垒来保护本国的花卉产业。而在我国，由于现有技术法规体系不完善、不统一和不规范导致一些连带的知识产权法律条款得不到有效实施，结果对技术性贸易壁垒就不能给予正确的评判和应对，阻碍了我国花卉产品打入国际市场的步伐。同时，技术法规的欠完善还使得企业和花农缺乏专利意识，造成我国花卉资源大量流失。

尽快制定并实施完善的技术法规是保障我国花卉产品顺利参与国际竞争的重要条件。首先要通过制定相应的技术法规条例，为花卉产业科研机构知识产权制度的建设、专利的保护和自主知识产权成果的顺利转化提供执法依据。同时，帮助企业提高知识产权特别是技术性知识产权的保护意识、重视专利申请、加大技术投入，并及时了解国家宏观调控政策以及该技术领域的国内和国际发展走向。二是主管部门要切实执行《保护知识产权行动纲要(2006～2007 年)》精神，对涉及侵犯专利权的违法行为加大打击力度，同时要按照《关于国家科研计划项目研究成果知识产权管理的若干规定》、《中华人民共和国促进科技成果转化法》、《中华人民共和国专利法》、《国务院办公厅转发科技部等部门关于促进科技成果转化若干规定的通知》等有关文件，完善法律法规体系，建立高效的执法协调机制，以提高企业知识产权保护能力和水平。三是充分发挥行业协会和知识产权中介组织的作用，加强宣传与培训等长效机制构建，通过宣传、鼓励、资金补助、政策扶持等措施，帮助企业和花农树立严格遵守国际游戏规则的观念，向国外育种者支付专利费，合法引进新优花卉品种，规范产销过程，从而提升产品在国际市场的竞争力和信誉度。四是借鉴国际花卉产业专利申请受理及运行机制的先进经验，建立科学的专利创造、管理、保护支撑体系，取消我国花卉业专利申请的不合理限制条款，实施花卉产业专利推进骨干工程。为花卉生产企业制定专利战略提供指导。五是加大专门人才的培养力度，通过送出去、请进来等方式，采取面授和远程教育相结合，国内学习与国外进修相结合，培养一大批既是花卉行业研究、生产、销售方面的行家里手，又能熟练掌握和运用技术法规制度的研究开发、经营管理队伍，为我国花卉产业与国际花卉市场的全面接轨提供人才保障。

四、人才政策

现代花卉产业的竞争，最终是科技和人才的竞争，而人才已经成为第一位的战略资源，是决定行业整体水平的关键，因此必须加强花卉教育，注重人才培养。自 2004 年起至今，花卉业平稳度过了调整期。2006 年我国花卉业全面回升，盲目跟风现象大大减少，更多企业开始进行内部挖潜，不断提升自身的竞争力和团队素质。据 2007 年 8 月中旬农业部正式发布的 2006 年全国花卉业统计数字，与 2005 年相比，我国尽管从事花卉生产的花农增加了近 16.6 万户，整个花卉产业的从业人员减少了 81 万余人，但行业内的专业技术人员却增加了 4000 余人，说明花卉从业人员的专业技术水平正逐渐提高，从业人员的整体素质正逐年增强。

随着我国花卉产业专业化的不断增强，要更加重视人才支撑，进一步加大花卉人才培训工作的力度，结合宏观战略研究，针对花卉行业人才工作的薄弱环节和人才队伍建设中存在的问题，提出有效的解决办法和措施。要充分利用 WTO 绿箱政策，完善培训制度，健全培训机制，确保培训工作持续稳定进行。按照花卉行业职业技能鉴定指导站有关规定，加强各地花卉鉴定指导站和授权培训中心的建设。严格按照劳动和社会保障部颁布的“插花员国家职业标准”和“花卉园艺师国家职业标准”，组织专家考评队伍对相关从业人员进行鉴定考核。充分利用现有的教学机构和培训资源，加强与地方花协合作，组织开展多层次、多形式的职业技能培训，建立健全花卉科技、生产、经营和管理人才的教育培训体系，加强花卉先进适用技术培训，不断提高花卉企业、广大花农的科技水平。要继续加强企业家和高级管理人才、高级技术人员队伍建设。以职业技能培训为重点，组织多种形式的培训，加强对花卉企业中的管理人员、技术人员，特别是广大花农的培训，不断提高从业人员的劳动技能和科学文化素质，这是产业结构调整的重要动力。要积极培育花卉职业经理人市场和人才市场，为人力资源的合理配置提供服务。大力推进科技成果转化和投入机制和形成，建立花卉科技推广体系，加强花卉生产、经营和管理人员的技术和业务培训，为逐步实施资质管理创造条件。技术培训分国家培训和地方培训两个层次。培训内容包括方针政策、法律法规、实用技术、管理技术等。培训方式分集中培训、现场技术培训和远程网上培训等。通过培训，提高花卉从业人员的管理水平和技术水平，保障我国现代花卉业的顺利推进。

五、资金信贷

为促进我国花卉业的升级发展，必须加大对花卉产业的投入。近年来，我国不断提高对花卉业的财政资金投入比重，努力加大科技投入力度，以及基础性、公益性设施建设、重点项目建设、配套服务体系建设等的投入，取得了明显的成效。为进一步扩大资金投入，加速实现现代花卉业，就要尽快制定和完善有利于促进产业发展的政策措施，充分调动企业和社会各方面发展花卉产业的积极性，建立资金筹措和运作的平台，开拓筹融资渠道，引导企业资金、社会资金和信贷资金进入花卉产业。一是建立“银企合作”关系，增加信贷投入。由行业主管部门发挥其组织协调优势和协调能力，为银行与花卉企业、农户之间提供一个融资中介平台，在充分利用银行提供的现有金融服务的基础上，开展方式灵活、运行便捷、服务周到的投融资管理。同时，通过广泛调研和协商，大胆突破原有贷款担保方式，积极开展花卉种植户小额贷款业务，开发花卉设施或苗木抵押贷款业务，通过扩大引入信贷资金，满足企业和花农对资金的需求。二是利用花卉业比较效益高的优势，在争取国家投入、增加花农投入的基础上，突出加大花卉招商引资力度。通过基础设施建设，建立健全社会化服务体系，出台税收优惠政策，形成稳定、透明、统一和可预见的经济法律制度等措施，营造良好的花卉产业投资的软硬环境，以吸引各类资本的投入。重点围绕各种资源优势和出口集货加工项目开展招商引资，努力形成“以国家投资为导向，以信贷资金为支持，以花企、花农投入为基础，以社会投资、利用外资为补充”的多元化、多层次、多渠道的投资格局。另外，要切实发挥花卉融资担保公司的作用，建立和实施花卉产业保险制度。完善管理机制，强化为产业服务的意识，为花卉重点企业和花农合作经济组织融资提供稳妥、高效、便捷的服务。充分利用政策性金融手段，对花卉产品出口给予信贷支持，并为花卉产品出口提供信用保险。

第三节　花卉文化建设

花卉之美，离不开文化。文化产业作为21世纪的朝阳产业，在各国经济社会发展中的重要作用日益凸显，我国的文化产业发展更是构建社会主义和谐社会不可分割的一个有机组成部分。我国不仅是世界上拥有花卉种类最为丰富的国家之一，也是世界花卉栽培的发源地。在漫长的历史发展过程中，由于花卉与人民生活的关系日益密切，也就不断地被注入人们的思想和情感，不断地被融进文化与生活的内容，从而形成了一种与花卉相关的文化现象和以花卉为中心的文化体系。因此，我国是“世界园林之母”，也是花卉文化之国。在全国倡导“生态文明”建设、弘扬生态文化的新的历史时期下，除了重视花卉业的科技发展外，加强花卉文化建设对于引导消费，提高花卉的文化底蕴，培育和扩大花卉消费市场，打入国际市场也具有重要的作用。

一、挖掘传统花卉文化

我国花文化是在浓厚的传统文化基础上发展起来的，早在文化首次繁荣期的春秋战国时代就已经出现，是我国历史悠久的传统民族文化之一。从古到今，我国人民养花、赏花蔚然成风，代代相传，也正因为人们对花的持久挚爱，传统花文化已渗透到人民的衣食住行、婚丧嫁娶、游艺娱乐等社会生活的方方面面，形成了花卉馈赠、佩带和装饰的民俗。除此之外，中华花文化的博大还将这种喜爱之情升华到了精神境界，使得几千年来有关咏花、赏花、论花的文学作品和字画数不胜数。据研究，截至清代，历代咏花的诗词达 3 万多首，许多花卉不但被赋予了吉祥健康的寓意——如牡丹象征富贵，桃花象征春光，红豆象征爱情，杜鹃象征思乡等，而且还被赋予了人格寓意和精神力量——如被称为“花中四君子”的梅、兰、竹、菊寓意清高和淡薄名利，被誉为“岁寒三友”的松、竹、梅象征着刚强不屈和不畏严寒的斗争精神，皎洁清丽的荷花代表“出淤泥而不染，濯清涟而不妖”的高贵品质，等等。因此，我国的花文化底蕴丰厚，不但对普及和提高广大人民群众的花卉鉴赏水平，扩大花卉消费十分有益，而且还可以通过宣传花文化，弘扬民族精神，促进生态文明建设。

随着我国花卉产业的迅速发展，传统花文化的挖掘和研究也应当给予重视。目前，花卉协会已成立了中国花卉协会花文化专业委员会，并举办了首届中国花文化国际学术研讨会，为我国传统花文化的深入研究奠定了基础。今后，要进一步加强专业委员会的作用，团结花卉界和与花卉有关的各界人士，发掘、研究中国灿烂的花文化资源，提出研究目标和重点攻关项目，组织科研、教学单位进行分工与合作研究，构建具有中国特色的花文化体系。全面繁荣和发展我国的传统花卉文化产业，唤起民众的热情，弘扬民族精神，并通过系统整理与申报非物质文化遗产、地理标志等，将中国的花卉文化发扬光大，努力将产业潜在优势转化为现实的竞争优势，把中国的花卉推向世界，把中国的花卉文化传播到全球。

二、创新现代花卉文化

花卉作为一种重要的经济资源和文化资源，通过打造现代花卉文化理念，给花卉更多地注入科技与时代内涵，不断提高花卉自身的文化产业价值，可以最终使我国的花卉业具有更为广阔的发展空间。因此，在加快发掘博大精深的中华传统花卉文化的同时，结合现代市场特点、采用现代科技手段加以发扬光大，创造出更丰富多彩、更富有吸引力的“现代中华花文化”，使中国花卉不仅能够在国内市场与进口花卉抗衡，而且能在国际市场上与一些世界花卉业巨头开展友好角逐，应是当代中国花卉园艺业人士特别关注的重点方向。

不断丰富花卉节日是创新现代花卉文化的重要手段。世界很多国家都通过举办特色花卉节，宣传本国花卉传统文化。如美国在每年4月中旬的一个周末举办樱花节、保加利亚于每年6月的第一个星期日举办玫瑰节、荷兰举办郁金香节等。我国幅员辽阔，花卉资源丰富，各地应积极借鉴国外著名节会的办会经验，结合当地特点举办丰富的花卉节日，并注重突出时代主题，整合现有资源，进一步提高文化品位，丰富文化内涵。同时，结合当地独具特色的人文景观、文化底蕴和精神风貌，逐步形成城市名片，如洛阳牡丹花文化节、贵州百里杜鹃花文化节等，不仅能够推动花卉文化的普及和传播，而且还能极大地提高城市影响力、带动当地旅游消费。创新现代花卉文化还要注重培育符合当代中国人需求的花卉消费文化。中国花协兰花分会开展教师节兰花敬师活动，绍兴市人大常委会把兰花确定为“敬师花”，都是创新现代花卉文化，进而扩大花卉消费的积极探索和有益尝试。另外，国务院决定，从2008年开始把清明节、端午节和中秋节增加为法定节假日，以此为契机，创造既具有中国传统特色又符合现代市场需求的传统节庆花卉文化也是创新现代花卉文化的重要课题。

创新现代花卉文化对于促进人与自然和谐，增强生态文化的活力和影响力，构建一个繁荣的生态文化体系也具有重要的意义。中共十六大提出了21世纪头20年中国全面建设小康社会的发展目标，“社会更加和谐”是其中的一个重要内容。社会主义和谐社会是充满创造活力的社会，是各方面利益关系不断得到有效协调的社会，是人与自然共同发展的社会。花文化可以在整体上推动人与自然、人与人、国与国、人自身的和谐，发展花文化能够在社会中建立和增强诚信友爱、充满活力、安定有序、人与自然和谐相处的氛围，这正是构建社会主义和谐社会的基本要求。在这样的一个历史大潮中，赋予花文化以时代内涵，以其特殊的品质和多功能性必将从多方面共同推动社会主义和谐社会的构建。另外，随着经济的发展，文化的繁荣，人们的生活水平不断提高，人们对环境的要求也越来越高，花卉以其独特的价值已经成为美化生活、提升精神境界的重要力量。要将传统的花卉文化融入到现代文明中，普及以花为媒、送花为礼仪的思想和交往方式，丰富人们的精神文化生活。

三、普及花卉文化

花卉产品区别于一般的农产品，本身即具有文化内涵，花卉产业向文化产业转型将提高花卉产品的附加值，有利于在国际分工中占据有利位置，促进我国花卉产业向国际化和现代化发展。然而，虽然我国有着悠久的花文化传统，但对于花文化的传播和普及并没有引起足够的重视。普及花卉文化，首先要加强花卉知识的宣传和普及，提高插花花艺和组合盆栽水平，用花卉美化环境、美化生活、陶冶情操，让花卉走进千家万户，走进日常生活。同时，还可以通过建立花卉文化先进社区、媒体电台网络设立专栏普及花语、花卉时尚、插花艺术等形式促进花语的流行和花文化的传播，进而改变花材的消费结构，使经济价值因审美价值和文化价值而倍增。目前，观叶类花卉开始走俏，反映出花艺需求引导的市场变化，即由过去大众鲜切花使用中重花不重叶，转向注重花卉装饰中的整体造型。另外，随着花卉装饰教育和花文化的传播，鲜切花消费结构也将受到影响，由节庆时令消费转向日常消费，鲜切花需求将会持续增长。

普及花卉文化消费的重要途径是要通过研究节庆花卉文化，进一步发展"节庆用花"。既要借鉴"情人节"、"母亲节"等国外流行的方式，又要发挥我国的特色，深入研究我国人民的花卉消费习惯，把花卉消费和我国的传统节日以及少数民族的节日联系起来，引导诞生新的消费习惯，扩大花卉消费群体，培育新的花卉消费市场。只要有充分的花卉文化作前导，三种节日市场都将有巨大的开发潜力。一类是国内外公认的共同时令节日，如元旦、春节、三八节、劳动节、国庆节、感恩节、圣诞节；二是已成为约定俗成的纪念性节日，如母亲节、父亲节、情人节、重阳节；三是个性化的节日，如诞辰、忌日、定亲、结婚、初会、离别。近年来，节日用花量已经开始上升，但仍然有所倚重，且公共用花(如国庆摆花、公家送花)仍然占有很大比例。这种状况，与国际上的差距仍然太大，有待靠拉动民间节庆用花来改变。另外，提倡花食、花浴、花疗。花卉保健既是花卉一大应用领域，也是中华花卉文化中的重要组成部分。这方面的潜力也很大。一些文化专家早就指出，如能像"百花菜"、"红楼宴"、"贵妃浴"一样，在开发古代花食、花浴、花疗等的基础上加大科技含量，形成新的中国花卉保健体系，那么对增强民族体质和发展花卉产业，都会有莫大的好处。

第四节　制度建设

目前，我国花卉业的发展正面临着新形势、新情况和新问题，继续发挥中国花卉协会等各级协会的作用，进一步加强分工明确、协调一致的各种花卉经济合作组织的管理，各司其职，扬长避短，是我国花卉产业健康、有序发展的关键。要通过加强组织制度建设，完善运行机制，推进协会改革发展，确定我国花卉业持续、快速、健康、协调的发展模式。加大协会和花卉产业联合会等中介组织的管理力度，加强各种经济合作组织和会员单位间的沟通和协调，及时反映会员单位的要求，推进行业的技术创新与进步，规范市场秩序，维护公平竞争，保护合法权益，贯彻国家和行业主管部门的有关政策，才能适应市场经济要求，形成行业合力，建立符合花卉业自身特点的管理体制和运行机制，促进整个行业生产要素的合理流动与重组，实现社会资源的优化配置，提升产业的整体素质，积极应对挑战，推动花卉业的可持续发展。立足行业管理制度，还要大力推行行业标准及市场准入制度，规范产销行为，全面保障我国花卉产业在政府宏观调控下持续蓬勃发展。

一、组织制度

（一）行政部门，强化行业宏观调控

自加入世界贸易组织以来，我国的花卉产业作为技术和劳动密集型产业，在国际竞争中显示出越来越明显的比较优势。巨大的出口潜力和较高的投入产出比促使全国各地纷纷将花卉产业作为农业产业结构调整的重点，发展势头极其迅猛。然而，我国花卉业主要是依靠民间自发的积极性发展起来的，尚缺乏有效的宏观指导和管理。在发展过程中，盲目扩大数量、低水平重复、产业布局不合理等问题仍然比较突出。加入 WTO 后，不仅市场竞争更趋激烈，而且对经营者提出了新的、更高的要求。在这种形势下，理顺花卉业的管理体制，进一步加强政府对花卉业的宏观调控，确定我国花卉业持续、快速、健康、协调的发展模式，较以往任何时候都显得更加重要、更加迫切。

首先，要完善行业立法，制定有利于促进花卉业发展的政策、法规，用法律法规保护花卉生产经营者和消费者的合法权益。如政府在制定农产品质量法案后，要求各花卉中介机构在制定产品质量标准时，都必须依据和遵循农产品质量法案。二是全面实施种子工程、信息工程，建设和完善市场流通体系、质量监测体系、技术推广体系。三是通过制定优惠政策和给予必要的投入进行宏观调控相引导。如降低花卉产品进出口税率和产品增值税，对应用设施栽培的花卉企业，降低能源使用价格，每年从政府预算中安排一定资金用于补贴公司节能设备建造和改造，并对质量控制、新品种培育、保护等给予一定资金扶持等。四是在指导产业发展上，既要把花卉业作为调整农业产业结构，增加农民收入的重要途径，积极发展，又要防止过热过猛，重复建设；既要因地制宜地发展花卉生产，又要重视引导花卉消费。五是要进一步重视和支持协会的工作，提供各种必要的条件，以充分发挥中介机构的桥梁作用，对中介机构确认授权，并通过各种中介组织对花卉产业各环节进行规范而有序的管理。要借鉴荷兰等国家的先进经验，采取直接管理和授权中介机构间接管理相结合的方式，充分体现小政府、大社会和政府宏观管理与行业组织微观管理相结合的特点，鼓励协会配合政府有关部门，积极参与花卉产业政策、行业标准、发展规划等的制定，为花卉业的持续健康协调发展提供有效的宏观指导。组织多学科、跨部门的专家，就如何扶持发展新型合作组织、创造良好出口环境、鼓励产业发展等方面进行调查研究，力争制定出我国花卉业发展宏观战略，进一步明确未来 5 ~ 10 年花卉业的发展目标和战略方针、战略布局、战略措施等，为我国花卉业发展提供理论指导和科学依据，同时加大政府对产业发展的扶持，营造宽松的发展环境，促进产业健康发展，并取得新的突破。

(二)社会团体，发挥桥梁纽带作用

协会是联系政府与花卉企事业单位、农户和个人的非营利性社会团体和自律性行业管理组织，是党和政府联系花卉生产经营者和工作者的桥梁和纽带。在市场经济条件下，政府要转变职能，企业要加强行业自律，行业协会等社会团体的作用日益明显和重要，并且从国际范围看，行业协会在国际经济交流与合作中的作用也越来越大。因此，要充分发挥社会团体群众性自助组织的优势，为我国花卉业的健康发展营造良好的环境。。

为确保我国花卉产业的可持续发展，各级花卉行业协会要在业务主管部门的指导下，按照办会宗旨和任务，积极承担花卉业中具有公共性、公益性的职责，充分发挥协会在联系政府和花卉企业、花农之间的桥梁纽带作用，促进政府与企业的沟通，当好政府助手，做好企业参谋。协会既要把会员的意见及时反映给政府，也要把政府的方针政策、市场的需求信息，以及社会的要求等反馈给会员，从而实现双方甚至多方的互动互赢。协会等社会团体要紧紧围绕经济建设这一中心，以科学发展观为指导，努力构建"四个服务平台"。一是构建服务政府的平台。各级协会要主动开展产业调研，对调研中涉及的花卉产业发展中带全局性、普遍性的问题，写出建议报告，报送政府，为领导决策提供依据。另外，凡政府组织的各种花事活动，要根据自身职能主动参与。如在各种大型花展中做好花卉产品的组织、评奖工作等；二是构建服务会员的平台。发展会员要由单一向多元转变，积极向花卉企业、生产一线专业技术人员中发展，实现协会成员结构的优化。重视发展会员向为会员提供服务转变。认真安排会员参加有关的培训，提供免费发表论文和网上发布信息，组织会员到省内外及国内外考察学习，为非公有制花卉企业技术人员提供评定技术职称的平台等；三是构建服务企业的平台。通过主管部门及时向政府反映花卉生产经营企业遇到的实际问题，为企业排忧解难。利用会员大会、理事会、培训会等时机积极宣传政府关于花卉产业的政策和要求以及有关法律法规，促进花卉产业规范健康发展。充分发挥行业协会的优势，促进科研教学单位与花卉生产企业的合作，定向培训生产中急需的人才。从解决花卉进出口问题入手，成立花卉进出口分会，与海关、检验检疫部门建立联席会议等，定期交流情况，解决实际工作中遇到的问题。行业协会要支持企业参加国际竞争，研究并帮助企业解决国际贸易中遇到的问题，提高国际市场竞争力。协会还应加强国内外花卉企业和市场的合作，使中国的花卉业与国际花卉业接轨；四是构建服务基层群众的平台。注重开展科技下乡，组织会员深入花卉生产第一线，进行现场指导，解决生产中遇到的实际问题。注重科普宣传教育。利用杂志、网站，广泛宣传普及花卉知识，提高科技的普及和覆盖面。注重科技专业培训。通过培训，提高群众了解和熟悉花卉知识和种花养花的技术水平。

(三)经合组织，优化各种资源配置

加快我国花卉产业化进程就要以满足社会需要为目的，通过建立有利

于花卉资源合理配置和利益合理分配的运行机制，实现花卉产销各个环节有机联合与协调发展，提高花卉业整体生产能力、科技水平和经济效益的综合经营系统。然而，目前我国花卉产业经营主体中花农占了很大的比例，且生产组织形式散而乱，低水平重复生产现象严重，缺少技术指导、销售渠道和具体规划，导致花卉质量整体提升不快。因此，花卉业作为一个分散的民营产业，除了政府做好宏观调控外，自发组成的各种协会及合作组织等行业团体的管理在整个产业发展过程中具有举足轻重的地位。

花卉经济合作组织是近年来花卉产业发展中产生的一种新型农民组织，它由从事专业生产经营的农民，在自愿互利的前提下，以家庭经营为基础，以专业大户和技术能手为骨干，以科技推广和经营服务为手段，按照“民办、民管、民受益”的原则组建而成，实行技术、资金、生产、供销等互助合作。花卉经济合作组织能够较好地发挥组织、引导、协调功能，以市场需求为导向，发挥当地资源优势，把从事专业化生产的大量分散农户，以技术、信息交流和服务为纽带联合组织起来，靠专业化服务推动产业化经营，使花农在市场竞争中由弱势逐渐变为强势，从而获得较好的经济效益。另外，由花农自主联合形成的经济合作组织的形式比较适合我国国情，它代表花农与企业打交道，能够切实维护广大社员的利益，并能够降低服务费用，使加工、销售环节利润回流，有助于花农生产积极性的提高。因此，花卉经济合作组织在各积政府和主管部门的支持下发展极其迅速，截至 2007 年，仅云南省的各类花卉经济合作组织就有将近 250 个。今后，花卉经济合作组织应该作为我国花卉产业化的主要发展方向，加以大力推进。要继续发挥经合组织在引导花农进入市场，发展花卉业产业化经营，引导内部分工，完善产业链条，促进各种花卉资源优化配置，提高产品竞争力，促进花农增收，建设现代花卉业等方面的积极作用。加大资金投入，大力扶持合作经济组织带动型即专业 + 协会 + 农户（或联盟 + 企业 + 农户）的花卉产业化经营模式，以经合组织为中介，对内组织农户按区域、成规模地进行花卉产品生产，对外与营销龙头企业连接，成为龙头企业与农户合作的纽带，实现农户与市场的有效对接，促进花卉产业规模化、集约化、专业化发展。

（四）中介机构，提供切实有效服务

健全的中介服务体系是花卉产业持续健康快速发展的重要保障。花卉业各级中介机构的建立要坚持“民办、民管、民受益”的原则，由政府出面推动和指导，在市场主体自愿的前提下逐级建立，通过对花卉生产、经营和流通服务进行指导管理，弱化行政干预，加强服务意识，结合规模化、集约化、专业化生产，各司其职，形成一批代表花农利益的中介组织，为花农的生产和销售提供切实有效的政策服务、技术服务、信息服务、流通服务、咨询服务、培训服务等，使花农从既是生产者又是销售者的困境中解脱出来，全心全意地投入到专业化的花卉生产当中。

要进一步强化中介组织，提高服务水平。强化中介组织的核心内容是建立健全为花卉生产经营提供产前、产中、产后全面优质服务的组织体系。其重点有四：一是在产前、产中、产后的社会化服务中，要把市场信息服务放在首位。要正确回答“市场要什么”、“市场在哪里”等突出问题。中介服务组织要及时提供国际国内产业发展趋势、市场需求变化、科技发展动态、重大花事活动等方面的信息服务，协助政府部门搞好花卉市场分析和预测，捕捉市场“盲区”，把市场需求及时地反馈给生产经营者，引导生产经营者分析掌握市场走势。二是在产前的社会化服务中，提供花卉优良品种和技术服务。这是发展高产、优质、高效、低耗花卉业，生产更多名特优新花卉产品的前提条件。要改变当前花卉业技术推广部门残缺不全的状况，构建多层次、多形式的技术服务体系。三是在产后的社会化服务中，要满足花卉产品生产规模化的需要，及时为生产者对外发布供给信息，加强供给方和需求方的信息交流，协调交易各方的利益，利用现代化的拍卖交易方式为其提供快捷的交易，畅通的物流服务和相关的工商、出入境检疫、海关、金融、邮政、通讯、质检等服务。这是花卉产业现代化的客观要求。四是建立健全花卉产品生产经营社会化服务体系，利用国际互联网，及时收集、分析、研究、整理、发布花卉市场供求信息和价格信息，科学预测市场需求变化，并传递到龙头企业、生产基地和农户，以市场需求组织农户生产。另外，要不断完善和发展各种花卉业中介服务组织，借鉴荷兰、以色列等花卉发达国家的成功经验，积极稳妥地开拓新的服务领域。如在充分调查研究的基础上，开展以生产环境和产品质量为主要内容的花卉认证工作，促进花卉产业实现可持续发展，尽快实现与国际接轨，为进一步开拓国际市场打好基础。

二、管理制度

（一）申报统计制度，规范行业统计，定期发布信息

对花卉企业贷款贴息补助项目或花卉业相关建设等项目建立申报制度是花卉业行业管理的重大改革。在严格标准、严格申报程序、严格审核的前提下，认真做好申报工作，让有实力、有潜力、有竞争力的花卉产业项目和重点企业、重点农户成为支持对象，得到国家花卉业政策扶持。这既有利于有限资金的合理利用，实现资金投入效率的最大化，更有利于做到资金安排的公开、公平和公正，接受各方的监督。

花卉产业统计制度的推广和实施，将为政府有关部门提供有效的决策依据，也将为广大企业和从业者提供准确、及时的信息，从而充分发挥其引导产业健康发展、促进产业加速升级的作用。行业统计调查分为普查、经常性调查、一次性调查和试点调查，主要包括对种植面积、产销量、销售额、进出口额等花卉产销情况，花卉市场、花卉企业、花农、从业人员（专业技术人员）等花卉生产经营实体情况以及温室等保护地栽培的生产情况等方面的统计。要进一步提高花卉统计工作的质量，建立以重点企业为节点的花卉统计网络与服务体系，做到制度化和规范化。各地要结合实际，成立专题小组，制定《花卉产业统计报表制度》和《花卉产业统计报

表》，并报国家统计法制管理部门的批准，依据国家统计法的规定，依法开展统计工作。依照《林业统计管理办法》，各地主管部门必须遵守国家统计法律法规，如实提供统计资料，不得虚报、瞒报、拒报、迟报，不得伪造、篡改，保障花卉业统计资料的真实性、及时性和权威。应当根据统计工作任务的需要，设置统计机构或者在有关机构中设置专职、兼职统计人员，并指定统计负责人，加强培训，规范管理，依法履行组织协调本单位的统计工作、完成统计调查任务、提供统计资料、管理统计调查表等职责。各级花卉主管部门和企业事业单位应当加强统计资料的保管、使用管理，建立健全原始资料、台账、统计报表、电子数据等统计资料档案。做好定期信息发布，全国性的花卉业统计资料，由国家农业部统一公布，并统一编辑、每年出版一次文本资料；地方性的统计资料，由县级以上地方人民政府花卉业主管部门统一公布。在花卉业统计工作中违反统计法律法规的，应当依法追究法律责任。

（二）监督检查制度，规范产销行为，促进有序发展

市场管理不规范，必将造成流通渠道不畅，从而影响花卉业的健康有序发展。目前，我国部分花卉批发市场虽然规模很大，但仍处于低档无序的经营状态，花卉生产企业也大多各自为战，缺乏有效的监督管理制度，恶性循环难以避免。花卉标准和认证体系的建立是我国花卉产业从数量扩张型向质量效率型转变的一个重要标志，对优化产业结构，提高产品质量，规范市场行为，增强竞争能力，促进对外贸易和保护环境等方面都将起到积极作用，对推动我国花卉业持续快速健康协调发展具有重要的现实意义。为此，要进一步加快产品质量和企业资质认证等体系建设，扩大市场开放程度，建立健全市场准入机制，加强市场的规范性管理和有效监督，促进市场形成公开、公平、公正竞争机制，保障有序运行。各地主管部门及协会要根据实际情况，推进相关配套法规建设，做好制度实施准备，集中开展监督检查，对于进入市场的不合格的花卉产品进行就地销毁等处罚。同时，充分发挥各地花卉交易中心设立的花卉产品质量监督检验测试中心的作用，通过严格的技术控制和标准化操作规程的实施，加强质量监督检查，并加强对花卉产品生产、收购、销售等环节的监控。建立花卉营销人员档案，大力宣传相关法律法规，促使花卉经营者增强法制观念，制止不正当竞争和欺诈现象，同时加大查处无照经营行为，对擅自从事花木经营活动的，依法予以查处取缔。加强合同监管行为，指导购销双方使用示范合同文本，以减少经营风险。制定行业规定，加强行业管理，建立鲜切花市场准入机制，规范生产、经营行为，使得花卉业能在一个健康有序的竞争环境中发展。

（三）信誉管理制度，树立企业形象，提高经营效率

建立企业信誉管理制度的目标是通过提高企业信誉，树立企业形象，提高经营效率，实现企业持续、稳定和快速的发展，从而最终推动我国花

卉行业整体水平的提高。要抓好企业诚信制度建设，建立企业信誉考评体系和企业信誉档案，引导企业强化行业自律。推动企业质量信用监管体系建设，支持出口优势企业率新开展质量信用等级评定，建立企业质量信用信息平台，建立“红、黑名单”制度，加强企业质量信用分类监管，促进企业依法经营，诚实守信。出入境检验检疫机构要对进出境种苗花卉生产经营企业建立诚信管理制度，将未出现不良纪录的种苗出口花卉企业列为良好生产经营单位，采取简化的出境检验检疫手续；对伪造单证、逃避检验检疫、弄虚作假的企业、报检人或代理人，出入境检验检疫机构要取消其相应的资格，并按有关规定予以处罚。同时各级金融机构要进一步建立和完善对花卉企业的授信制度，要建立中小花卉企业信用激励与约束机制，并落实责任部门，对申请中小企业贷款的企业进行信用初审，并为其所推荐的贷款企业优先提供贴息等政策上的支持。

(四)制标贯标制度，提高产品质量，实现优质优价

标准是花卉产品准入市场的通行证，花卉产品要按标准化组织生产，逐步实现有标可依、按标生产、凭标流通，以提高产品质量，加强花卉产品在国际市场的竞争力，扩大出口。然而，相对于我国发展迅速的花卉产业，花卉的标准化水平从整体上看还处于起始阶段，标准数量少、质量水平低、也不成体系。尤其是涉及到基础术语、质量安全、贸易壁垒和试验方法等基础标准，以及花卉标准体系的构建等发展现状与我国花卉产业快速发展的现状很不相符，与国外存在着一定差距。为此，协会和花卉产业联合会等中介组织要继续加强花卉产品质量标准制定和组织实施工作，尽快与国际标准接轨，制定花卉包装、运输、储藏、抽检等标准，使产业各个环节、各类产品都有标准可依。同时，加大组织管理力度，完善花卉产品市场分级与准入标准，在花卉行业中开展实施《主要花卉产品等级》国家标准，加大标准实施力度，推广标准化生产技术，把好从生产到销售的质量控制和市场准入关。要加快花卉质量标准、质量监测体系建设，重点龙头企业要率先执行国家的有关标准，主动把质量和相应的技术规范引入农户，带动花农和基地的标准化生产，创造一大批优质产品和名牌产品；有条件的龙头企业要争取通过国际相关组织的认证，以取得进入国际市场的资格和国外消费者的信任。

加强花卉产品的制标贯标制度建设，是改善产品质量，提高产品竞争力的关键措施，也是使花卉业走向精细化、规程化、工业化、科技型、内涵型的现代化必走之路。一是加快制定花卉质量标准，并不断完善。加强调研及对外交流工作，通过调研，摸清家底，了解市场急需，做到心中有数，增加标准化工作的科学性和前瞻性，减少盲目性。同时，积极参加国际有关花卉标准方面的活动，与国外一些相关机构建立联系，学习借鉴国外在标准化工作方面取得的好经验。二是加强花卉标准的宣传工作。借助各专业媒体开辟花卉标准化宣传专栏，向行业内宣传推行花卉标准的重要性，及时宣传最新制定、修订的花卉标准目录，征集花卉标准制定修订工

作的意见和建议。通过宣传强化花卉生产者的质量观念和“达标”意识，确保产品质量升级，促进进出口贸易和农民增收。三是实施成套标准生产技术，按照统一的、规范的技术规程，由农业技术推广服务中心进行专业化技术服务，同时，加强对花农的技术培训，特别是标准化生产和管理技术培训，做到标准技术入户。四是制定“贯标”的措施，推进贯彻执行行业标准。标准化体系实施后，花卉生产者可以依据产品质量标准组织生产，确定花卉价格，实现花卉产品的优质优价：经营者可以依据标准实现大宗及跨地区交易，避免了地区性的差异和以次充好、以假乱真现象的发生；消费者可以依照标准确定所购产品。此外，产品质量标准的实施将使花卉拍卖和大宗花卉产品的网上交易成为现实，为国内的花卉产品走向世界，与国际花卉市场接轨打下良好的基础。

主要参考资料

1. 中国花卉协会．全国花卉业七五规划．

2. 中国花卉协会．全国花卉业八五规划．

3. 中国花卉协会．全国花卉业九五规划．

4. 中国花卉协会．全国花卉业十五规划．

5. 中国花卉协会．全国花卉业十一五规划．

6. 农业部全国花卉统计资料（2003 年—2010 年），中国花卉协会 http：//hhxh. forestry. gov. cn/

7. 国家农业统计．

8. 国际花卉和植物统计（由 AIPH 提供）．

9. 云南花卉产业发展规划与研究．

10. 广东花卉产业发展规划与研究．

附录1　历届中国花卉博览会概况

届数	时间	地点	主办单位	参展国家和地区	展出面积（室内 m^2）	展出面积（室外 m^2）	参观人数(万)
一	1987. 4. 28 – 5. 7	北京	中国花卉协会		3000	10000	20
二	1989. 9. 26 – 10. 3	北京	中国花卉协会、北京花卉协会		4600	4500	30
三	1993. 4. 21 – 5. 5	北京	中国花卉协会、北京花卉协会	7 个国家和地区	9000	16000	30
四	1997. 4. 11 – 20	上海	中国花卉协会 上海市花卉协会	13 个国家和地区	50000		110
五	2001. 9. 28 – 10. 7	广东顺德	中国花卉协会、广东省人民政府	20 个国家和地区	18000	80000	108
六	2005. 9. 28 – 10. 7	成都温江	中国花卉协会、四川省人民政府	39 个国家和地区	40646	425000	133
七	2009. 9. 28 – 10. 7	北京顺义 山东省青州市	中国花卉协会 北京市人民政府 山东省人民政府	30 个国家和地区(北京) 35 个国家和地区(青州)	168000 北京 36000 青州	2680000 北京 4800000 青州	180 北京 185 青州

附录 2　历届中国花卉园艺展览会概况

届数	时间	地点	主办单位	承办单位	参展国家和地区(个)	展出面积(m^2)	参展商(家)	专业观众(人次)
一	1998. 4. 23 – 27	上海国际展览中心	中国花卉协会	上海国际展览中心有限公司	12	6000	187	8326
二	2000. 4. 4 – 7	北京农业展览馆	中国花卉协会	长城国际展览有限责任公司	12	8000	200	12000
三	2001. 4. 4 – 7	上海世贸商城	中国花卉协会	上海国际展览中心有限公司	18	12000	250	12600
四	2002. 4. 10 – 13	北京农业展览馆	中国花卉协会	长城国际展览有限责任公司	13	9400	209	12000
五	2003. 4. 16 – 19	上海国际展览中心	中国花卉协会	上海国际展览中心有限公司	13	11900	316	9092
六	2004. 4. 14 – 17	北京农业展览馆	中国花卉协会	长城国际展览有限责任公司	13	11300	296	11000
七	2005. 4. 6 – 9	上海国际展览中心	中国花卉协会	上海国际展览中心有限公司	18	14000	380	18813
八	2006. 4. 11 – 14	北京展览馆	中国花卉协会	长城国际展览有限责任公司	20	15000	299	13000
九	2007. 4. 11 – 14	上海世贸商城 上海国际展览中心	中国花卉协会	上海国际展览中心有限公司	24	17000	361	13471
十	2008. 4. 9 – 12	北京展览馆	中国花卉协会	长城国际展览有限责任公司	29	17000	345	30000
十一	2009. 4. 1 – 4	上海国际展览中心	中国花卉协会	上海国际展览中心有限公司	17	15000	370	13489
十二	2010. 4. 14 – 17	北京展览馆	中国花卉协会	长城国际展览有限责任公司	18	17500	330	12000
十三	2011. 4. 13 – 16	上海国际展览中心	中国花卉协会	上海国际展览中心有限公司	20	1500	391	13741
十四	2012. 4. 11 – 14	北京展览馆	中国花卉协会	长城国际展览有限责任公司	24	23000	405	16586